북핵 앞에 선
우리의 선택

북핵 앞에 선 우리의 선택

1판 1쇄 찍음 2019년 8월 19일
1판 1쇄 펴냄 2019년 8월 30일

지은이 이창위

주간 김현숙 | **편집** 변효현, 김주희
디자인 이현정, 전미혜
영업 백국현, 정강석 | **관리** 오유나

펴낸곳 궁리출판 | **펴낸이** 이갑수

등록 1999년 3월 29일 제300-2004-162호
주소 10881 경기도 파주시 회동길 325-12
전화 031-955-9818 | **팩스** 031-955-9848
홈페이지 www.kungree.com | **전자우편** kungree@kungree.com
페이스북 /kungreepress | **트위터** @kungreepress

ISBN 978-89-5820-611-8   93300

값 18,000원

북핵 앞에 선
우리의 선택

핵확산의 60년 역사와
실천적 해법

이창위 지음

궁리
KungRee

북한은 '사실상 핵무기국'(de facto nuclear-weapon state)으로 인정받을 수 있을까? 아니면 미국과 합의하여 비핵화에 성공할 수 있을까? '사실상 핵무기국'들은 어떻게 핵개발에 성공했는가? 북한은 핵개발 과정에서 어느 국가를 모델로 했을까?

지난 몇 년간 나는 이런 의문 속에서 핵 문제에 대한 논문을 여러 편 발표했다. 그리고 그 연장선에서 독자들의 북핵 문제에 대한 거시적 이해를 돕기 위해 이 책을 집필하게 되었다.

북한이 '사실상 핵무기국'으로 인정받는다는 것은 인도나 파키스탄의 모델을 따른다는 것을 의미한다. 반면, 북한이 비핵화를 완성한다는 것은 남아프리카공화국이나 리비아처럼 핵무기와 관련 프로그램을 포기하는 것을 의미한다. 북한의 선택이 어느 쪽이 되든, 국제사회의 평화와 안정에 대한 그 영향은 지대할 것이다. 북한의 비핵화가 실패한다면, 한국이 감당해야 할 안보파탄의 상황은 가늠하기조차 힘들다.

안전보장이사회의 상임이사국인 미국, 영국, 러시아, 프랑스, 중국 5

개국은 핵확산방지조약(NPT)에서 핵무기를 보유할 수 있는 국가로 인정받았다. 미국과 소련은 추가적 핵확산을 막기 위해 다른 국가들이 '비핵무기국'(non-nuclear-weapon state)의 지위를 수용하도록 요구했고, 대부분의 국가들은 그에 응했다. 그러나 이스라엘, 인도, 파키스탄 그리고 북한은 이를 받아들이지 않고, 결국 핵개발에 성공했다. 북한은 핵확산방지조약에서 탈퇴하고 핵개발을 강행했다. 국제사회의 핵질서는 이렇게 요동치고 있다.

그렇다면, 북핵 위기는 평화적으로 해결될 수 있을까? 비핵화에 대한 미국과 북한의 입장은 왜 다른가? 만약 북핵 위기의 평화적 해결 가능성이 낮다면, 한국은 어떤 옵션을 선택해야 할 것인가?

북핵 위기가 평화적으로 극복될 수 있을지는 예측하기 힘들다. 비핵화에 대한 미국과 북한의 입장이 매우 다르기 때문이다. 트럼프 대통령은 북한에 대해 강력한 제재를 가하되, 비핵화에 대한 보상은 충분히 하겠다는 입장을 취한다. 북한은 미국이 제시하는 '선(先) 비핵화, 후(後) 보상'이라는 일괄타결 방식에 반대하고 있다. 한국 정부는 그 사이에서 중심을 못 잡고 있지만, 보수진영은 완전한 비핵화에 대해 회의적이다. 사반세기 이상 계속된 대북 정책의 실패를 고려하면, 북한의 비핵화를 낙관적으로 볼 수는 없다. 북한의 비핵화가 힘들 경우에는 굳건한 한미 공조를 통해 대응책을 마련해야 한다.

나는 그런 맥락에서 핵 문제에 대한 국가실행을 우선적으로 검토했다. 남아프리카공화국의 경우는 데 클레르크 대통령이 정치적 결단을 내려서 핵무기를 자발적으로 폐기했고, 리비아의 경우는 국제사회의 제재와 이라크의 몰락 때문에 핵개발을 포기했다. 반면, 인도와 파키스탄의 핵개발 성공에는 종교적 갈등과 중국의 개입이 크게 작용했다. 이스라엘은 생존을 위해 이라크와 시리아의 핵개발을 무력으로 저지했고, 이란에 대해서도 무력을 행사해야 한다고 주장하고 있다. 이처럼 핵개발의 성공과 실패의 궤적은 핵 문제에 대한 국제정치의 현상(現狀)을 그대로 반영한다.

다비드 벤구리온, 인디라 간디, 라지브 간디, 줄피카르 부토, 베나지르 부토 등 지도자들의 결단은 자국의 핵무장을 성공으로 이끌었지만, 피델 카스트로의 망상은 전 세계를 파멸로 이끌 뻔했다. 메나헴 베긴과 에후드 올메르트, 두 총리가 내린 공습 결정은 이스라엘을 구한 것으로 평가된다. 그에 비해 무아마르 카다피의 비핵화 결정은 아랍의 봄으로 비극적으로 끝나버렸다. 핵개발의 성패를 가른 것은 결국 지도자의 결단이라는 것을 알 수 있다.

나는 핵개발에 대한 국가실행의 연장선에서 한국이 선택할 수 있는 북핵 정책을 살펴봤다. 북핵 문제가 평화적으로 해결되지 않으면, 한국이 선택할 수 있는 옵션은 미국의 '확장억지'에 계속 기대거나 독자적 '핵억지력'을 강화하는 것 두 가지뿐이다. 독자적 '핵억지력'은 전술핵무기의 재배치, 나토식 핵공유 방식의 도입, 그리고 핵무장의 경우가 있을 수 있다. 그런데 '확장억지'는 미국의 의사에 전적으로 의지해야 하는 문제가 있다. 언제까지나 미국의 핵우산에 들어가 있어야 하는지도 문제가 된다. 한국의 '핵억지력'도 미국이 동의해야 실질적으로 강화될 수 있다.

어떤 방식이든, 한국의 대북 정책은 독자적으로 추진하기가 쉽지 않다. 다만 일본이라는 변수를 활용할 수 있으면, 미국을 설득하는 것이 불가능하지는 않을 것이다. 핵무기로 패전한 일본은 핵무장에 대해 겉으로는 엄격하다. 그러나 미국은 일본의 핵무장 가능성에 대해 관대하다. 지금은 과거사 문제나 경제 보복으로 한일관계가 최악이지만, 안보 문제만큼은 별도로 접근하는 것이 필요하다. 그런 맥락에서, 일본의 피폭과 핵개발 가능성에도 지면을 할애했다.

북핵 문제에 대한 많은 담론과 분석이 국내적·국제적으로 있었지만, 핵확산이라는 국가실행의 맥락에서 접근한 경우는 많지 않았다. 학술적 연구는 이론적인 접근에 치우쳐서, 현실적 임팩트가 부족했다. 국제법의 규범적 접근이나 국제관계론의 수많은 모델은 오히려 논지를 흐리게 하고, 핵심 이슈에 대한 이해를 어렵게 했다. 전쟁의 위법화나 무력행사의 금지와 같은 현대 국제법의 원칙이 핵무기의 사용이라는 파국을 예방하는 데에 어떤 의미를 갖는지도 고민하지 않을 수 없었다.

나는 그런 오류에 빠지지 않기 위해 방법론에 얽매이지 않고 국가실행에서 교훈을 도출하려고 노력했다. 국제법 학자로서 국제관계론의 방법론에도 관심을 가졌던 것이 핵 문제의 연구에 많은 도움이 되었다. 핵 문제와 같은 묵직한 주제는 단편적 접근으로는 해법을 찾기가 쉽지 않다는 사실을 확인할 수 있었다. 북핵 위기의 전개와 한국의 대응을 예측하고 생각할 때, 우리는 핵개발국의 성공과 실패의 역사로부터 교훈을 얻어야 한다.

이 책은 한국의 정책 방향과 핵확산의 역사 및 핵위기의 해결과정 그리고 핵무기와 비핵지대에 대한 법적 평가 순으로 구성되었다. 나는 북핵 위기의 이해라는 맥락에서 정합성을 고려하여 관련 이슈를 정리했다. 학술논문을 쓰던 버릇 때문에 최소한의 주(註)를 본문에 달게 되었다. 가독성을 높여 흐름을 이어가는 데 주는 읽지 않아도 무방하다. 자세한 출처는 참고문헌을 보면 될 것이다.

많은 시간을 같이하지 못하는 가족에게는 늘 미안한 마음을 가진다. 언제나 그랬듯이, 책상물림 가장을 넓은 아량으로 이해해주기를 바랄 뿐이다. 바쁜 가운데에도 꼼꼼히 원고를 읽고 의견을 준 홍승기 인하대 법전원장과 본서의 출간을 독려해준 한희원 동국대 부총장, 서성건 변호사에게 감사의 뜻을 전한다. 전작 『우리의 눈으로 본 일본제국흥망사』에 이어 흔쾌히 출판을 맡아준 궁리출판에도 감사드린다.

2019년 8월

이창위

차례

—

—

'사실상 핵보유국'의 핵무장 및 핵정책

	이스라엘	인도	파키스탄	북한
핵실험 연도 및 횟수	1960년(프랑스의 핵실험에 참여)	1974년, 1998년(6회)	1998년(6회)	2006~2017년 (6회)
핵무장 완성 선언	1967년(추정)	1998년	1998년	2017년
핵전략	• 핵무기 보유에 대한 의도적 모호성(NCND) 전략 • 삼손 옵션(자폭과 절멸) 전략	• 유연한 신뢰적 최소억제 (CMD) 전략	• 신뢰적 최소억제(CMD) 전략	• 신뢰적 최소억제(CMD) 전략
핵정책	• 중동에서 첫 핵무기 반입국의 지위 부인 • 중동에서 적국의 핵무기 보유 절대 반대	• 소극적 안전보장(NSA) 정책 • 선제 핵공격 금지(NFU) 정책 • 생화학무기 공격에 대한 예외 인정	• 소극적 안전보장(NSA) 정책 • 차별적 선제 핵공격 금지(NFU) 정책 • 핵무장국(인도)에 대한 선제공격 허용	• 선제 핵공격 정책 • 핵 · 경제 병진 노선
보유 핵탄도 수 (추정)	100~200	130~140	140~150	30~60
핵무장의 배경	• 유대인 박해 • 나치 독일의 유대인 홀로코스트	• 식민지 피지배 • 중국과의 갈등	• 인도와의 갈등 • 카슈미르 국경 분쟁	• 한국전쟁 시 핵무기 사용 위협
핵무장의 동기	• 아랍 국가들과의 갈등 • 수에즈 위기(제2차 중동전쟁)	• 중국의 1964년 핵실험 • 중국 · 인도전쟁의 패배	• 인도 · 파키스탄 전쟁의 패배 • 동파키스탄의 독립	• 한국과의 경제적 격차 확대 • 체제 안정

※ 스톡홀름 평화연구소(SIPRI), 영국 의회도서관(House of Commons Library), 핵위협연구소(NTI) 등의 최신 자료를 참조하여 저자가 작성함.

제1장

한국의 선택

1

발상의 전환
6자 상호확증파괴의 균형

❖

북한의 핵무장

한반도를 둘러싼 강대국들은 모두 북한의 핵무장에 반대하고 있다. 대량살상무기의 확산을 반대해온 미국은 물론, 북한에 유화적인 중국도 겉으로는 북한의 핵무기 보유에 반대하는 입장을 취해왔다. 러시아나 영국, 프랑스 그리고 일본도 마찬가지다. 강대국을 비롯한 국제사회의 북핵 문제에 대한 우려는 북한의 핵무장이 초래할 수 있는 동북아질서의 불안정과 그 후유증 때문일 것이다.

그러나 북한은 수차례의 핵실험을 통해 이제 핵무장을 완성했고, 핵탄두의 경량화와 소형화 또는 표준화도 성공한 것으로 간주된다. 여기서 다시 질문을 던져본다. 북한의 핵무장이 완성되었다면, 한반도를 둘러싼 동북아의 안보질서는 향후 어떻게 전개될 것인가? 한국과 일본은 미국의 핵우산을 전제로 속절없이 북한의 비핵화에 계속 매달릴 것인가? 아니면, 북한의 핵무장을 전제로 과거와 다른 정책을 취해야 하는

가? 즉, 독자적 핵무장에 나서 새로운 동북아질서의 재편을 도모할 수 있을 것인가? 한국과 일본은 쉽지 않은 선택을 해야 할 기로에 서 있다.

북한의 비핵화가 실패한 것은 국제사회의 제재가 실패했기 때문이다. 중국과 러시아가 진정으로 북한의 비핵화를 위해 노력하지 않았다고 보면, 그것은 미국과 서방의 핵확산방지 정책이 실패했다는 말이 된다. 미국은 이란, 이라크, 시리아, 리비아 등을 상대로 한 중동에서의 갈등과 핵확산방지에 더 신경 쓸 수밖에 없었고, 결국 북한의 비핵화는 상대적으로 소홀히 하게 되었다. 결과적으로 오바마 대통령이 선택한 전략적 인내 정책은 북한의 핵무장을 방조하는 정책이 되어버렸다.

미국이 리비아의 비핵화에 성공한 것은 국제사회의 강력한 경제적 제재 덕분이었다. 또한 이라크전쟁으로 몰락한 후세인의 말로는 카다피의 핵포기 결정에 촉진제가 되었다. 당시 리비아는 30여 년의 노력에도 불구하고 핵개발에 성공하자 못하고 있었다. 이란도 사정은 비슷하다. 강력한 국제사회의 제재로 이란은 오바마 대통령과 포괄적 공동행동계획에 합의할 수밖에 없었다. 결국 두 나라는 원유에 절대적으로 의존하는 경제적 체제의 특성상, 국제사회의 제재와 압력에 굴복할 수밖에 없었다는 공통점이 있다.

그러나 북한은 두 나라와 사정이 다르다. 북한은 제재에 취약한 산유국과는 다른 경제적 구조를 가졌고, 중국의 원조로 생존을 연장할 수도 있다. 북한은 이미 개발한 핵무기로 한국과 일본을 위협할 수 있고, 미국에 대해서도 강경한 입장을 취할 수 있다. 만약 북한이 대륙간탄도미사일(ICBM)이나 잠수함발사탄도미사일(SLBM)의 완성을 입증한다면, 미국의 대북 비핵화정책은 완전히 달라질 것이다. 이제 핵무장에 성공한 북한을 비핵화시킨다는 것은 매우 어려운 일이 되었다.

미국과 중국의 선택

현재의 상황에서 중국은 어떤 대북 정책을 취할 수 있을까? 중국의 선택지는 많지 않다. 현실적으로 중국은 북한의 핵무장을 막을 수 없다. 이미 핵무장한 북한을 설득하여 비핵화를 한다는 것도 불가능하다. 중국이 그렇게 하기 위해서는 북한의 체제를 변경해야 하는데, 그런 경우는 생각하기도 힘들다. 북한의 레짐 체인지(regime change)는 중국이 원하는 바가 아니기 때문이다.

미소 냉전의 종식 후, 북한은 생존을 위한 마지막 수단으로 핵무장의 완성을 절대 불가침의 지상목표로 했고, 중국은 이를 실질적으로 방조해왔다. 오랫동안 북한은 중국에 '순망치한'(脣亡齒寒)과 같은 존재이자, '중국이라는 탄광 속의 카나리아'(the canary in the Chinese coal mine)와 같은 존재였다.[1] 따라서 중국은 북한을 미국에 대한 '완충국가'(buffer state)로 만드는 데에 대북 정책의 우선순위를 두었다. 중국은 북한의 제재에 소극적일 수밖에 없었다. 중국의 북핵 문제에 대한 정책도 그런 맥락에서 이해해야 한다.

미국의 선택지도 제한적이다. 미국은 북한의 비핵화를 위해 유엔을 통한 제재와 독자적 제재를 유지하거나 강화할 수 있다. 추가적 대북 협상으로 북한이 받아들일 수 있는 방안을 제시할 수도 있다. 그러나 미국은 과거처럼 실질적 비핵화가 수반되지 않는 제재의 해제를 합의해주기는 힘들다. 특히, 존 볼턴과 같은 강경파 참모들이 백악관에서 대통령

영변 핵시설 주위 위성사진

을 보좌한다면, 정권의 향방에 상관없이 미국은 대북 정책에서 과거의
실수를 반복하지 않을 것으로 예상된다.

　미국은 북한에 대한 최대한의 압박과 제재를 통해 북핵 문제의 외교
적 해결이 가능하다고 보고 있다. 그런 방식이 여의치 않으면, 군사적

옵션도 배제하지 않겠다는 입장도 몇 차례 표명해왔다. 그러나 북한은 이미 완성한 핵무기나 핵시설을 지상이나 지하 여러 곳에 분산시켜놓고 있어서, 군사적 옵션의 선택은 쉽지 않다. 특히 북한에 대한 공격은 큰 희생을 수반할 수밖에 없어서 더욱 힘들다. 미국은 북한의 핵무기 개발수준이나 규모 또는 소재에 대한 정확한 정보를 파악하지 못하고 있다. 핵무기 외에 수천 발의 장사정포와 미사일을 동시에 탐지하여 무력화할 능력도 없다.

1994년, 미국이 북한의 영변에 대한 외과적 선제타격을 포기한 것도 결국은 그런 이유 때문이다. 윌리엄 페리 전 국방장관은 당시 예상되던 수십만 명의 사상자를 감내할 수 없었다고 했다.[2] 즉, 북한에 대한 제한적 선제공격 내지 코피작전(bloody nose strike)의 실행은 매우 위험할 뿐 아니라 성공 가능성도 높지 않다. 이스라엘은 1981년과 2007년에 이라크와 시리아에 선제공격을 하여 핵개발을 무력화시켰지만, 당시의 상황은 현재 북한이 처한 상황과 전혀 다르다. 요컨대, 미국이 북한에 대하여 선제적인 군사행동을 취할 수 있는 시점은 이미 지났다고 할 수 있다.

공포의 균형

이런 상황에서, 한국이 취할 수 있는 정책적 선택지도 매우 제한적이다. 만약 이런 상태가 지속된다면, 미국과 북한의 줄다리기도 계속될 것이고, 북한의 완전한 비핵화 가능성은 희박해진다. 한국은 북한의 핵무기를 이고 미국의 핵우산에 의지하는, 불안한 상황에 놓이게 된다. 한국의 북핵에 대한 소극적 방어태세는 큰 의미가 없다. 킬 체인이나 한국형 미사일방어체계(KAMD) 또는 대량응징보복체계(KMPR) 등 이른 바 '3축 체계'로는 북한의 핵미사일에 제대로 대응할 수 없다. 미사일을 발사 이전에 탐지해서 격퇴하거나, 발사된 미사일을 탐지해서 요격할 수 있는 확률은 너무나 미미하다. 상식적으로 판단하면, 핵무기에 대한 확실한 대응수단은 핵무기뿐이다. 서로의 핵무기로 이른바 '공포의 균형'(balance of terror)을 이룰 수 있기 때문이다.

따라서 북한의 핵무기에 대한 가장 확실한 한국의 대응수단도 '핵억지력'의 확보가 된다. 한국이 핵억지 능력을 갖는다는 것은 '독자적 핵무장'이나 '전술핵 재배치' 또는 '핵무기 공유'를 한다는 것을 의미한다. 그런데 전술핵의 재배치나 핵무기 공유는 미국의 동의가 있어야 가능하기 때문에 실현이 쉽지 않다. 물론 한국의 독자적인 핵무장도 쉽지는 않다. 핵확산방지조약(NPT)과 국제원자력기구(IAEA)로 대표되는 국제적인 규제도 있고, 한미원자력협정에 의한 제약도 있기 때문이다.

그러나 일본이 핵무장을 결정하게 되면, 사정은 달라진다. 일본은 독자적으로 신속하게 핵무장에 나설 수 있는 능력을 가지고 있다. 일본의 잠재적 핵무장 능력은 한국보다 앞서 있다. 일본은 수십 년 동안 미국의 묵인 내지 원조에 의해 핵무장 능력을 키워왔다. 일본은 미일원자력협정에 의해 핵연료의 재처리도 가능한 상황이다. 핵무기를 갖지 않은 국가 중에서 미국으로부터 사용후 핵연료의 재처리를 허가받은 국가는 일본뿐이다. 일본의 핵무장은 이제 가능성의 단계를 넘어 언제 그렇게 할 것인가라는 시간문제일 뿐이다.

일본이 핵무장을 하면, 한국도 핵무장에 나설 수밖에 없다. 주변국이 모두 핵무장한 상태에서 홀로 비핵무기국으로 남는다는 것은 맨손으로 정글을 산책하겠다는 것이나 다름없다. 물론 일본의 핵무장에 대한 걸림돌은 적지 않다. 일본 정부가 그런 정치적 판단을 내리더라도, 국내적 반발을 잠재우기는 쉽지 않을 것이다. 핵무장에 대한 결정은 1960년대와 1970년대 초의 미일안보조약에 대한 반대보다 훨씬 더 심각한 반발을 가져올 것이다. 세계 유일의 피폭(被爆)국이라는 경험은 일본 국민들에게 치유하기 힘든 트라우마가 되어 있다. 일본은 한국과 마찬가지로 핵확산방지조약과 국제원자력기구의 규제를 해결해야 할 뿐 아니라, 비핵 3원칙이라는 국내정책을 변경해야 하는 부담도 안고 있다.

상호확증파괴 균형의 확대

그러나 미국의 '확장억지'(extended deterrence)가 약화된다면 사정은 달라진다. 지금은 미일안보가 굳건하지만, 미국이 군사적 부담을 감당하기 힘들어지면 핵우산(nuclear umbrella)은 찢어질 수도 있다. 그러면 독자적 핵억지력이 없는 일본은 실질적으로 중국에 종속될 가능성이 높아진다. 일본은 그런 상황에서 생존의 문제에 직면할 수 있다.

일본은 1592년 임진왜란으로 동북아시아의 굳건한 중화질서에 도전장을 내밀었다. 일본은 정명가도(征明假道)를 핑계로 당시 한국을 침략한 이래 줄곧 중국대륙을 공략해왔다. 그런데 그런 역사적 흐름이 바뀐다면, 일본은 그런 상황을 받아들이기가 쉽지 않을 것이다. 결국 북한의 비핵화가 성공하지 못하면, 미국의 확장억지력의 변화에 따라 일본의 핵무장은 현실이 될 수 있다.

그렇게 한국과 일본이 핵무장에 성공하면, 동북아의 안보상황은 새로운 균형을 이루게 된다. 미국, 중국, 러시아, 일본, 한국, 북한 등 6개국이 핵무기로 특정 국가를 서로 위협할 수 없는 힘의 균형 상태가 확립되는 것이다. 이를 '6자 상호확증파괴의 균형'(six-way balance of mutually assured destruction) 상태라 부를 수 있을 것이다. 즉, 과거 북핵 문제의 해결을 위해 회동했던 6개국이 모두 핵무기를 갖는 안정적인 상황을 그렇게 부르게 된다.

동북아에서의 '6자 상호확증파괴의 균형'은 미국에도 낯설지 않다. 유럽에서 북대서양조약기구(NATO)의 출범 후, 영국, 프랑스와 독일의 핵무장을 둘러싼 갈등은 미국의 골칫거리였다. 특히 핵확산방지조약의 체결 시에 미국과 소련은 냉전의 연장선에서, 프랑스와 독일은 서로의 핵개발을 둘러싸고 치열하게 대립했다. 결국 소련이 독일에 대한 미국의 핵공유 정책을 인정하여 갈등은 봉합되었다.

그렇게 해서 프랑스는 북대서양조약기구에 잔류했고, 유럽에서 미국, 러시아, 영국, 프랑스 4개국의 상호확증파괴 균형이 이루어졌다. 북대서양조약기구와 마찬가지로, 일본과 한국도 미국이 주도하는 동북아의 동맹 질서 안에 남을 수 있다. 그렇게 되면, 3대 핵강대국을 포함한 6개국 간의 상호확증파괴 균형이 동북아에 안정적으로 정착되는 것이다.

새로운 균형을 확립하는 과정에 중국과 북한의 반발은 피할 수 없을 것이다. 중국은 일본의 핵무장을 막기 위해 필사의 노력을 기울일 것이며, 북한도 엄청난 긴장을 조성할 것이다. 그러나 이 문제는 자위권을 확보하는 차원에서 접근해야 한다. 북한의 핵무장이 완성되기 전이라면 모르지만, 북한이 사실상 핵보유국이 된 마당에 한국이나 일본이 핵무장을 하면 안 된다는 주장은 논리적이지도 않고 설득력도 없다.

동북아에서 '6자 상호확증파괴의 균형'이 달성되면, 오히려 긴장은 완화되고 화해무드가 조성될 수 있다. 2차대전 후 미소관계가 그랬듯이, 강대국 간의 분쟁이나 남북 간의 갈등이 전쟁으로 비화할 가능성은 매우 낮아진다. 중국이 동중국해와 남중국해에서 추구하는 공격적 해양정책은 제어될 수 있을 것이다. 남북한은 불확실한 통일을 서두를 필요도 없고, 평화적으로 공존할 수 있다. 통일은 그런 토대 위에서 평화적으로 모색하는 것이 바람직하다. 독일의 통일도 유럽에서 강대국들 간의 상호확증파괴의 균형이 이루지고 오랜 시간이 지난 후에 이루어졌다. 동북아에서 그런 균형에 도달하는 과정은 순탄하지 않겠지만, 일단 그것은 확립되면 안정될 것이다.[3]

그런 맥락에서, 케네스 월츠나 존 미어샤이머 같은 신 현실주의 국제정치학자들은 일본의 핵무장 가능성을 예측하고 또 찬성해왔다.[4] 헨리 키신저는 북한이 핵을 포기하지 않으면 한국은 물론이고 일본도 핵무장을 할 수밖에 없다고 주장했다.[5] 트럼프 대통령도 당선되기 전에 한국과 일본의 핵무장을 허용할 수 있다고 언급했다. 미국의 입장에서 볼 때, 그런 정책을 통해 방대한 국방비를 절감할 수 있다는 이점도 있다. 어쨌든 북핵 문제의 의미 있는 해결이 불가능하다면, 한국과 일본은 발상의 전환을 통해 결단을 내릴 수 있을 것이다. 양국이 미국을 설득하고 국내적 합의를 이끌어낸다면, 의외로 북핵 문제는 쉽게 해결될 수도 있다.

2

안보 독립
한국의 독자적 핵무장은 가능한가?

☢

핵확산방지조약

한국의 독자적 핵무장에 대한 가장 큰 걸림돌은 국제사회의 반대와 미국의 우려라고 할 수 있다. 특히 국제사회의 반대는 주로 핵확산방지조약(NPT)상 비핵무기국이 져야 할 의무를 근거로 제기된다. 한국은 조약의 당사국으로서 핵확산의 방지라는 규범적 의무를 위반할 수 없다는 것이다. 국내의 핵개발 반대론자도 핵확산방지조약의 탈퇴에 따르는 부담과 회원국들의 반발을 주요한 이유로 든다. 그러나 체약국은 필요한 경우 조약으로부터 탈퇴할 수도 있고, 또 그 이행을 정지시킬 수도 있다. 조약의 탈퇴는 핵확산방지조약 제10조에 규정되어 있으며, 조약의 이행정지는 비엔나협약이나 국제관습법으로 인정되고 있다.

한국의 핵무장 가능성과 관련하여, 우선 핵확산방지조약에 대한 문제를 살펴보자. 핵확산방지조약은 핵개발과 핵군축 및 원자력의 평화적 이용에 대한 국제질서를 확립한 조약이다. 즉, 이 조약은 과거와 현재의 핵 문제에 대한 국제정치적 상황을 있는 그대로 반영하고 있는 국제적 규범이라 할 수 있다. 따라서 조약의 체결 배경과 함께 본문 규정을 정확하게 해석하면, 핵개발 정책에 대한 각국의 입장을 이해할 수 있다.

미소 양국은 그들이 구축한 '상호억지'(mutual deterrence) 체제 밖에서 다른 국가가 핵무기를 보유하는 것을 적극적으로 반대해왔다. 특히 양국은 각 동맹국들에 핵우산과 같은 '확장억지'를 제공함으로써 핵무기의 확산을 통제했다. 1968년에 체결된 핵확산방지조약에는 이러한 핵강대국의 입장이 적극적으로 반영되었다. 결국 유엔 안전보장이사회 상임이사국인 미국, 영국, 프랑스, 러시아, 중국의 5개국이 핵무기 보유국으로 인정되었고, 그 외의 국가들은 비핵무기국의 지위를 받아들였다.

핵확산방지조약의 성립 과정을 보면, 1968년 당시 핵무기를 대량 보유했던 미국, 영국, 소련의 3대 핵강대국이 50여 개 국가와 함께 우선 이 조약에 가입했고, 중국과 프랑스는 1992년에 핵무기국의 지위를 인정받아 그에 가입했다. 2019년 4월 현재, 회원국은 191개국이며, 북한, 인도, 파키스탄, 이스라엘 등 일부 국가들만 이 조약에 가입하지 않거나 탈퇴한 상태이다.[6] 1995년의 핵확산방지조약 재검토회의에서 회원국들은 조약의 연장과 존속에 대하여 심도 있게 논의했으며, 결국 합의에 의해 이 조약을 무기한 존속시키는 것으로 결정했다.

핵확산방지조약 재검토회의는 5년마다 열린다. 각 재검토회의에서 핵무기 보유국과 비 보유국은 핵무기의 국제인도법 위반과 비확산 의무의 이행을 둘러싸고 대립해왔다. 그러나 미국을 비롯한 핵무기 보유국들의 반대로 뚜렷한 해결이 이루어지지 않고 있다.[7] 이처럼 5대 핵무기 보유국의 기득권에 대한 비판이 제기되어 왔으나, 차별적 구조는 변하지 않았다. 즉, 핵무기의 비보유국은 원자력을 핵무기 개발용으로 전용해서는 안 되며, 이를 위해 국제원자력기구(IAEA)의 사찰을 의무적으로 받아야 한다는 비대칭적 구조가 이 조약의 기본적 특징으로 되어 있다.[8]

요컨대, 핵확산방지조약은 전형적인 불평등조약의 성격을 갖는다. 핵무기 보유국의 기득권 인정 외에도, 핵무기 비보유국의 핵비확산 의무나 핵물질의 이용 메커니즘은 매우 불공평하고 비합리적이다. 그러나 미국과 소련이 냉전체제하에서 동서 양진영의 국가들을 설득했기 때문에 대부분의 국가들이 이를 수용할 수밖에 없었다. 따라서 체약국인 비핵무기국이 핵개발에 나서기 위해서는 이런 차별적 조약으로부터 탈퇴하거나, 아니면 조약의 적용을 배제하는 방안을 강구하지 않으면 안 된다.

불평등의 구조

핵확산방지조약의 불평등한 내용을 좀 더 살펴보자. 11개조로 구성된 핵확산방지조약의 내용은 핵확산의 방지(nuclear non-proliferation), 핵군축(nuclear disarmament) 및 원자력의 평화적 이용(peaceful uses of nuclear energy)이라는 세 가지로 요약된다. 국제원자력기구(IAEA)는 특히 핵확산의 방지를 담보하기 위하여 그러한 내용을 회원국들이 이행하도록 감시하고 있다. 그러나 핵무기 비보유국이 핵심적 부분이라고 중시했던 핵군축은 아직 실현되지 않고 있다. 구체적인 내용은 다음과 같다.

첫째, 핵무기를 보유한 체약국(Nuclear Weapon State)은 어떠한 핵무기나 핵폭발장치 또는 그에 대한 관리를 누구에게도 직접적·간접적으로 양도해서는 안 되며, 비핵무기국의 그에 대한 제조, 획득 또는 관리를 어떤 방식으로도 원조, 장려 또는 권유해서도 안 된다.[9] 마찬가지로, 핵무기를 보유하지 않은 체약국(Non Nuclear Weapon State)은 어떠한 핵무기나 핵폭발장치 또는 그에 대한 관리를 누구로부터도 양도받아서도 안 되며, 이를 제조하거나 다른 방법으로 획득해서도 안 되고, 또한 그에 대한 원조를 구하거나 받아서도 안 된다.[10] 이를 핵무기국과 비핵무기국이 부담하는 수평적 비확산(horizontal non-proliferation) 의무라 한다.

둘째, 핵무기국은 핵무기 경쟁의 조속한 중지와 핵군비 축소를 위한 의무 및 전면적 군축조약의 체결을 위한 교섭 의무를 진다.[11] 이는 핵무기국이 부담하는 이른바 수직적 비확산(vertical non-proliferation) 의무가 된다. 그러나 이 수직적 비확산 의무는 수평적 비확산에 비하여 철저하지 못하다. 즉, 이 조약이 핵무기국의 핵군축에 대한 느슨한 교섭 의무만 규정하고 있다는 문제가 제기된다. 이는 핵강대국의 기득권을 인정할 수밖에 없다는 본질적인 한계로, 비핵무기국의 계속되는 이의 제기 대상이 되었다.

셋째, 비핵무기국은 원자력의 평화적 이용으로부터 핵무기 개발로의 전용을 방지하기 위한 안전보장조치를 취해야 할 의무를 진다. 이는 비핵무기국의 핵개발 포기를 담보하기 위한 실질적인 조치로서, 비핵무기국과 국제원자력기구가 체결하는 핵안전조치협정(nuclear safeguard agreement)의 체결에 의해 실현된다. 비핵무기국은 이러한 협정에 의해 국제원자력기구의 핵사찰을 수락해야 한다.[12] 현실적으로 191개 회원국 중 5대 핵강대국을 제외한 186개국이 핵사찰을 받는 셈이다. 다만, 비핵무기국의 핵확산방지 의무는 그들의 원자력에 대한 평화적 이용의 권리를 제한하는 것은 아니다. 즉, 비핵무기국은 핵무기의 제조, 획득, 관리가 엄격하게 금지되지만, 평화적 목적을 위해 원자력을 연구하고 이용할 수 있는 불가양의 권리(inalienable right)를 갖는다.[13]

조약의 탈퇴

북한은 결국 이 조약으로부터 탈퇴하여 핵개발에 성공했고, 리비아는 조약의 체약국으로 남아 있으면서 비밀리에 핵개발을 시도했지만 실패했다. 이란도 조약에서 탈퇴하지 않고 핵무기를 개발하려 했지만 성공하지 못했다. 이란은 핵 프로그램의 목적이 평화인 것이라고 주장했으나, 국제원자력기구는 이를 인정하지 않았다. 반면, 남아프리카공화국은 이 조약에 가입하지 않고 핵개발에 성공했지만, 스스로 핵무기를 폐기했다. 남아프리카공화국은 핵폐기 후에 조약에 가입했고, 국제원자력기구의 사찰을 받아 비핵무기국으로 인정받았다. 이스라엘, 인도, 파키스탄은 처음부터 조약에 가입하지 않고 핵개발에 성공했다. 특히 인도는 비체약국이지만 평화적 이용의 권리를 주장하여 핵개발에 성공했다. 이러한 국가들의 실행은 조약상 비핵화 의무가 얼마나 엄중한지를 여실히 보여준다.

그러면 한국은 조약으로부터 탈퇴하여 핵개발을 시도할 수 있을까? 독자적인 핵개발이 힘들다면 일본과의 연계는 생각해볼 수 없는가? 핵확산방지조약 제10조에는 '조약의 주제와 관련된 비상사태가 자국의 핵심 이익을 위태롭게 한다고 판단한 경우에 회원국이 조약으로부터 탈퇴할 수 있다'고 규정되어 있다. 2003년 북한의 조약 탈퇴는 이 규정을 근거로 이루어졌다. 물론 한국이나 일본도 이를 근거로 조약으로부터 탈퇴할 수 있는 권리를 가진다. 그러나 탈퇴는 극단적인 상황을 전제로 한 조치여서, 국제사회의 반발을 피하기가 쉽지 않을 수도 있다.

그럴 경우, 탈퇴가 아닌 조약의 '이행정지'라는 카드를 이용할 수 있으면, 국제사회의 직접적인 제재는 피할 수 있을 것이다. 조약법에 관한 비엔나협약을 보면, 조약 위반의 결과로서 조약을 종료시키거나 그 이행을 정지시킬 수 있다는 내용이 규정되어 있다. 즉, 다자조약의 당사국이 그 조약을 실질적으로 위반했을 때, 관계 당사국은 조약의 이행을 정지시키기 위한 사유로 그 위반을 들 수 있다는 것이다.[14] 조약의 위반 외에도, '후발적 이행불능'이나 '사정의 근본적 변경'과 같은 사유도 이행정지를 위한 사유로 원용될 수 있다.[15]

2003년에 핵확산방지조약을 탈퇴한 북한을 조약 위반의 당사국으로 주장하는 것은 쉽지 않다. 다만, 북한의 조약 탈퇴 절차에 하자가 있었다는 점을 지적하여, 이 조항의 원용 가능성을 주장할 수는 있을 것이다. 유엔군축문제사무국(UNODA)은 지금도 북한의 핵확산방지조약 탈퇴를 명시적으로 인정하고 있지 않다. 그 대신 북한의 회원국 자격에 대한 다양한 입장이 일반 회원국 사이에 존재한다는 내용만 밝히고 있다.[16]

한편, 비엔나협약은 1980년 1월 이후에 발효한 조약에만 적용되는 것으로 되어 있다. 이는 협약 규정의 소급적 적용을 배제하는 취지로 규정되었다. 그러나 비엔나협약 대신 국제관습법의 내용을 원용하면, 해

당 조약의 이행정지를 주장할 수 있다.[17] 실정 국제법이 아니라도 어떤 내용이 국제관습법으로 인정된다면, 그것은 국가들에 국제법적 의무를 부과하기 때문이다. 비엔나협약에 녹아 있는 여러 국제법 원칙은 불소급 규정과 무관하게 당연히 적용될 수 있다.

강대국들은 특히 군축조약의 폐기를 주장할 때 조약의 이행정지를 많이 원용한다. 예컨대, 미국은 2019년 2월 1일 러시아의 조약의무 불이행을 근거로 '중거리핵전력조약'의 이행을 정지한다는 성명을 발표했다. 러시아도 이에 대항하여 3월 4일 '중거리핵전력조약'의 이행을 정지시켰다. 양국의 이행정지 선언으로 이 조약은 실질적으로 폐기되었다. 러시아는 2007년 12월 12일에도 '유럽재래식무기감축조약'(CFE, Treaty on Conventional Armed Forces in Europe)의 이행을 중단한다고 발표한 바 있다. 당시 그 조약에 탈퇴조항이 있었음에도 불구하고 러시아는 국제관습법상 조약의 이행정지를 주장했다.

　이러한 강대국들의 군축조약에 대한 실행을 고려하면, 불평등조약인 핵확산방지조약의 당사국은 필요에 따라 조약에서 탈퇴하거나 그 이행을 정지시킬 수가 있다. 따라서 그에 대한 국제사회의 반대는 법적인 근거나 명분이 약하게 된다. 물론 국제법적인 근거나 당위가 국제정치의 현실 문제에 그대로 해법이 되는 것은 아니다. 그러나 국제법적인 논리로 대외 정책의 타당성을 주장하는 것은 필요하다.

핵무장 옵션

　그러면 조약상 법적 의무나 논란과 무관하게 국제사회는 한국을 제재할 수 있을까? 국제사회가 북한이나 이란에 또는 과거 리비아에 했던 것처럼 한국을 경제적으로 제재한다면 문제가 될 수 있다. 대외의존도가 높은 한국의 경제는 국제사회의 제재로 타격을 입을 수 있기 때문이다. 그러나 세계 10위권의 경제대국에 대한 국제적인 제재가 그렇게 쉽게 부과될 수는 없다. 한국은 산유국처럼 원유 수출에만 의존하는 것이 아니므로 사정이 다르다. 미국이 반대하는 한, 한국에 대한 유엔의 제재도 성립하지 않을 것이다. 이스라엘에 대한 안전보장이사회의 제재도 미국의 반대로 번번이 무산되고 있다.

　미국의 우려와 관련해서는, 한미원자력협정상 핵물질 처리 문제가 걸림돌이 될 것이다. 2015년에 개정된 협정에서도 우라늄 농축과 사용 후 핵연료의 재처리에 대한 제한은 완전히 철폐되지 않았다. 그런 제한이 지속되면, 한국의 독자적 핵개발은 불가능하다. 그러나 핵물질의 처리 문제는 한미동맹의 강화 차원에서 충분히 극복할 수 있다. 한미 양국은 전시작전통제권의 환수나 평화조약의 체결과 같은 민감한 문제를 안고 있다. 한미 양국은 원자력협정의 개정을 통해 그런 문제들까지 전향적으로 처리할 수 있다. 또한 미국의 확장억지력이 재정적으로 미국에 부담이 되면, 전술한 것처럼 상호확증파괴의 균형을 확대하는 방식으로 해결을 모색할 수도 있다.

요컨대, 한국과 일본이 연계하거나, 또는 인도와 파키스탄처럼 비슷한 시기에 서로 핵무장을 시도한다면, 성공 가능성은 높아질 수 있다. 어쨌든 한국과 일본이 같이 핵무장 옵션을 선택한다면, 이러한 정치적·법적 걸림돌을 극복하지 못할 이유는 없다. 다만, 굳건한 한미동맹의 유지가 전제되지 않으면, 그런 주장은 탁상공론으로 끝나기 쉽다. 일본은 한국보다 훨씬 더 미국과 전략적으로 밀착해 있다. 한국은 일본만큼은 아니더라도 미국과의 전략적 공조를 소홀히 해서는 안 된다.

3

우호적 핵확산
미국을 어떻게 설득할 것인가?

— ☢ —

적대적 핵확산

한국의 핵억지력 강화는 미국의 동의와 협조 여하에 달려 있다. 핵확산의 방지를 기본적 핵정책으로 하는 미국으로부터 그런 협조를 얻기는 쉽지 않을 것이다. 그러나 트럼프 행정부의 출범 이후 미국의 핵정책은 변하고 있다. 예컨대, 미국은 2018년 2월의 '핵태세보고서'(nuclear posture review)에서 러시아, 중국 및 북한의 핵위협에 맞서 전술핵전력을 강화한다는 방침을 명시했다. 만약 미국과 북한의 비핵화 협상이 실패하면, 한국은 미국에 독자적 핵억지력의 강화에 대한 협조를 요청해야 할 것이다. 그것은 힘의 우위를 통한 평화의 유지라는 미국의 핵정책에도 부합하는 조치가 된다.

역사적으로 핵확산은 적대적으로 진행되었다. 소련은 미국에 맞서 핵무기를 개발했고, 중국은 미국과 소련에 대항하여 핵무기를 개발했다. 프랑스의 핵무기 개발도 미국과 소련에 대항하여 이루어졌다. 인도는 중국에 대항하여, 파키스탄은 인도에 대항하여, 그리고 이스라엘은 대부분의 아랍 국가들에 대항하여 핵무기를 개발했다. 북한도 미국, 한국, 일본의 동맹에 대항하여 핵무기를 개발했다.

그런 핵확산의 과정에서 미국은 이스라엘을 제외하고 사실상 핵무기국의 등장을 모두 반대했다. 그러나 결국 인도, 파키스탄, 북한은 핵개발에 성공했다. 그에 비해 5대 핵강대국들은 핵군비 경쟁의 과정에서 핵무장을 서로 견제하거나 반대할 수 없었다. 냉전이 한창이던 당시에는 핵확산방지에 대한 국제적 틀이 확립되지 않았기 때문이다. 미국과 소련이 핵실험의 금지와 핵확산의 방지에 나선 것은 쿠바 미사일 위기 이후였다.

미국은 냉전 초기부터 핵확산과 무관하게 동맹국에 핵우산을 제공해왔다. 미국이 동맹국에 핵우산을 제공한 것은 소련에 대하여 재래식 무기의 우위를 자신할 수 없었기 때문이다. 미국은 북대서양조약기구의 회원국, 한국과 일본, 그리고 호주와 뉴질랜드 등 동맹국들에 집단적·개별적 방위조약을 통해 핵억지력을 확장했다. 그렇게 해서 한국에는 전술핵무기도 배치되었다. 한국전쟁이나 중동전쟁 등 국지적 분쟁에서 핵무기의 사용이 거론되었으나, 다행히 교전국들은 파국을 피하고 전쟁을 종결시켰다. 그 사이에 소련이나 중국의 핵개발도 더욱 진행되어, 적어도 강대국들 사이에는 상호확증파괴의 균형이 이루어졌다.

냉전이 끝나면서 사정은 변했다. 미국은 소련과 중국이 한국을 침공할 가능성이 없어졌다고 판단하여, 한국에서 전술핵무기를 철수했다. 미국은 한미안보협의회(SCM)나 대통령의 성명을 통해 변함없는 핵우산의 제공을 약속했다. 그러나 미국의 한국에 대한 확장억지 제공 약속이 완전한 보장을 의미하는 것은 아니다. 한국이나 일본에 대하여 북한의 핵공격이 발생할 경우, 미국이 위험을 감수하면서 북한에 대해 핵반격을 해줄 수 있을지에 대한 의문이 제기되는 것이다.

드골은 프랑스의 핵무장에 대한 명분으로 미국의 핵반격 가능성에 대해 유명한 말을 남겼다. '미국은 파리를 위해 뉴욕을 포기할 수 있는가'라는 그의 질문은 핵우산을 신뢰하지 못하는 국가의 핵개발 욕구를 단적으로 대변한다. 사실, 핵무기가 탑재된 북한의 대륙간탄도미사일이 미국의 서부를 실제로 위협하게 된다면, 미국이 제공하는 확장억지는 휴지조각이 될 수도 있다. 그것은 미국이 타국을 위해 핵전쟁을 감행하겠다는 의지가 있어야 비로소 효과가 있기 때문이다.

사실 미국의 입장에서 볼 때, 동맹국들을 위해 핵무기를 사용하는 것은, 그것이 선제공격이든 반격이든, 자신의 보호를 위해 핵무기를 사용하는 것과는 완전히 다르다. 미국이 뉴욕이나 워싱턴을 위해 로스앤젤레스를 포기하는 것은 가능하지만, 서울이나 도쿄를 위해 샌프란시스코를 희생한다는 것은 현실적으로 힘들 것이다. 한국이나 일본에 대한 핵공격 위협은 일단 미국에 대한 직접적인 위협이 아니기 때문이다. 미국의 확장억지에 대한 동맹국의 불안은 그런 관점에서 이해해야 한다.

우호적 핵확산

한국이나 일본이 이런 문제들을 해결하기 위해서는 미국을 설득하여 독자적 핵무장에 나서는 것이 가장 확실한 해법이 된다. 한국이나 일본이 핵무기를 개발하면, 그것은 미국의 입장에서 볼 때 전형적인 '우호적 핵확산'(friendly proliferation)이 된다. 그것은 소련, 중국, 북한의 핵 개발과 같은 '적대적 핵확산'(adversarial proliferation)에 반대되는 개념이다. 한국이 북한의 비핵화가 성공할 때까지 조건부로 핵무장을 한다고 선언하면, 국제사회가 반대할 명분은 약해진다.

미국이 동맹국에 확장억지를 제공함으로써 부담하는 비용은 엄청나다. 트럼프 행정부가 의회에 제출한 미국의 2020년도 국방예산은 7500억 달러(851조 원)에 달한다. 여기에는 핵무기 관련 예산이 빠져 있는데, 그것을 포함하면 1조 달러가 넘는 예산이 국방비로 지출되는 셈이다. 미국의 국방비는 압도적인 세계 1위인데, 2위부터 10위까지 국가의 국방비 예산을 다 합친 것과 맞먹는 규모를 갖는다. 한국의 인터넷에서 미국을 천조(千兆)국이라고 부르는 것은 그런 이유 때문이다. 트럼프 대통령이 취임한 후 동맹국에 안보 비용의 분담을 적극적으로 요구하는 것은 무리가 아니다.

미국은 자국의 안보보다 동맹국의 안보를 위해 더 많은 비용을 부담하고 있다. 해외에 배치된 미군과 군사시설에 드는 비용이 본토의 경우보다 더 많이 쓰이기 때문이다. 해외에 전개된 전력을 모두 동맹국의 보호를 위한 것으로 보기는 힘들겠지만, 어쨌든 미군이 세계의 경찰로서 부담하는 비용은 엄청나다.

그런데 동맹국들이 미국의 안보 비용을 분담하게 되면, 미국은 국방예산의 4분의 1 정도를 절감할 수 있다고 한다.[18] 그렇게 되면, 1조 원 남짓 하는 방위비 분담금을 가지고 한미 양국이 골머리를 썩일 필요도 없어진다. 누적되는 재정적자로 연방 행정부의 셧다운(shutdown)이 골칫거리인 미국에 예산 절감은 큰 도움이 된다. 동맹국의 안보 분담으로

도널드 트럼프

미국은 국방예산뿐 아니라 병력도 감축할 수 있을 것이다. 특히 미군은 육군의 규모를 줄이고, 불필요한 해외기지도 폐쇄할 수 있을 것이다.

금전적인 비용만 문제되는 것은 아니다. 미국은 확장억지를 유지함으로써 항상 직접적인 무력충돌의 리스크를 감수해왔다. 미국은 유사시에 본토가 공격당하는 경우도 상정하여 국방전략을 수립했다. 북한의 장거리 미사일 발사로 미국은 그런 경우의 수를 심각하게 고려하게되었다. 이론적으로는, 동맹국을 핵무기로 공격한 국가에 미국이 핵무기로 반격하게 되면, 미국도 핵으로 보복을 당할 수 있다는 추론이 가능해진다. 드골이 질문한 바와 같이, 미국은 본토가 2차적인 핵공격에 노출되는 것을 감내하기가 쉽지 않을 것이다.

미국이 동맹국들에 제공하는 확장억지는 공간적으로 너무 넓은 범위에 걸쳐 있다. 유럽, 동아시아, 중동, 오세아니아 등 대부분의 지역에

3. 우호적 핵확산

41

서 정도의 차이는 있지만 핵우산이나 재래식 전력에 의한 억지가 광범위하게 제공된다. 특히 중국의 군사대국화가 가속화되면서 그런 경향은 더 두드러졌다. 동중국해와 남중국해를 포함하는 인도·태평양 지역에서의 미국과 동맹국 간의 안보협력은 어느 때보다 중요해졌다. 그런 상황에서 미국의 동맹국에 대한 안보 공약은 당연히 미국이 감당할 수 있는 수준을 넘게 된다.

가령 동북아에서 무력충돌을 수반하는 분쟁이 발생하더라도, 미국이 즉각 분쟁에 개입할 수 있을지는 불분명하다. 예컨대, 센카쿠열도에서 발생하는 중국과 일본의 저강도 분쟁에 미국이 전면적으로 개입할 가능성은 높지 않을 것이다. '덜 중대한 형태의 무력행사'(less grave forms of the use of force)는 국제법상 허용되는 자위권의 행사 대상인 '무력공격'(armed attack)이 아니기 때문이다.[19] 그런 경우, 국가는 '대항조치'(countermeasures)와 같은 자력구제에 직접 의존할 수밖에 없으며, 그것은 비례성의 원칙에 어긋나지 않아야 한다.[20]

물론 한국이나 일본이 한미상호방위조약이나 미일안보조약에 규정된 무력공격을 받으면, 미국은 그에 개입해야 할 국제법적 의무를 진다.[21] 다만, 그런 국제법적 의무의 부담과 현실적 이행이 항상 일치하는 것은 아니다. 게다가 미국이 집단적 자위권을 발동하여 한국과 일본을 방어할 수 있는 상황은 매우 특수한 경우가 될 것이다. 따라서 미국의 적극적 개입이 필요한 무력분쟁의 상황은 매우 제한적이라고 할 수 있다.

이런 사정을 고려하면, 능력이 되는 동맹국은 미국의 확장억지력을 분담할 필요가 있다. 한국과 일본은 미국과 안보 비용을 분담할 수 있는 능력을 갖추고 있다. 한국의 경제 규모는 북한 경제의 40배를 넘고,

인구는 2배를 넘는다. 일본의 경제 규모는 한국의 3배가 되므로 상대적 비교가 가능하다. 이런 한국과 일본이 동북아에서 안보 비용을 분담하지 않는 것은 전략적인 면에서 매우 비효율적이다.

물론 핵확산은 핵무기 사용의 잠재적 가능성을 높이기도 한다. 그러나 한국과 일본의 핵무장은 그에 앞서 핵억지력을 확보한다는 장점을 갖는다. 미국은 한국과 일본의 핵무장을 허용하여, 중국과 북한의 핵위협에 맞서는 억지력을 그들과 공유할 수 있다. 미국의 입장에서 볼 때, 한국과 일본 같은 동맹국에 우호적 핵확산을 허용하는 것이 핵우산을 제공하는 것보다 훨씬 안전하고 또 효과적이다. 한국과 일본의 핵무장을 적극적으로 고려해야 하는 것은 그런 이유 때문이다.

핵공유 정책

우호적 핵확산이 아닌 핵억지력의 강화에는 전술핵무기의 재배치와 나토식 핵공유 방식이 있다. 전술핵무기는 핵폭격기나 대륙간탄도미사일 또는 잠수함발사탄도미사일에 탑재해서 사용하는 전략핵무기를 제외한 핵무기를 말한다. 전술핵무기의 위력은 보통 0.1 내지 수백 kt으로 전략핵무기에 비해 크게 약하다. 원자폭탄 또는 수소폭탄의 전 단계인 증폭핵분열탄이 많이 활용된다. 전술핵무기는 전투기나 폭격기에서 투하하는 폭탄, 각종 포에서 발사되는 포탄, 일반 미사일의 탄두, 핵배낭, 핵지뢰, 핵어뢰 등 다양한 형태가 있었으나 1990년대 이후 대부분 폐기되고, 지금은 전투기나 미사일 탑재용 폭탄 정도로 남아 있다.[22]

전술핵 재배치는 미국의 의향에 절대적으로 달려 있는 문제이다.

1991년 말 미국은 한국에 배치했던 전술핵을 모두 철수했다. 미국은 냉전의 종식으로 한국에 대한 공산권의 침공 가능성이 소멸되었다고 판단했다. 노태우 대통령도 그에 맞추어서 한반도 비핵화를 선언했다. 전술핵의 전면적 철수에 반대하는 입장도 없지 않았지만, 미국의 정책이 그렇게 정해졌기 때문에 도리가 없었다. 따라서 한국에 미국의 전술핵을 재반입하거나 재배치하는 문제는 미국의 글로벌 핵정책의 변화 여부에 달려 있다고 판단된다. 미국은 동북아시아에 전략자산을 전개함으로써 한국과 일본에 확장억지를 제공하고 있다.

전술핵 재배치가 불가능하면 나토식 '핵공유' 방식의 도입을 생각해 볼 수 있다. 나토식 '핵공유' 또는 '핵무기 공유' 방식은 미국이 핵무기를 갖지 못한 회원국들에 대하여 핵무기의 구체적인 관리와 유지를 제공하는 핵억지 방식을 말한다. 회원국들은 핵무기 정책에 대해 협의하고 주요 내용을 결정하며, 핵무기의 사용에 대해서도 일정 부분 권한을 갖는다. 다만, 유사시 핵무기의 사용에 대한 최종적인 결정은 미국이 한다. 현재 독일, 이탈리아, 벨기에, 네덜란드 및 터키의 5개국에 각각 수십 기의 B61 핵무기가 배치되어 있다. 2016년 통계로 대략 180기가 유럽에 배치되어 있다고 알려져 있다.[23]

나토의 출범 후, 냉전이 심화되면서 독일의 핵무장 문제는 다른 회원국들과의 갈등으로 비화되었다. 동독과 인접한 서독은 소련의 위협에 직접 노출되었기 때문에 안보가 항상 불안한 상황에 놓여 있었다. 미국은 이를 해결하기 위해 핵공유 제도를 도입하여 영국과 프랑스를 설득하고 독일의 핵무장을 막았다.

처음에 미국이 생각한 핵무기 공유 방안은 유럽연합군최고사령관

(SACEUR: Supreme Allied Commander Europe)이 지휘하는 집단적 핵전력을 창설하는 것이었다. 이는 핵보유국과 비핵보유국이 비용의 부담과 운용을 공동으로 하여, 평등한 핵무기 공유 체제를 구축하자는 취지로 제안되었다. 이는 하드웨어 방안(hardware solution) 내지 집단적 핵전력 접근(collective nuclear approach)이라 했는데, 나중에 다국적 핵전력(MLF: Multilateral Force)으로 통칭되었다. 그러나 서독이 찬성한 이 방식은 영국과 프랑스 등 다른 회원국들이 소극적인 태도를 보여서 실현되지 못했다.

이에 존슨 대통령은 다국적 핵전력 방식 대신 비핵보유국과 미국이 핵공격 작전계획, 핵전력의 능력, 핵무기의 배치상황 등 민감한 정보를 공유하는 방식을 추진했다. 이렇게 해서 NATO의 핵무기 운용에 관한 실질적인 정책협의를 담당하는 '핵계획 그룹'(NPG: Nuclear Planning Group) 방식이 1966년 12월에 구축되었다.[24] 서독이 선호했던 다국적 핵전력 방식은 1963년부터 본격화된 핵확산방지조약의 협상에서도 걸림돌이 되었다. 소련이 미국과 나토 회원국들의 집단적 내지 다국적 핵무기 전력의 운용은 핵확산방지에 위배된다고 주장했기 때문이다.

결국 미국은 핵계획 그룹에 의한 핵공유 방식으로 이 문제를 해결했다. 핵무기의 최종적인 사용 권한을 미국이 갖는 것은 핵확산방지조약의 취지에도 어긋나지 않는다는 것이 미국의 입장이다. 이 핵계획 그룹은 핵비축 제도와 함께 핵무기 공유 정책의 기둥으로서 현재까지 유지되고 있다. 만약 동북아시아에 핵공유 방식의 도입을 논의한다면, 핵계획 그룹에 의한 핵무기의 관리를 우선적으로 고려해야 할 것이다.

동북아시아의 핵억지력 강화

미국의 입장에서 볼 때, 동맹국에 대한 전술핵의 직접 배치와 핵무기의 공유는 여러 가지로 의미가 다르다. 동맹국의 입장에서는 핵무기의 공유가 전술핵의 직접 배치보다 더 확실한 핵억지 방식이 된다. 전술한 것처럼, 나토에서는 소련의 위협에 대응하고 독일의 핵무장을 막는 취지에서 핵공유 정책이 도입되었다. 나토와 같은 집단안보 체제가 없는 동북아시아에는 한국과 일본에 개별적으로 전술핵이 배치되었다. 한국의 전술핵은 냉전의 해체로 철수되었고, 일본의 전술핵은 오키나와의 반환과 함께 1972년에 모두 철수되었다.

전후 일본은 평화헌법과 미일안보조약에 의해 전수방위 원칙을 확립했고, 핵전쟁을 포함하는 대규모 전면전은 미일 안보동맹 체제에 의존하게 되었다. 사토 에이사쿠(佐藤榮作) 내각은 핵을 보유하지 않고, 만들지 않고, 들여오지 않겠다는 '비핵 3원칙'을 1968년에 국시(國是)로 정했다. 일본은 그렇게 핵무기에 대하여 거부반응을 보였지만, 소련의 위협에 대응하기 위해 미국의 확장억지에 철저하게 기대왔다. 일본은 미국이 제공하는 핵우산 아래서 고도의 경제성장을 이룩할 수 있었다.

그러나 일본은 미국과의 비밀협정에 의해 미국의 전술핵이 필요할 경우 국내로의 반입을 허용해왔다. 일본은 오랫동안 그런 비밀협정의 존재를 부인해 왔지만, 2010년에 민주당 정부가 냉전 기간 중 합의한 양국의 명시적·묵시적 비밀협정과 양해의 실체를 밝혔다.[25] 즉, 일본은 핵무장한 미국 군함이 일본의 항만에 기항하도록 허용하고, 유사시에 미국이 핵무기를 재반입할 수 있게 했다는 밀약을 밝힌 것이다. 일부 비판에도 불구하고, 전술핵 재반입을 허용한 양국의 비밀협정은 미일

동맹의 핵억지 태세를 강화한 조치였다고 평가되었다.

사토 에이사쿠

한국에서의 전술핵 배치의 역사는 일본의 경우보다 길다. 미국은 1958년부터 1991년까지 한국에 전술핵을 배치했는데, 1967년에는 최대 949기의 전술핵을 배치했다.[26] 미국이 한국에 전술핵을 배치한 주요 목적은 공산권의 침공으로부터 한국을 방어하여 분단된 한반도의 현상을 유지하는 것이었다. 한국전쟁 후 이승만 대통령이 핵무기의 반입을 계속 주장한 결과, 아이젠하워 대통령이 한국군의 일부 감축을 조건으로 전술핵 배치라는 결단을 내렸다.

이렇게 해서 한국과 일본의 전술핵은 일단 철수되었다. 그러나 양국의 전술핵 철수에 대한 미국의 입장은 동일하지 않다. 한국은 미국의 일방적 결정으로 핵무기가 철수되었지만, 일본의 경우는 미국과 비밀협정을 체결하여 전술핵의 재반입을 양해한 점이 다르다. 미국의 일본에 대한 확장억지의 제공이 더 긴밀하다고 할 수밖에 없다. 더구나 나토식 핵무기 공유와 비교하면, 한국에 대한 핵우산은 미국의 핵무기 사용에 대해 한국이 전혀 관여할 수 없다는 문제가 있다.

이제 동북아시아의 핵질서는 북한의 핵무장과 중국의 핵전력 확장 그리고 미국과 러시아의 중거리핵전력조약 폐기로 매우 불안해졌다. 요동치는 핵질서의 변화를 감안하면, 미국의 동맹국에 대한 확장억지는 충분한 대응책이 되지 못한다. 미국의 전방위적 확장억지의 제공은 한계에 도달했다. 이제는 한국과 일본이 동북아시아에서 독자적 핵 억지력의 확장에 적극적으로 나서야 한다. 한일 양국은 미국과의 '핵공유'(nuclear sharing)를 포함하여 '핵부담의 공유'(nuclear burden-sharing)까지 고민해야 할 것이다.

제2장

핵무기의 등장

4

1945년 8월 6일
히로시마

☢

에놀라 게이

1945년 8월 6일 오전 8시 15분 17초, 마침내 히로시마에 원자폭탄이 투하되었다. 마리아나제도의 티니언(Tinian) 섬을 새벽 2시 45분에 이륙한 B29 폭격기 '에놀라 게이'(Enola Gay)가 예정대로 히로시마 중심지 상공 9,400m에서 폭탄을 투하한 것이다. 43초 후, 이 폭탄은 히로시마 상공 580m에서 폭발했다. 원자폭탄의 살상력을 극대화하는 높이였다.[27]

미국은 원자폭탄의 실제 투하를 위해 동일한 형태의 일반폭탄 50발로 투하연습을 했다. 일순간에 히로시마는 폐허가 되었고, 10만 명이 넘는 희생자가 발생했다. 폭발 당시 원자폭탄의 중심 온도는 1만 1천 도였고, 표면 온도는 7천 도에 달했다. 반경 2km 내의 모든 건물이 파괴되었다. 9시경부터 핵폭발로 인한 재와 방사능 분진으로 오염된 검은 비가 내렸다.[28]

8월 6일은 뉴멕시코의 앨러머고도에서 인류 역사상 첫 핵실험이 성공한 날로부터 불과 22일째 되는 날이었다. 트루먼 대통령은 원자폭탄 투하 후 16시간 만에 라디오 방송으로 그에 대한 성명을 발표했다. 일본의 진주만 기습공격을 비난하고, 일본이 항복하지 않으면 원자폭탄의 추가적 사용도 불사하겠다는 단호한 내용이었다.

16시간 전 미국의 전폭기가 일본의 주요 군사시설이 있는 히로시마에 폭탄을 투하했다. 그 폭탄은 TNT 2만 톤보다 파괴력이 더 강력했다. 그것은 전쟁의 역사상 가장 강력한 폭탄이었던 영국의 '그랜드 슬램'의 2천 배 이상 되는 폭발력을 가졌다.

일본은 진주만 공중에서 전쟁을 시작했다. 그리고 그들은 그 몇 배나 되는 보복을 받았다. 아직 전쟁은 끝나지 않았다. 이 폭탄으로 우리는 엄청난 파괴력과 더불어 놀랍도록 강화된 군사력을 보유하게 되었다. 그러한 폭탄들은 현재도 생산되고 있으며 또한 더욱 강력하게 개발될 것이다.

그것은 바로 원자폭탄이다. 이는 우주의 근원적인 힘을 동력화한 것이다. 태양이 보내는 강력한 힘이 극동에서 전쟁을 일으킨 자들에게 방출되었다. 우리는 이제 일본의 도시들에 있는 생산시설을 더 신속하고 완전하게 제거할 준비가 되어 있다. 우리는 그들의 항구와 공장과 통신 시설을 파괴할 것이다. 우리는 일본의 전쟁수행능력을 완전히 제거할 것이다. 어떠한 실수도 없다. 만약 그들이 우리의 요구를 거부하면, 하늘로부터 역사상 유례가 없는 파괴의 소나기를 맞을 것이다.[29]

그런데 트루먼의 성명에는 히로시마의 피해규모에 대한 언급이 없었다. 실제로 미국은 원자폭탄이 성공적으로 투하되었다는 사실 말고는 자세한 소식을 알지 못했다. 제한된 정보에 의한 트루먼 성명은 일본에 대한 강력한 경고 외에 구체적인 내용을 담을 수가 없었다. 그래서 그

해리 트루먼

의 성명에는 미국의 뛰어난 과학기술로 제조된, 엄청난 파괴력을 가진 원자폭탄이 히로시마에 성공적으로 투하되었다는 사실이 강조되었다.

이 뉴스는 전 세계로 타전되었다. 트루먼 성명의 발표 후, 미국뿐 아니라 세계 각국이 히로시마의 피해를 알고 싶어했다. 미국은 일본이 즉각 굴복할 것으로 기대했다. 그러나 일본으로부터는 아무런 반응이 없었다. 일본도 처음에 히로시마에 투하된 폭탄이 원자폭탄이라는 사실을 정확하게 알지 못했다. 폭발 당시 지하벙커에 있던 통신병이 전화로 인근의 연대본부에 '히로시마 전멸'이라고 알렸지만, 이는 대본영까지 보고되지 않았다. 보고 내용을 아무도 믿지 않았던 것이다.[30]

파멸의 시작

히로시마 근교의 구레(呉) 해군기지에 있던 니시다 키쿠오(西田 龜久夫) 대위는 버섯구름을 보면서 히로시마의 육군 탄약고가 폭발한 줄

니시나 요시오

알았다고 밝혔다. 그는 도쿄대학에서 원자물리학을 전공하여 '방사능 측정'이라는 졸업논문을 쓴 전문가였다. 그는 해군 조사단의 일원으로 현지조사를 하면서도 원자폭탄이 투하되었다고는 꿈에도 상상하지 못했다고 했다. 그리고 7일 밤, 조사단의 검토회의에서 엄청난 폭발력에 대한 토의가 진행되던 중에 트루먼 성명의 내용이 전해졌다. 출석자들은 할 말을 잃었다.

비슷한 시기, 육군에서도 이화학연구소의 니시나 요시오(仁科芳雄)의 조사에 의해 트루먼 성명이 사실이라고 밝혀지고 있었다. 그는 당시 육군의 요청으로 이화학연구소에서 원폭개발 프로젝트를 담당하고 있었다. 일본은 미국보다 늦었지만 태평양전쟁이 시작되기 전인 1941년 4월부터 이화학연구소를 통해 본격적인 원폭개발을 시작했는데, 그 책임자가 니시나였다. 그는 도쿄대학 전기공학과를 수석으로 졸업하고 해외에서 유학한, 당시 원자핵물리학의 선구자였다. 그가 담당한 원폭개발 프로젝트는 비록 성공하지 못했지만 전후에 일본의 원자력 분야 발전의 효시가 되었다.

니시나는 8일 오후 하네다에서 육군의 기술장교들과 함께 군용기로 히로시마로 출발했다. 석양이 질 무렵 군용기가 히로시마 상공에 도착했는데, 니시나는 이미 창밖의 광경을 통해 트루먼 성명의 내용이 사실이라는 것을 직감했다. 시내 중심부는 물론이고, 그곳에서 2km 정도까지의 모든 건물과 가옥이 폐허로 변해 있었다. 피해 규모는 니시나가 이 화학연구소에서 가정한 원자폭탄의 위력에 의한 것과 크게 다르지 않았다. 군용기의 착륙 후 만난 피폭 병사들의 참상과 증언은 모두 원폭 투하를 입증하는 것이었다.

니시나는 그날 밤 늦게 스즈키 간타로(鈴木 貫太郎) 내각에 우선 전화로 조사내용을 보고했다. 유감스럽지만 히로시마에 투하된 폭탄은 원자폭탄이 분명하며, 따라서 트루먼 성명의 내용은 사실이라는 것이었다. 피폭의 위험성을 우려한 니시나는 방사능 오염의 후유증을 동행한 군인들에게 설명하고, 적절한 조치를 취하도록 건의했다. 군용기 조종사에게는 조속히 귀환하도록 충고하기도 했다.[31]

군부의 기만

그러나 일본 군부는 원폭 투하를 공표하지 않았다. 일본의 언론은 군부로부터 철저하게 통제당하고 있었기에, 그에 대한 뉴스는 한 줄도 보도되지 않았다. 당시 트루먼 성명을 접한 외무대신 도고 시게노리(東鄉茂德)는 군부에게 원폭 투하 여부를 문의했으나, 군부는 '강력한 보통 폭탄'이 떨어졌을 뿐이라고 우겼다.

나가사키에 다시 원폭이 투하된 후인 10일, 니시나와 히로시마에 동행했던 기술장교 니즈마 세이이치(新妻清一) 중령은 일부 책임자들과 함께 원폭 보고서를 작성하여 군부에 제출했다. 이 보고서는 히로시마에 투하된 폭탄이 '원자폭탄으로 인정된다'고 전제한 뒤, 원자폭탄의 피해와 그 대처에 대한 내용을 담았다. 예컨대, '방사능이 강력할 경우에는 인체에 악영향을 미칠 수 있기 때문에 주의가 필요하다'고 하여 방사능 확산의 위험성과 그에 대한 대처를 기술하고 있었다. 그러나 이 보고서는 말미에 '인간에 대한 피해의 발표는 절대 피해야 할 것'이라는 표현을 명시적으로 담고 있었다. 일본군과 민간인들의 전의 상실 및 사기 저하를 두려워한 군부의 의향이 그대로 반영된 것이다.[32]

군부는 당시 각료회의에서도 트루먼 성명은 미국의 모략일지도 모른다고 주장했다. 가공할 원자폭탄의 파괴력을 국민에게 알리면 큰 혼란이 일어나고 사기가 떨어지므로, 정보를 통제할 수밖에 없다는 입장이었다. 결국 한 발의 폭탄으로 10만 명 이상의 인명 피해가 났다는 사실에 충격을 받은 일본 정부는 군부의 입장을 따를 수밖에 없었다. 일본 정부는 8월 15일 패전 시까지 히로시마와 나가사키에 투하된 폭탄에 대하여 원자폭탄이라는 명칭을 사용하지 않았다. 원자폭탄 대신 이를 '신형폭탄'이라 불렀다.

니시나는 당시 군부의 원자폭탄 은폐에 대하여 분노했다. 자기가 목숨을 걸고 8일 동안 히로시마의 폭심지를 걸어서 조사한 내용을 군부가 철저히 무시했기 때문이다. 이와 관련하여, 니시나의 차남 니시나 고지(仁科浩二) 나고야대학 교수는 전후에 다음과 같은 내용을 전하고 있다. 8월 15일 도쿄로 돌아온 니시나는 '군인들은 아무리 말해도 그것이 원자폭탄이라는 것을 인정하지 않으려 했다'고 당시 중학생이던 자기에게 푸념했다는 것이다. 그것은 명백한 사실을 끝까지 부인하고 외면하던 군인들에 대한 자조적인 하소연이었다.

이런 사정으로, 일본 국민들은 패전 시까지 원폭 투하와 그 피해에 대한 정확한 사실을 알지 못했다. 당시 일본 정부는 보도 통제 중이던

원자폭탄 투하 후 폐허가 된 히로시마

언론을 통해 화상이나 폭풍에 대한 방어대책을 공표했다. 놀랍게도 그 대책은 국민들이 추가 폭격에 잘 대비하되, '화상을 입으면 간장을 바르거나 소금물에 적신 헝겊으로 찜질해야 한다'는 황당한 내용이었다.[33]

일본의 침묵을 참지 못한 미국은 8월 9일 오전 다시 나가사키에 플루토늄형 원자폭탄을 투하했다. 이번에는 6만 명의 희생자가 발생했다. 이미 일본 정부의 지침대로 간장이나 소금물 찜질로 치유할 수 있는 상황이 아니었다. 하루 앞선 8월 8일에는 소련이 참전했다. 8월 10일, 마침내 일본은 포츠담선언의 수락을 공표함으로써 항복을 결정했다.

북핵 위기에 대한 함의

여기서 히로시마 원폭 투하의 오늘날 북핵 위기에 대한 몇 가지 함의를 살펴보자. 우선 미국의 핵실험 성공 시점과 실제 원폭 투하 시점에 대한 가정적 질문을 다음과 같이 던져본다. 만약 원자폭탄이 한 달만 먼저 개발되어 사용되었다면 동북아의 역사는 어떻게 전개되었을까? 일본은 더 일찍 항복할 수 있었을까? 소련은 참전을 포기했을까?

만약 원자폭탄이 조금 더 빨리 투하되었다면, 소련은 대일 선전포고를 못했을 것이고 일본은 더 일찍 항복했을 것이다. 그러면 한국의 독립도 빨라졌을 것이다. 그리고 한반도의 분단도 피할 수 있었을 것이다. 북한의 등장이 없기 때문에 한국전쟁도 당연히 없었을 것이다. 오늘날 우리가 안고 있는 북핵 위기나 통일을 둘러싼 갈등은 존재하지 않게 된다.

히틀러의 자살로 독일이 5월 8일 항복한 후 스탈린은 소련군을 극동으로 이동시켰다. 당시 100만 명 정도의 병력을 시베리아를 통해 이동시키는 데 3개월이 걸렸다고 한다. 물론 만주에 주둔하던 소련군 병력도 적지 않았다. 어쨌든 7월 말에야 비로소 전열을 정비한 소련군이 8월 8일 대일 선전포고와 함께 한반도로 진주했다.

역사에 있어서 '만약'은 부질없는 가정을 수반하기 마련이다. 그렇지만 미국의 핵실험 성공 시점에 대한 '만약'은 지금 한반도의 위중한 상황과 맞물려 우리에게 너무나 아쉽게 다가온다.

원폭 투하의 실상을 일본 정부가 숨긴 점도 우리가 곱새겨봐야 한다. 국민의 동요를 막기 위해 불가피하게 그렇게 결정했다는 일본 군부의 변명은 어떤 논리로도 정당화되지 않는다. 일본이 히로시마 원폭 투하의 실상을 공개했다면, 가령 일본이 즉각 항복하지 않았더라도 나가사키에의 원폭 투하는 일어나지 않았을 것이다. 믿고 싶은 것만 믿던 일본

군부의 오판은 너무 큰 희생과 참상을 초래했다.

북핵 위기의 실상과 관련하여, 우리는 과거 일본의 전철을 밟지 않도록 해야 한다. 구체적인 대책 없이 북한의 핵무기 사용에 대한 억지력과 경고만 되풀이하는 것은 무의미한 말폭탄에 불과하다. 2019년 5월, 북한이 '이스칸데르'형 미사일을 발사했지만, 정부는 자세한 정보를 국민들에게 공표하지 않았다. 심지어 합참은 미사일이라는 표현 대신 '불상의 발사체'라는 이상한 표현을 쓰기도 했다. 그것은 '화상에 간장을 바르라'는 과거 일본 정부의 입장과 크게 다르지 않다. 북한의 실질적인 비핵화 조치가 취해지지 않는 한, 북핵의 위협에 노출된 한국의 상황은 변함이 없다.

정부는 핵무기의 가공할 위력과 예상되는 피해 규모를 국민들에게 있는 그대로 알리고, 실질적인 대책을 세워야 한다. 만일의 경우에 대비한 피난요령도 고지하고, 정기적인 연습도 해야 한다. 항공기 공격에 대비한 민방위 훈련이 아니라 핵미사일 공격에 대비한 구체적 훈련이 필요하다. '이스칸데르'형 미사일은 사드나 패트리어트로 요격이 되지 않는 불규칙한 탄도를 갖는다. 이는 정부가 추진하는 '한국형 미사일방어체계'(KAMD)가 무용지물이 되었다는 것을 의미한다. 이제는 북핵에 대한 공포의 균형이나 그에 버금가는 현실적인 방안을 마련하지 않으면 안 된다.

이하에서 미국이 핵무기 개발에 성공하여 일본에 그것을 사용한 역사적 배경과 맥락을 되짚어보기로 하자. 어차피 북한의 핵무장으로 인한 최대의 잠재적 피해자는 한국과 일본이다. 미국은 결코 본토가 북핵의 위협에 직접 노출되는 것을 허용하지 않을 것이다. 결국 미국의 핵무기 사용에 대한 고뇌와 결단 그리고 일본의 피폭 경험은 우리에게 중요한 의미를 가질 수밖에 없다.

5

트루먼의
결단

☢

맨해튼 프로젝트

1942년 9월 이후 맨해튼 프로젝트에 의한 원폭 개발이 실제로 시작되면서, 로스앨러모스의 광대한 부지에 많은 연구시설과 공장들이 착착 들어섰다. 그리고 수천 명의 과학자와 기술자들이 오펜하이머 박사의 지휘 아래 불철주야로 원자폭탄의 개발에 몰두했다. 아인슈타인은 루즈벨트에게 1939년 8월 2일자 편지로 원폭 개발을 요청했는데, 그로부터 3년이 지나 맨해튼 프로젝트가 실행되었다.

과학자와 기술자들은 자기들 작업의 목적이나 전모를 자세히 알지 못했다. 극소수의 인원은 프로젝트의 윤곽을 알고 있었지만, 그들도 할당된 부분 외의 영역은 서로 몰랐다. 원자폭탄의 개발상황, 사용계획 및 정치적·도의적 영향 등 제반 사항을 총괄하는 사람은 루즈벨트 대통령과 스팀슨 국방장관 둘뿐이었다. 최고위 정부인사나 정치인들도 원자폭탄의 정보로부터 배제되었다. 그래서 맨해튼 프로젝트는 역사상

헨리 스팀슨   프랭클린 루즈벨트

가장 오랫동안 많은 예산이 비밀리에 투입되어 성공한 프로젝트라 평가된다.

그런 이유로, 1945년 4월 12일 루즈벨트 대통령이 급서할 때까지 부통령이던 트루먼도 당연히 이를 알지 못했다. 대통령직을 승계한 그가 원자폭탄의 존재에 대해 처음 안 것은 첫 각료회의가 끝난 직후였다. 스팀슨은 모든 각료가 퇴장한 것을 확인하고 새로운 대통령에게 원자폭탄의 개발에 대하여 보고했다. 그리고 트루먼이 취임선서를 하고 13일이 지난 25일, 그는 트루먼에게 정식 보고서를 제출했다. 그 보고서에는 원자폭탄의 개발상황과 관련 문제의 처리 및 향후의 전망이 핵심적으로 정리 · 요약되어 있었다. 양차 대전을 통해 세계 최강대국이 된 미국은 엄청난 신형 무기의 개발에 대하여 희망보다는 책임과 우려를 더 많이 느꼈다. 미국이 우려한 것처럼 각국의 핵무기 개발 경쟁은 전후에 그대로 실현되었다.

1. 4개월 정도 후 미국은 아마도 전대미문의 전율스러운 무기를 완성할 것이다.

2. 미국은 그 완성을 위해 영국과 긴밀히 협조해왔다. 그러나 현재는 미국이 제조와 사용에 필요한 모든 재료를 관리하고 있다. 따라서 향후 수년 간 다른 나라는 이러한 지위에 이르지 못할 것으로 예상된다.

3. 그러나 미국이 영구히 이러한 지위를 독점할 수 없다는 것도 확실하다. 앞으로 다른 나라도 짧은 기간 내에 원자폭탄을 개발할 가능성이 크다.

4. 장래에 이러한 무기가 비밀리에 제조되어 돌연 엄청난 파괴력과 함께 사용될지도 모른다. 이 무기에 의해 약소국이 불과 며칠 내에 강대국을 정복할 수도 있다.

5. 기술의 진보에 부응하지 않는 현재의 빈약한 도덕적 가치를 볼 때, 세계는 이러한 무기에 의한 멸망의 위기에 직면할 것이다. 현대문명이 완전히 파괴될 수도 있다.

6. 우리 지도계층이 이 새로운 무기의 힘에 대한 인식 없이 국제평화기구 문제를 논한다는 것은 비현실적이다. 기존의 어떠한 제도도 이 위협을 관리하기에는 미흡하다. 특정한 국가가 주도적으로 또는 국제적으로 이 무기를 관리하기 위해서는, 지금까지와는 차원이 다른 철저한 감시와 통제가 필요할 것이다.

7. 이 무기를 다른 국가들과 나누어야 할지에 대한 문제 또는 나눌 경우 어떤 조건에 따를지에 대한 문제가 대외관계의 주요 쟁점이 될 것이다. 미국이 이 무기를 제조했다는 것은 그로 인해 문명이

감당해야 할 모든 비극적 상황에 대해서 도의적 책임을 스스로 지게 되었다는 것을 의미한다.

8. 반면, 원자력의 정상적인 사용방법에 대한 문제를 해결할 수 있다면, 세계평화와 우리의 문명을 우리가 원하는 방식으로 보존할 수 있는 기회를 갖는 것이 된다.

9. 이와 관련하여, 우리 정부의 행정과 입법 양 부문에서, 필요한 권고를 할 수 있는 특별위원회의 설치가 현재 준비되고 있다.(Memorandum discussed with the President, April 25, 1945)

이렇게 해서 루즈벨트의 결정으로 개발 중이던 원자폭탄에 대한 전권이 트루먼에게 넘어갔다. 스팀슨 보고서의 내용대로 미국은 전대미문의 가공할 무기를 곧 손에 넣게 되었으며, 이는 마무리 단계에 있던 2차대전의 향방에도 결정적인 영향을 미치게 되었다.

트루먼의 메시지

미국은 원자폭탄을 사용해야 할 것인가? 원자폭탄의 엄청난 피해와 예상되는 도덕적 비난에도 불구하고, 전황은 이를 사용해야 할 정도로 긴박한가? 사용한다면 어느 나라에 대하여 사용할 것인가? 또 언제 사용해야 하는가? 트루먼은 원자폭탄과 관련된 이러한 문제들에 대해서 결국 미국의 대통령인 자신이 모든 책임을 지고 결단을 내려야 한다는 것을 알았다.

다만, 스팀슨이 트루먼에게 원자폭탄의 개발에 대해 처음 보고했을 때나 정식으로 보고했을 때, 그 사용 여부에 대한 논란이 없었다는 점은 주목할 필요가 있다. 25일의 보고서에도 원자폭탄의 사용 여부보다는 그 개발의 의미와 문제점에 초점이 맞추어져 있었다. 이는 그로브스가 맨해튼 프로젝트를 총괄할 때도 마찬가지였다. 정치인, 군인, 과학자들은 독일보다 미국이 먼저 이를 개발해야 한다는 데에 공감대를 이루고 있었다.

1945년 5월 7일, 유럽에서 독일이 마침내 항복했다. 히틀러가 4월 30일에 권총으로 자살한 지 일주일만의 일이다. 이제 원자폭탄은 일본에 대해서만 사용할 수 있게 되었다. 트루먼은 독일의 항복일로부터 하루 뒤인 5월 8일에 다음과 같은 대일성명을 발표했다.

나치독일은 패배했다. 일본 국민은 우리 군의 중압감을 느끼고 있다. 일본 지도자들과 일본군이 전쟁을 계속하는 한, 우리의 공격은 더욱 강력해지고 일본의 모든 것은 완전히 파괴될 것이다. 전쟁이 길어질수록 일본 국민의 고난은 커진다. 그 고난은 아무런 의미도 없다. 우리의 공격은 일본 육해군이 무조건 항복하여 무기를 버릴 때까지 멈추지 않을 것이다.

군대의 무조건 항복은 일본 국민에게 무엇을 의미하는가. 그것은 곧 전쟁의 종결을 의미한다. 이러한 재난을 가져온 군부지도자의 세력에 종지부를 찍는 것을 의미한다. 그것은 병사들이 자기의 가족이나 농지 또는 일터로 돌아갈 수 있다는 것을 의미한다. 무조건 항복이란 일본 국민의 절멸이나 노예화를 의미하는 것이 아니다.

트루먼은 일본 국민이 아닌 일본 군부에게 분명한 메시지를 보내고 있었다. 미국은 독일의 항복에 이어 대일본전을 마무리해야 했다. 그러나 일본 군부는 항복할 의사가 없었고, 오키나와에서는 치열한 전투가 계속되고 있었다. 미군은 5월 25일 최고군사회의에서 다음과 같은 내용의 일본 진공작전을 발령했다.

최고군사회의는 규슈(九州) 진공작전(올림픽작전)을 명령한다. 공격 날짜는 1945년 11월 1일로 한다. 목적은 다음과 같다. 첫째, 일본에 대한 해상봉쇄와 공습을 강화한다. 둘째, 일본군의 주력을 가두어 격멸한다. 셋째, 일본의 산업중추에 결정적 진공을 감행하는 데 필요하고 유리한 조건을 달성하기 위하여 전진을 지원한다.

미군의 피해 규모

이 작전을 보고 받은 트루먼은 최고군사회의에서 일본에 대한 진공작전을 한 번 더 검토하도록 지시했다. 트루먼은 조만간 완성될 원폭의 사용을 염두에 두고 작전계획을 다시 정리하고 싶었다. 그의 지시에 따라 6월 18일 백악관에서 최고군사회의가 다시 열렸다.

당시 최고군사회의에서 가장 쟁점이 된 것은 올림픽작전의 강행에 따른 미군의 예상 피해 규모였다. 킹 제독은 3만 1천 명 내지 4만 2천 명 정도가 될 것이라고 했다. 리히 제독은 일본 본토 공격에 76만 6천 명이 투입되면 26만 명 이상의 피해가 예상된다고 보고했다. 이는 오키나와 전투에서 투입된 병력의 35%가 피해를 입은 사실을 고려한 추정치였다. 이에 비해 스팀슨의 예상은 더 비관적이었다. 그는 일본군이 끝까지 저항한다면 미군의 사상자는 100만 명을 넘을 수도 있다고 보았다. 이는 그때까지 태평양전쟁에서 미군이 입은 인명 피해의 세 배가 되는 수치였다.

해군은 일본을 항복시키기 위해서 해상봉쇄와 폭격을 강화하면 된다고 주장했다. 그러나 육군은 일본 본토에 미군이 상륙하지 않으면 일본군은 쉽게 항복하지 않을 것이라고 했다. 즉, 해군의 입장은 인명의 손실을 최소화하면서 전쟁을 종결시키자는 것이었고, 육군의 입장은 인명 피해가 나더라도 전쟁을 빨리 끝내자는 것이었다. 결국 육군의 본토 공격 주장이 받아들여졌다. 소련을 참전시켜 미군의 피해를 줄인다는 얄타협정을 고려한 것이다. 트루먼은 올림픽작전대로 11월 1일 규슈 공격을 목표로 준비를 계속하도록 지시했다. 혼슈(本州) 공격에 대해서도 준비는 하겠지만, 마지막 결정은 더 이상 선택의 여지가 없어지는 시기까지 연기하도록 했다. 이 회의에서 스팀슨은 의미심장한 발언을 했다.

여러 지휘관들의 귀중한 의견을 잘 들었다. 지금 현재는 여러분들의 의견을 듣는 것 말고 달리 우리가 취할 수 있는 방법은 없어 보인다. 따라서 나도 여러분들의 의견에 동의한다. 그러나 나는 개인적으로 뭔가 다른 방법에 의해 유종의 미를 거둘 수 있기를 희망한다.

종전을 위한 결정

스팀슨이 말한, 유종의 미를 거둘 수 있는 다른 방법이란 원자폭탄의 사용을 의미했다. 6월 18일 당시에는 원자폭탄이 완성되지 않았기 때문에 모든 것이 불확실했다. 그리고 원자폭탄이 실제로 사용되더라도 전쟁의 종결에 효과가 있을지도 의문이었다. 그래서 그는 회의에서 희망적인 의견을 암시적으로 말할 수밖에 없었다.

어쨌든 당시 미국 지도부는 궁극적으로 일본 본토를 공략해야만 일본의 항복이 가능할 것으로 판단했다. 그러나 미군이 본토에 상륙하면 엄청난 희생이 따를 것이기 때문에 가능하면 대안을 찾고 싶어했다. 원자폭탄의 사용은 당연히 그러한 대안이 될 수밖에 없었다. 원자폭탄 말고는 소련의 참전이 일본의 조기 항복을 위한 대안이 될 수 있었다. 그러나 소련과의 전후처리에 대한 복잡한 문제가 있었기 때문에 미국으로서는 원자폭탄의 사용에 기댈 수밖에 없었다.

트루먼은 스팀슨 보고서의 내용대로 원자폭탄의 사용과 관련되는 모든 문제를 논의할 특별위원회의 설치를 허가했다. 트루먼이 대일성명을 발표한 5월 8일에 스팀슨과 존 해리슨을 각각 위원장 및 부위원장으로 하는 잠정위원회가 소집되었다. 위원회는 미 정부와 군의 고위관리, 저명한 과학자 및 민간인 대표 등 14명으로 구성되었다.

각 위원들은 원자폭탄의 사용과 그 영향에 대하여 다양한 입장을 밝혔다. 과학자들은 원자폭탄이 가져올 부정적인 측면들을 주로 우려했다. 군인들은 일본 본토에 대한 공격, 소련의 참전, 미소 갈등, 원자폭탄의 사용에 따른 국제정치의 변화 등 여러 가지 문제들을 고려했다. 특히 일본에 대하여 원자폭탄을 사용할지에 대하여 많은 토의가 이루어졌다. 결국 미군의 피해를 최소화하고 전쟁을 조기에 종결시키는 것이 중요하다는 데에 의견의 일치가 이루어졌다. 6월 1일, 잠정위원회는 다음과 같은 결론을 내렸다.

첫째, 원자폭탄은 가능한 한 빠른 시일 내에 일본에 대하여 사용해야 한다.

둘째, 일본 정부에 최대한의 심리적 충격을 줌으로써 그들이 무조건 항복을 결정할 수 있도록, 원자폭탄은 거대한 군사시설에 대하여 사용해야 한다.

셋째, 원자폭탄은 예고 없이 사용해야 한다.

잠정위원회의 보고를 받은 트루먼은 자기의 입장을 밝혔다.

나는 며칠 동안 이 문제를 깊이 생각했다. 어쩔 수 없이 보고서의 내용에 동의해야 한다는 결론에 도달했다. 잠정위원회의 임무는 내게 원자폭탄에 관한 조언을 하는 것이다. 최종적인 책임은 나에게 있으며, 나는 이를 부인하고 싶지도 않다. 보고서의 내용과 상관없이 나는 스스로의 결론을 내리고 있었다. 마침 나의 결론과 보고서의 내용이 합치했을 따름이다.

나는, 천황과 그 군사고문들로부터 진정한 항복을 받아내기 위해서는, 우리가 그 제국을 분쇄하기에 충분한 파괴력을 보유하고 있다는 증거를 보여줄 수밖에 없다고 생각한다. 따라서 그들에게 엄청난 충격을 줄 필요가 있다. 또한 원자폭탄으로 인한 인명 피해보다 그로 인해 구할 수 있는 미일 양국의 인명이 몇 배나 된다는 것도 중요한 고려사항이다.

오펜하이머와 페르미 등 과학자고문단도 경고 없이 원폭을 조속히

사용하는 것 외의 대안은 없다고 답했다. 6월 21일, 잠정위원회는 정식으로 일본에 대한 원자폭탄의 무경고 사용을 결정했다. 이제 남은 문제는 원자폭탄의 완성과 투하장소를 결정하는 일뿐이었다.

6

원자폭탄의
완성

☢

핵무기의 투하장소

원자폭탄의 완성을 앞두고 미군 지휘부는 일본에서의 투하장소를 둘러싸고 고민에 빠졌다. 최종적인 공격목표는 물론 대통령이 결정할 사항이었다. 그러나 군사적으로 가장 효과적인 장소의 우선순위는 군이 정하여 보고할 필요가 있었다.

원자폭탄 개발의 책임자인 스팀슨 국방장관과 실무지휘관 그로브스 소장은 이 문제에 대하여 논의를 거듭했다. 그로브스는 처음에 도쿄(東京), 교토(京都), 히로시마(廣島), 니가타(新潟) 등 주요 도시를 건의했다. 이에 대하여 스팀슨은 제일 먼저 도쿄에 대해서 반대했다. 천황은 일본의 상징으로서 일본의 재건에 필요한 존재이기 때문에 황거를 공격해서는 안 되며, 따라서 수도는 제외되어야 한다는 입장이었다. 스팀슨은 교토에 대해서도 반대했다. 예술과 문화의 중심지인 일본의 고도를 하루아침에 잿더미로 만들 수는 없다고 했다. 이렇게 해서 도쿄와 교토가 제외되고, 최종적으로 고쿠라(小倉), 히로시마, 니가타가 후보지로 우선 정해졌다.

그런데 7월 16일에 원폭 실험이 성공하자, 그로브스는 이틀 후인 7월 18일 포츠담에 가 있던 스팀슨에게 전보를 보냈다. 교토를 공격목표로 재고해달라는 내용이었다. 스팀슨은 그로브스의 제안에 대해 교토는 절대로 원자폭탄의 투하장소가 될 수 없다고 회신했다. 그리고 이 문제를 확실히 하기 위하여 트루먼에게 공격 예정 도시를 보고하고 동의를 얻었다.

교토를 완전히 제외하는 대신, 나가사키(長崎)가 대상 도시로 추가되었다. 이와 같이 도쿄는 미군 지휘부에 의해 처음부터 공격목표에서 제외되었으며, 교토는 우여곡절을 겪은 후 비로소 최종 리스트에서 빠졌다.

실험의 성공

맨해튼 프로젝트가 시작된 지 3년이 지난 1945년 7월 중순, 폭발 실험을 끝내고 마침내 원자폭탄이 완성되었다. 완성된 원자폭탄은 우라늄235 폭탄 한 발과 플루토늄 폭탄 두 발이었다. 전자는 리틀 보이(little boy 또는 thin man)로, 후자는 팻 맨(fat man)이라는 닉네임으로 불렸다. 우라늄235 형은 실험이 필요 없을 정도로 완벽한 폭탄이었지만, 플루토늄 형은 연쇄반응 여부가 불안했기 때문에 실험을 위해 두 발이 제조되었다. 원자폭탄의 실험은 뉴멕시코의 앨러머고도(Alamogordo)에서 이루어졌다. 미 육군성은 그날의 역사적인 실험 성공에 대해 상세한 보고서를 남기고 있다.

1945년 7월 16일, 인류는 원자시대라는 새로운 시대로 접어들게 되었다. 우리는 20억 달러라는 거대한 예산과 과학자들의 노력의 성과를 최초로 뉴멕시코의 사막에서 확인했다. 그날, 앨버커키의 동남쪽 200km 거리에 있는 앨러머고도 공군기지 근처에서 원자핵과학의 눈부신 위업, 즉 인류가 최초로 만들어낸 원자폭탄의 실험이 수행되었다. 거대한 철탑 위에 설치된 원자폭탄은 새로운 물리적 세계의 도래를 의미하는 충격과 함께 폭발했다. 이는 전쟁에 대한 우리들의 개념을 완전히 바꾸고 모든 전쟁을 종결시키는 수단이 될 만한 혁명적인 무기였다.

실험의 성공은 야심적인 예상을 초월하는 어마어마한 것이었다. 거대한 특설공장에서 생산된 소량의 물질이 세상의 시작 때부터 원자 속에 갇혀 있던 우주의 에너지를 일시에 해방시킨 것이다. 전설과 같은 위업이 달성되었다.

실험이 시작되기 전, 실패의 가능성 때문에 모두 긴장했다. 그 자리에 있던 일부 인사들이 염려했듯이, 성공이 너무 거대해도 제어가 불가능하기 때문에 원자폭탄은 사용할 수 없는 무기가 될 수도 있었다.

원자폭탄의 마지막 조립은 7월 12일 밤 어느 농가에서 이루어졌다. 여러 조립부품들이 각지의 공장으로부터 운반되어 오면서 과학자들의 긴장은 더해갔다. 중심부의 조립은 코넬대학의 버처 교수가 담당했다. 이렇게 해서 완성된 원자폭탄은 7월 14일 철탑의 상부에 설치되었다.

오펜하이머 박사와 그로브스 소장은 기상상태로 인해 실험시간을 예정보다 한 시간 반 늦은 오전 5시 30분으로 정했다. 그리고 정확하게 그 시간에 눈부신 섬광이 번쩍이면서 실험은 성공했다. 대낮보다 밝은 빛이 비춰져서 5km 떨어진 산맥이 선명하게 보였다. 현장으로부터 수

km 떨어진 곳에 있던 맹인 소녀는 아직 폭음이 들리기도 전에 그 빛이 무엇이냐고 물었다고 한다. 이어서 무서운 폭음과 함께 강렬한 폭풍이 불었다. 거대한 구름이 1만 2천m 상공으로 솟아올랐다.

실험은 대성공이었다. 철탑은 사라지고 없었다. 엔리코 페르미 박사는 특별히 제작된 전차를 타고 현장을 점검했다. 그가 발견한 것은 무엇이었을까. 그 해답은 일본에서 발휘될 파괴력을 보면 명료하다.(Memorandum for the Secretary of War: The Test, July 18, 1945)

보고서의 내용대로 원자폭탄의 실험에 따른 엄청난 폭음은 앨버커키에서도 들렸다. 많은 주민들이 새벽에 들린 폭음을 이상하게 생각했다. 그러나 기밀은 철저하게 유지되었다. 주민들의 관심을 돌리기 위하여 지방신문에 낼 발표문도 미리 준비되어 있었다. 다음날 신문에는 미군의 탄약창고가 폭발했다는 작은 기사가 실렸다.

원폭실험의 성공은 포츠담회담에 참석하고 있던 트루먼에게 바로 보고되었다. 트루먼은 포츠담에서 스탈린으로부터 소련의 대일참전에 대한 확답을 받고 싶어했다. 그러나 원자폭탄의 완성으로 굳이 그럴 필요가 없어졌다. 오히려 가능한 한 조속히 원자폭탄을 사용하여 소련의 영향력을 배제하는 것이 유리하다는 판단을 내렸다.

영미의 협조

영미 양국은 원자폭탄의 개발 때부터 협조체제를 유지해왔기에 스팀슨은 트루먼과 함께 처칠에게도 실험의 성공을 즉각 알렸다. 처칠도 유럽에서 소련의 비협조적 태도를 못마땅하게 여기고 있었기에 원자폭탄의 실험 성공에 크게 고무되었다. 일본의 끈질긴 저항에 고민하던 영미 양국에 원자폭탄은 새로운 돌파구였다. 처칠은 회고록에서 당시의 상황을 상세히 밝히고 있다. 원자폭탄의 사용 여부에 대한 고민이나 논란은 애초부터 없었다는 부분이 주목된다.

7월 17일, 전 세계를 뒤흔들 놀라운 뉴스가 들어왔다. 그날 오후 스팀슨이 내 방으로 와서 종이 한 장을 내밀었다. "아기가 무사히 태어났다(Babies satisfactorily born)"고 적혀 있었다. 그의 모습을 보고 나는 엄청난 사건이 일어났다는 것을 직감했다. 그는 내게 뉴멕시코의 사막에서 원자폭탄의 실험이 성공했다고 말했다.

트루먼 대통령은 즉시 나를 불러서 회의를 시작했다. 마셜 장군과 리히 제독도 동석했다. 그때까지 우리는 격렬한 공습과 대부대의 진격으로 일본 본토를 공격한다는 데 의견의 일치를 보고 있었다.

우리는 정상적인 전쟁터뿐 아니라 모든 피난처와 방공호에서 결사 항전의 사무라이 정신으로 무모하게 저항하는 일본군들을 생각했다. 나는 오키나와에서 수천 명의 일본인들이 항복을 거부하면서 수류탄으로 자폭하는 광경을 떠올렸다. 지휘관들의 장엄한 할복 의식이 끝나면, 수많은 병사와 민간인들이 그 뒤를 따랐다.

일본군의 저항을 물리치고 일본 본토를 차례로 정복하기 위해서는, 100만 명의 미군과 50만 명의 영국군이 희생되어야 할지도 몰랐다. 우리들은 고뇌를 같이할 각오가 되어 있었으므로, 본토 상륙이 개시되면 더 많은 영국군이 희생될 수도 있었다.

그러나 이제는 그런 악몽이 깨끗이 사라졌다. 대신 한두 번의 격렬한 충격 후에 전쟁이 종결되는 광경이 떠올랐다. 나는 항상 내가 그 용기에 감탄해온 일본인들이 최후의 일인까지 싸워서 전사하는 의무로부터 벗어날 수도 있다는 것을 순간적으로 생각했다. 초자연적 무기의 출현은 그들의 명예를 살리는 구실이 될 수도 있었다.

또한 우리는 소련의 도움을 구하지 않아도 되었다. 대일전의 종결을 위하여 그들의 도움으로 긴 살육전을 전개할 필요가 없어진 것이다. 따라서 유럽에서 소련과의 일련의 갈등은 이러한 이점과 국제연합의 제 원칙에 따른 토의로 해결할 수 있게 되었다.

원자폭탄의 사용 여부에 대해서는 논란의 여지가 없었다. 원자폭탄의 압도적인 힘을 과시함으로써 무제한의 살육을 피하고, 또한 전쟁을 종결하고 세계평화를 실현하여 인류에게 희망을 줄 수 있다는 것은, 우리들의 지난 노고와 경험을 생각할 때 기적적인 구원이라고 할 수밖에 없었다.

원자폭탄의 실험 이전인 7월 초 영국은 원자폭탄의 사용에 동의하고 있었다. 물론, 최종적인 결정은 트루먼 대통령에게 맡겨져 있었다. 그러나 나는 그 결정이 어떻게 내려질지 확신하고 있었고, 또 나중에 그의 결정이 올바른 것이었다는 데에 의문을 갖지 않았다.(Winston Churchill, The Second World War, Vol6: Triumph and Tragedy, 1953, pp.638~639)

이와 같이 영미 양국 지도부는 일본군의 격렬한 저항 때문에 원자폭탄의 사용을 주저하지 않고 결정하게 되었다. 그만큼 그들에게는 자국 군대의 희생을 줄이는 문제가 절박했다. 전쟁 말기에 본격화된 미소 양국의 대립을 원자폭탄의 사용으로 해결할 수 있을 것이라는 처칠의 희망적 관측도 주목된다. 이 부분은 나중에 원자폭탄 사용의 정당성 논란과 관련하여 트루먼의 결정을 비판하는 논거가 되기도 했다. 일본의 항복이 예상되는 상황에서 미국이 원폭 투하를 결정한 데는 소련을 견제하기 위한 목적이 더 고려되었다는 것이다.

트루먼의 심경

트루먼도 7월 25일의 일기에서 원폭 사용의 결정에 대한 심경을 밝혔다. 일기에는 그가 원자폭탄의 투하장소나 민간인의 보호 문제를 고심한 흔적이 나타나 있다. 트루먼은 '무서운'(terrible)이라는 표현을 반복적으로 사용하면서 미국이 원자폭탄을 먼저 만든 점에 대해 안도했다. 그가 일기에서 밝힌 내용은 전쟁을 곧 끝낼 수 있다는 그의 희망적 사고와 자신의 결정에 대한 확신을 담고 있었다.

우리는 역사상 가장 무서운 폭탄을 만들어냈다. 뉴멕시코의 사막에서 실시된 실험은 성공적이었다. 그 폭발물은 20m 높이의 철탑을 완전히 파괴하고, 깊이 2m 및 직경 400m의 구멍을 만들었다. 800m 떨어진 철탑도 무너뜨리고, 9km나 떨어져 있던 사람도 쓰러뜨렸다.

이 병기는 지금부터 8월 10일 사이에 사용될 것이다. 나는 스팀슨 국방장관에게 공격 대상은 군사목표로 한정하고, 가능하면 부녀자는 제외하도록 지시했다. 일본인들이 아무리 잔인하고 무정하며 또 광신적이라 하더라도, 세계의 평화를 원하는 우리들은 이 무서운 병기를 수도 도쿄와 고도(古都) 교토에 투하할 수는 없다.

스팀슨과 나는 의견의 일치를 보았다. 목표는 군사적인 것으로 한정하고, 일본인들의 인명을 구할 수 있도록 경고성명을 내기로 했다. 그런 경고로 일본이 항복하지는 않겠지만 기회는 주기로 했다. 히틀러나 스탈린 일당들이 원자폭탄을 만들지 않은 것은 정말 다행이다. 이것은 지금까지 발견된 것 중에서 가장 무서운 것이지만, 앞으로 유익한 것으로 만들 수도 있다.

나가사키에 두 번째 원폭이 투하된 9일, 트루먼은 라디오 연설로 일본에 대해 다시 항복을 요구했다. 그는 일반 시민의 피해를 줄이기 위해 그들의 피난을 권하기도 했다. 그때도 일본 군부가 진실을 숨기고 있어서, 트루먼은 여전히 히로시마의 피해 상황을 알 수 없었다.

세계는 원폭이 히로시마라는 군사도시에 투하된 것을 주목할 것이다. 미국이 최초의 원폭 투하로 인한 일반 시민의 희생을 최소화하려고 했기 때문이다. 그러나 이것은 앞으로 계속될 수 있는 사태에 대한 경고에 불과하다. 만약 일본이 항복하지 않으면, 원폭은 군사시설에 더 투하될 것이다. 그러면 몇 천 명의 일반 시민들이 희생될 수 있다. 나는 그들이 원폭의 공격을 피하기 위해 즉시 도시를 떠날 것을 권고한다.

물론 트루먼의 피난 권고는 일본 국민들에게 전달되지 않았다. 일본의 군부도 트루먼의 항복 권고를 바로 따르지 않았다. 각료회의에서 육

히로시마에 투하된 리틀 보이(좌), 나가사키에 투하된 팻 맨(우)

군과 해군은 항복을 둘러싸고 치열하게 대립했다. 천황의 결단으로 일본은 10일 포츠담선언을 수락한다는 성명을 발표했지만, 군부는 최고 전쟁지도자회의에서 여전히 항전을 주장했다. 그런 우여곡절을 거친 후, 천황의 항복방송으로 15일에 비로소 전쟁이 끝났다.

역사로부터의 교훈

여기서 다시 질문을 던져보자. 만약 북한이 일본과 한국에 대하여 핵무기를 사용한다면 투하장소는 어디가 될 것인가? 북한이 일본에 대해 핵무기를 사용할 경우, 미국이 당시 전략적으로 고려한 것처럼 도쿄나 교토가 제외되고 다른 도시들이 선택될 것인가? 한국에 대한 사용의 경우는 어떻게 될 것인가? 북한은 서울이나 대전과 같은 주요 도시를 겨냥하여 핵전쟁을 벌일 것인가? 그렇지 않으면 중소도시 또는 서해 5도와 같은 전략적 요충지를 노릴 것인가?

태평양전쟁 당시와 지금은 상황이 다르기 때문에 그런 질문이 오늘날 일본이나 한반도에 그대로 적용될 수는 없다. 지금은 폭격기를 사용할 필요도 없다. 미사일로 10분 이내에 어디든 핵무기를 투하할 수 있기 때문이다. 한국과 일본은 인구가 밀집된 대도시가 많아서 그냥 한 번의 핵무기 투하로 모든 상황이 종료되어버린다. 이른바 만유(萬有)가 오유(烏有)화하는 것이다. 따라서 투하장소에 대한 논란은 현재 의미가 없다. 다만 핵무기의 투하장소와 관련하여, 당시 미국이 가졌던 정치적·전략적 고려를 오늘의 상황에서 곱새겨볼 필요는 있을 것이다.

물론, 자멸을 각오하지 않는 한, 북한이 일본이나 한국에 대하여 쉽게 핵무기를 사용할 수는 없을 것이다. 한일 양국이 의지하는 미국의 확장억지력은 북한의 핵능력을 압도하기 때문이다. 그러나 이 명제는 어디까지나 한미동맹과 미일동맹이 굳건히 유지된다는 전제하에 성립된다. 만약 그런 사정에 근본적 변경이 발생하면, 북한의 핵무기 사용 가능성이나 개연성은 높아질 수밖에 없다. 그런 최악의 경우까지 대비하여 치밀한 대책을 세우는 것이 절대적으로 필요하다.

북한은 25년 이상 내부적으로 흔들림 없이 그리고 일관되게 핵무기 개발을 추진해왔다. 그것은 체제유지에 핵무기가 필요하다는 인식을 북한이 바꾸지 않았기 때문에 가능했다. 따라서 이제는 북한이 핵무기를 쉽게 포기하지 않을 것이라는 전제하에 대북 정책을 펴야 한다. 하노이 북미회담이 결렬된 상황에서, 북한의 비핵화를 낙관하는 것은 희망적 사고에 불과하다. 루즈벨트, 트루먼, 처칠, 스팀슨, 그로브스 등 당시 영미의 정치지도자들이 어떻게 핵무기의 개발과 사용을 결정했는지 살펴보고, 그로부터 오늘의 교훈을 얻어야 할 것이다.

제3장

동북아시아의 핵확산

2018년 1월 1일
평양

♣

북미정상회담

북한은 2006년 10월부터 2017년 9월까지 총 6회의 핵실험을 감행했다. 2005년 2월에 핵무기의 보유 방침을 공식적으로 선언한 이후 10여 년에 걸쳐서 핵무기를 개발한 것이다. 2017년 11월 29일, 북한은 화성-15형 대륙간탄도미사일을 발사하고 핵무장의 완성을 처음으로 선언했다. 이는 핵무기와 그것을 운반하는 수단으로서 장거리 미사일의 개발을 완료했다는 의미였다. 2018년 1월 1일, 신년사에서 김정은 위원장은 다음과 같이 핵무장의 완성을 선언했다.

지난해 우리 당과 국가와 인민이 쟁취한 특출한 성과는 국가 핵무력 완성의 역사적 대업을 성취한 것입니다. 바로 1년 전 나는 이 자리에서 당과 정부를 대표하여 대륙간탄도로케트 추진 사업이 마감 단계에서 추진 중임을 공표하였으며, 지난 한 해 동안 그 이행을 위한 여러 차례의 시험 발사를 안전하고 투명하게 진행하여, 확고한 성공을 온 세상에 증명하였습니다.

지난해 우리는 각종 핵 운반 수단과 함께 초강력 열핵무기 시험도 단행함으로써 우리 총적 지향과 전략적 목표를 성과적 · 성공적으로 달성하였으며, 우리 공화국은 마침내 그 어떤 힘으로도 그 무엇으로도 되돌릴 수 없는 강력하고 믿음직한 전쟁 억제력을 보유하게 되었습니다. 우리 국가의 핵 무력은 미국의 그 어떤 핵 위협도 분쇄하고 대응할 수 있으며, 미국이 모험적인 불장난을 할 수 없게 제압하는 강력한 억제력이 됩니다.

미국은 결코 나와 우리 국가를 상대로 전쟁을 걸어보지 못합니다. 미국 본토 전역이 우리 핵 타격 사정권 안에 있으며 핵 단추가 내 사무실 책상 위에 항상 놓여 있다는 것, 이는 결코 위협이 아닌 현실임을 똑바로 알아야 합니다.[34]

트럼프 대통령도 지지 않았다. 그는 다음날 트위터로 미국의 핵능력에 대하여 다음과 같은 멘트를 날렸다.

북한의 김정은 위원장은 방금 핵 단추가 항상 자신의 책상 위에 있다고 밝혔다. 고갈되고 식량부족으로 고통 받는 그의 정권의 누군가가 나에게도 역시 핵 단추가 있다는 사실을 그에게 알려주길 바란다. 그러나 나의 단추는 그의 것보다 훨씬 크고 강력하며, 심지어 작동하기까지 한다!

두 지도자는 2017년 9월 유엔총회 연설과 그에 대한 반박성명에서 서로를 '로켓맨'(Rocket Man)이라고, '늙다리 미치광이'(Mentally deranged U.S. Dotard)라고 비난한 사이였다.[35] 그렇게 미국과 북한 사이의 긴장이 최고조에 달한 상황에서, 양측의 정상이 서로 거칠게 응수한 메시지는 전 세계의 이목을 집중시켰다.

북한이 6차례의 핵실험을 했다는 것은 핵무기의 제조에 필요한 기본적인 실험을 마쳤다는 것을 의미한다. 북한은 미사일에 핵탄두를 탑재할 수 있을 정도로 핵무기의 소형화나 경량화도 거의 완성한 것으로 간주된다. 그런 자신감에서 북한은 미국에 대한 핵억지력의 완성을 주장했다. 정확한 핵무기의 기술 수준은 평가 기관에 따라 차이가 있지만, 이제는 북한이 사실상 핵무기국이 됐다는 데는 이론이 없다.

북한은 이런 성과를 바탕으로 한국과 4·27 정상회담을 열어 판문점 선언에 합의했다. 북한은 미국과 싱가포르에서의 6·12 정상회담 개최에도 합의했다. 원색적인 표현으로 서로를 비난하던 두 정상의 정치적 결단으로 사상 첫 북미정상회담이 열리게 된 것이다. 그렇게 개최된 1차 북미정상회담에서, 양국은 '새로운 북미관계를 수립하여 한반도에 평화체제를 구축하고, 한반도 비핵화에 대한 남북한의 판문점 선언을 지지한다'는 공동성명을 발표했다. 그러나 북핵 문제의 해결에 대한 구체적인 성과는 내지 못했다.

그리고 2019년 2월의 2차 북미정상회담은 아무런 합의도 이루지 못하고 종료되었다. 북한이 미국의 일괄타결 방식에 의한, 이른바 북핵 문제의 빅딜을 거부한 것이다. 북한의 거부는 리비아 식 해법에 대한 오랜 불신에 근거하고 있다. 북한은 1차 정상회담 직전에도 펜스 부통령과

베트남 하노이에서 열린 2차 북미정상회담

볼튼 보좌관의 리비아 식 해법 언급에 크게 반발하기도 했다.[36] 북한이 두 사람의 인터뷰 내용을 강력하게 비난하자, 트럼프 대통령은 북미정상회담을 전격적으로 취소했다. 2018년 5월 14일, 트럼프 대통령은 김정은 위원장에게 정상회담을 취소한다는 편지를 보냈다. 그는 편지에서 미국이 보유한 핵능력에 대하여 다음과 같이 기술했다.

나는 싱가포르에서 당신과 만나기를 고대했습니다. 그러나 나는 당신의 최근 성명에 나타난 엄청난 분노와 노골적인 적대감을 보고, 오랫동안 계획했던 이번 만남을 갖는 것이 부적절하다고 판단합니다. 그래서 이 편지가, 양국의 이익을 위해서, 비록 세계적으로는 손실이 되겠지만, 정상회담의 취소를 뜻하는 것으로 이해해주기를 바랍니다. 당신은 북한의 핵능력을 말해왔지만, 우리의 핵능력은 더욱 엄청나고 강

력하기 때문에 나는 그것을 사용하는 기회가 오지 않기를 신에게 기도할 정도입니다.[37]

이 편지로 북한은 다시 정상회담의 협상에 나섰다. 그러나 북핵 문제의 구체적 해결에 대해서는 갈등의 여지가 남았고, 결국 그 영향으로 하노이 정상회담도 실패로 끝났다. 향후 미국과 북한의 협상 추이를 섣불리 예측하기는 힘들겠지만, 북한이 구체적인 비핵화의 로드맵을 내놓지 않으면 양측의 합의는 쉽게 이루어지지 않을 것으로 판단된다.

북핵 문제에 대한 이러한 양측의 입장을 고려하여, 북한이 어떻게 핵개발에 성공할 수 있었는지, 그 경과를 간략하게 살펴보기로 한다.[38] 25년 이상 되풀이된 북핵 위기의 궤적을 살펴보는 이유는 명확하다. 어느 정부가 이 문제를 다루든, 같은 실수가 더 이상 반복되어서는 안 되기 때문이다.

1차 북핵 위기

북한의 핵개발은 한국전쟁 직후인 1950년대 중반 소련으로부터 원자력에 대한 기초적인 관련 기술을 배우면서 시작되었다. 북한은 1964년 중국이 핵실험을 성공하자 김일성이 모택동에게 직접 부탁하여 중국으로부터의 핵기술 이전을 추진하기도 했다. 그러나 중국은 북한의 부탁을 적극적으로 들어주지 않았다. 이런 과정을 거치면서 북한은 1987년부터 원자로의 건설과 우라늄의 농축 등 본격적인 핵개발 활동을 시작했다.[39]

1985년 12월 북한은 소련의 핵무기 비확산 정책에 동의하여 핵확산방지조약(NPT)에 가입하고, 1992년 1월 30일 국제원자력기구(IAEA)와 안전조치협정을 체결하여 핵물질과 핵시설에 대한 보고서를 이 기구에 제출했다.[40] 즉, 핵확산방지조약에 규정된 핵물질의 전용방지를 위한 보장조치를 수용하여 원자력의 평화적 이용 의무를 이행한 것이다.[41]

그런데 1992년 5월부터 실시된 IAEA의 북한에 대한 임시사찰에서 북한의 신고보다 많은 양의 플루토늄이 원자로에서 유출되어 중대한 불일치(significant discrepancy)가 발생했다는 의혹이 제기되었다. 1993년 2월 IAEA는 북한에 미신고 시설에 대한 특별사찰을 요구했다. 북한은 1993년 3월 12일 IAEA의 이러한 요구에 반발하여 핵확산방지조약으로부터의 탈퇴를 선언했다. 한국은 북한의 핵확산방지조약 탈퇴와 준전시 상태 선포를 남북기본합의서와 비핵화선언에 대한 중대한 위반이라고 비난했다.[42]

미국과 북한은 무력충돌에 이를 정도로 심각한 갈등을 겪었지만, 북미회담을 통해 핵 문제의 해결을 위한 협상을 진행했다. 이에 북한은 3개월 후인 1993년 6월에 일단 핵확산방지조약으로부터의 탈퇴를 유보했다. 그러나 북한은 1994년 3월 19일 남북회담에서 이른바 '서울 불바다' 발언으로 사태를 더욱 악화시켰다.[43]

우여곡절을 겪은 후, 북미 양측은 1994년 10월에 북한의 핵개발을 동결하고, 대신 경제적 지원을 제공하는 내용의 북미 '제네바 기본합의'를 타결했다. 제네바 합의로 북한에 대한 경수로 원자로의 건설 지원과 중유 제공, 북한의 핵확산방지조약 복귀 및 IAEA 특별사찰과 임시사찰의 수용, 한반도 비핵화 공동선언의 이행이 구체적으로 합의되었다. 북한의 핵확산방지조약 탈퇴는 정식으로 유보되었다. 1995년에 출범한 한미일 3국의 한반도에너지개발기구(KEDO)는 신포지구에 경수로 건설을 시작했다. 북한의 이른바 벼랑끝 전술(brinkmanship)이 통한 것이다.[44]

2차 북핵 위기

그러나 북한은 내부적으로 핵무기 개발을 포기하지 않았다. 이에 경수로 건설의 지연, 북미관계의 악화 등으로 북한의 핵개발 문제는 다시 수면 위로 부상했다. 북한은 1999년 6월과 2002년 6월에 각각 제1차 연평해전과 제2차 연평해전을 일으켰다. 2000년 3월에는 이른바 '서해 5개도서 통항질서'를 주장하여 해양에서의 도발을 계속했다.

1999년 9월에 미국이 대북 경제제재를 일부 완화하기도 했지만, 북한의 핵무기 개발을 막을 수는 없었다. 특히 2001년 9·11테러 이후 부시 행정부가 2002년에 북한을 악의 축(Axis of Evil)인 테러국으로 지정하자, 북한은 이에 반발하여 핵개발을 가속화했다. 2002년 10월 제임스 켈리 특사의 방북 중, 고농축 우라늄(HEU: Highly Enriched Uranium) 핵개발 프로그램이 발각되었다. 결국 북한은 2002년 12월 제네바 합의에 명시된 핵동결을 해제한다고 대외적으로 선언하고, 2003년 1월 핵확산방지조약을 탈퇴한다는 입장을 발표했다.[45]

북한의 핵확산방지조약 탈퇴로 충격을 받은 국제사회는 다시 북한을 압박했다. 미국은 제네바 합의의 파기를 선언했다. 이어서 미국의 주도하에 11개국이 2003년 6월 '대량살상무기 확산방지구상'(PSI)을 창설했다.[46] 2003년 8월부터 제1차 6자회담이 개최되어 이러한 북한 핵 문제를 수년간 관련국들이 논의했지만, 큰 성과를 거두지 못했다. 북한은 이러한 국제사회의 제재에 반발하여 2005년 2월 핵무기의 보유를 공식적으로 발표하고, 6자회담의 무기한 중단을 선언했다.[47]

그러자 한국과 중국이 꺼져가는 6자회담의 불씨를 살려 2005년 7월 북경에서 제4차 6자회담을 열었다. 이 회담의 결과, 한반도의 비핵화와 대북 경제원조를 주요 내용으로 하는 '9·19 공동성명'이 합의되었다.[48] 그러나 구체적인 성과가 나오기도 전에 9·19 합의는 북한의 해외자금 세탁처였던 방코 델타 아시아(BDA) 문제가 붉어짐으로써 난관에 봉착했다. 미국은 이 은행에 대한 금융제재 조치를 단행했다.

결국 북한은 2006년 10월 9일 '1차 핵실험'을 감행하여 국제사회를 충격에 빠뜨렸다. 이에 10월 14일 유엔 안전보장이사회는 북한의 핵실험에 대한 제재 조치로서 결의 1718호를 발표했다. 이는 북한에 대한 유엔 최초의 제재 결의로서, 유엔헌장 제41조에 규정된 비군사적 조치에 해당된다는 점이 그 내용에 명시되었다. 구체적으로, 북한의 추가 핵실험과 탄도미사일의 발사 자제, 핵확산방지조약 및 IAEA 안전보장조치에의 복귀, 완전하고 검증 가능하며 불가역적인 방법에 의한 핵무기 및 관련 프로그램의 폐기가 결정되었다. 그리고 이를 실현하기 위한 유엔회원국의 북한에 대한 금수조치, 원조금지, 금융제재, 출입국규제 등 의무가 정해졌다.[49] 그러나 이 결의는 나중에 판명되었듯이 북한에 대한 실효적인 제재의 부과에 실패함으로써 북한의 핵무기 개발을 저지하지 못했다.

3차 북핵 위기

제1차 핵실험에 성공한 북한은 다시 평화공세로 전환했다. 미국도 공화당의 중간선거 패배라는 정치적 상황으로 협상에 나설 수밖에 없었다. 북미 양측은 2007년 1월 베를린에서 9·19 조치의 이행을 위한 6자회담의 재개에 합의했다. 2007년 2월 제5차 6자회담 3단계 회의가 개최되어, '9·19 공동성명'의 초기단계 조치의 합의를 내용으로 하는 '2·13 조치'가 정해졌다. 그 내용은 핵무기와 핵 프로그램의 포기과정을 핵시설의 동결, 불능화, 신고, 폐기 4단계로 나누어, 그중에서 핵시설의 폐쇄와 봉인 같은 동결 조치를 규정한 것이었다. 그리고 2007년 7월부터 열린 제6차 6자회담에서 '9·19 공동성명'의 제2단계 이행조치에 해당하는 '10·3 합의'가 이루어졌다.[50] 2008년 6월, 북한은 영변 원자로의 냉각탑 폭파를 통해 더욱 적극적인 평화공세를 펼쳤다.

그러나 북한의 연출에 의한 평화공세는 오래가지 않았다. 2008년 11월 북한은 '10·3 합의'에서 정해진 핵시설의 신고와 그에 수반되는 검증을 거부했다. 그리고 북한은 2009년 5월 26일 마침내 '2차 핵실험'을 감행했다. 유엔은 대북제재 결의 1874호로 대응했다. 안보리는 이 결의에서 결의 1718호 내용의 즉각적이고 완전한 이행, 완전하고 검증가능하며 불가역적인 방법에 의한 핵무기 및 관련 프로그램의 폐기 등을 결정하고, 이를 위한 회원국의 의무로서 북한의 모든 무기 수출의 금지, 북한 출입 선박 화물의 각국 영해에서의 검색, 대량파괴무기와 미사일 개발에 관련되는 금융거래의 규제 강화 등을 정했다.[51] 그러나 결의 1874호도 1718호와 마찬가지로 북한에 대한 완전한 제재와 압박을 실행하기에는 한계가 있었다. 또한 중국의 대북제재에 대한 애매한 정책도 그런 상황의 전개에 일조를 했다.

2차 핵실험 이후 북한은 핵무장의 완성을 위한 브레이크 없는 기관차가 되었다. 핵무기의 개발은 물론이고 장거리 미사일의 발사와 한국에 대한 도발 등 무력공세를 멈추지 않았다. 북한은 2010년 3월 26일에 천안함을 폭침하고, 11월 23일에는 연평도를 포격했다. 남북 관계는 일촉즉발의 상황에 처했다.

2012년 2월에 북미 고위급 회담이 열려서 '9·19 공동성명'의 이행과 관계 개선 등을 내용으로 한 '2·29 합의'가 발표되었다. 그러나 북한은 4월 13일 장거리 미사일을 발사하여 '2·29 합의'를 바로 폐기했다. 그리고 북한은 2012년 5월에 개정된 헌법에서 '핵보유국의 지위'를 명시했다. 국제사회의 어떠한 설득이나 제재에 상관없이 핵무기 개발을 완성하겠다는 정책을 대내외적으로 천명한 것이다.[52]

북한은 2013년 2월 12일 '3차 핵실험'을 감행했다. 유엔은 안전보장이사회 결의 2094호를 통해 대북제재를 강화했다. 북한은 2016년 1월 6일과 9월 9일에 각각 '4차 핵실험'과 '5차 핵실험'을 감행했다. 3년이나 4년 주기로 이루어지던 북한의 핵실험은 연간 2회라는 무서운 속도로 진행되었다. 유엔은 과거와 마찬가지로 2016년에 각각 안전보장이사회 결의 2270호와 결의 2321호를 통해 대북제재를 결정했다. 안전보장이사회 결의 2321호는 기존의 결의를 더욱 발전시킨 것으로, 개인에 대한 규제도 포함하는 강력한 교역 제재와 금융 제재 등 다양한 조치를 포함했다.[53] 그럼에도 불구하고, 북한은 2017년 9월에 '6차 핵실험'을 감행했고, 유엔은 북한에 대해 안보리 결의 2375호를 부과했다.

비군사적 제재 조치의 한계

이상과 같은 경과로부터 알 수 있듯이, 북한은 끈질긴 대외 협상과 벼랑끝 전술의 반복을 통해 핵무기의 개발을 흔들림 없이 그리고 일관되게 진행했다. 북한은, 대외적으로 핵무기의 개발을 위장한 채, 핵무기의 개발과 배치라는 목적의 달성을 위해, 국제사회에 대하여 협상과 합의 및 파기, 제재의 거부와 재협상 그리고 합의 및 파기를 계속 반복해왔다고 정리할 수 있다. 그러한 과정에서 북한은 합의의 핵심적 내용은 필요하면 무시하는 정책을 취했다. 이렇게 철저한 북한의 협상전략에 한국과 미국 그리고 국제사회는 효과적으로 대응하지 못했다.

안전보장이사회가 결정한 대북제재 결의는 계속 강화되어왔지만, 결국 그 한계를 노정했다. 유엔이라는 국제기구의 본질적 한계로, 모든 회원국의 완전한 제재 이행이 담보되지 않았기 때문이다. 유엔회원국 193개국 중, 2006년 결의 1718은 75개국이, 2009년 결의 1874는 76개국이, 2013년 결의 2094는 42개국이 그리고 2016년 결의 2270은 56개국이 각각 대북제재 결의에 대한 이행보고서를 유엔에 제출했다. 절반이 안 되는 회원국이 대북제재 이행보고서를 제출한 셈인데, 지연된 제출이나 미제출에 대한 규제도 없었다.[54] 특히 중국의 소극적인 대북제재는 북한의 핵개발 가속화에 오히려 방패 역할을 했다.

안전보장이사회 결의가 유엔헌장 제41조의 비군사적 조치에 국한되는 한, 이러한 상황은 계속될 수밖에 없다. 유엔헌장 제42조에 규정된 강제적 조치와 같은 내용을 담은 결의가 실현되지 않으면, 이런 구조적인 문제는 해결되기 힘들 것이다. 결국 안전보장이사회의 제재를 통한 대북 문제의 해결은 중국의 전폭적인 협조 없이는 불가능하게 되었다.

그런데 중국의 대북제재에 대한 이중 정책은 미중 양국의 대결구도의 심화라는 국제정치적 환경에서 쉽게 바뀌지 않는다.

사반세기 이상 계속된 북핵 위기의 역사에서, 북한은 적어도 다섯 차례 이상 국제사회나 한국과의 합의를 파기해왔다. 1991년의 '한반도 비핵화 공동선언', 1994년의 '북미 제네바합의', 2005년의 '9·19 공동성명', 2007년의 '2·13 조치'와 '10·3 합의', 2012년의 '2·29 합의'가 북한이 지키지 않은 약속들이다. 그런 과정을 통해, 미국은 외교적 교섭에만 의존해서는 북핵 문제의 해결이 힘들다는 사실을 깨달았다. 미국이 국내 입법을 통해 독자적인 대북제재를 강화하는 것은 그런 이유 때문이다.

이제는 '1차', '2차', '3차'와 같은 북핵 위기에 대한 시간적 구분의 기준도 의미가 없어졌다. 북한의 핵무장이 일단 완성된 한반도의 현재 상황을 고려하면, 한국은 이제 '상시' 북핵 위기에 노출되었다고 할 수 있다. 한국은 사실상 핵무기국이 된 북한을 상대로 실질적인 대응책을 강구해야 한다. 그렇게 하지 않으면, 북한의 비대칭 전력에 압도당하는 한반도의 안보 상황은 더욱 악화될 것이다.

8

잠재적 핵강대국
일본의 핵개발 역사

☢

독일의 영향

동북아시아에서 북한보다 먼저 핵무기 개발을 시도한 국가는 일본이다. 태평양전쟁의 발발 전에 핵무기 개발을 시도했던 일본은 결국 핵무기를 완성하지 못했고, 미국의 핵무기 공격으로 패전했다. 그러나 당시 이미 독일로부터 핵물질을 수입해서 핵무기를 개발하려고 했던 일본의 핵능력은 높게 평가해야 한다. 경제대국이 된 지금의 일본도 마찬가지이다. 그런 맥락에서, 일본의 핵무장 능력을 주목하여 과거 핵무기 개발역사를 살펴보기로 한다.

일본은 핵무기 개발을 시도하면서 독일의 영향을 적지 않게 받았다. 2차대전의 발발 당시, 독일은 사실 미국보다 먼저 핵무기를 제조할 수 있는 여건을 갖추고 있었다. 독일에는 물리학을 전공한 우수한 학자들도 많았고, 핵무기 제조에 필요한 산업적 기반도 튼튼했으며, 군부의 관심과 이해도 컸다. 양질의 우라늄이 있던 체코슬로바키아도 전쟁의 개시 전에 이미 독일에 점령당한 상태였다.

1938년 독일의 과학자 오토 한(Otto Hahn)은 우라늄 원자핵에 중성자를 부딪치면 그것이 계속 분열하여 에너지가 발생한다는 것을 발견했다. 소량의 원료로 큰 에너지가 발생한다는 사실은 중요한 의미를 가졌다. 과학자들은 엄청난 폭발력을 갖는 원자폭탄의 출현 가능성을 인식하게 되었다. 이른바 핵 시대의 막이 오른 것이다.

미국은 독일이 원자폭탄을 먼저 개발할 것을 우려하여 서둘러 원자폭탄의 연구와 개발에 매진하기 시작했다. 나치 독일의 박해를 피해 미국으로 온 많은 과학자들은 독일보다 먼저 핵무기를 개발하기 위해 헌신적으로 일했다. 그러나 당시 독일의 핵무기 개발은 본격적으로 진행되지 않은 상태였다. 독일의 천재 물리학자 베르너 하이젠베르크(Werner Heisenberg)는 1942년 군부에 제출한 보고서에서, '핵무기의 개발은 엄청난 예산을 오랫동안 투입해야 가능하다'고 밝혔고, 군부는 이를 받아들여 핵개발에 적극적으로 나서지 않았다.[55]

이런 사정을 모르는 미국 정부는 독일이 기업과 학계를 총동원하여 핵무기의 개발에 매진하고 있다고 판단했다. 1939년 8월 2일에 아인슈타인이 루즈벨트에게 보낸 편지에는 독일이 체코슬로바키아의 우라늄 수출을 중단하고 이미 핵개발을 시작했다는 내용이 적혀 있었다. 루즈벨트는 아인슈타인에게 보낸 10월 19일자 답장에서 원자폭탄의 개발을 검토하겠다는 뜻을 밝혔다. 그리고 일본의 진주만 기습 2개월 전인 1941년 10월 초, 루즈벨트는 원자폭탄의 개발을 승인했다.

육군의 핵개발 계획

일본 군부도 원자폭탄의 개발 가능성을 진작 주목하고 있었다. 일본은 1940년 4월부터 원자폭탄의 개발을 본격적으로 검토하기 시작했다. 그때는 태평양전쟁이 발발하기 20개월 전이었고, 루즈벨트가 원자폭탄의 개발을 결정한 시점으로부터 불과 6개월 후였다.

육군항공기술연구소 소장이었던 야스다 다케오(安田武雄) 중장은 1940년 4월 스즈키 신사부로(鈴木辰三郎) 중령에게 원자폭탄의 개발 가능성을 조사해보도록 명령했다. 당시 스즈키 중령은 1937년부터 위탁 학생으로 도쿄대 물리학교실에서 물리학을 연구한 뒤 육군의 연구소로 막 돌아온 참이었다.

스즈키는 야스다의 명령에 따라 곧 도쿄대 교수인 사가네 료키치(嵯峨根遼吉) 박사와 상담하여 그 해 10월 원폭개발에 대한 보고서를 제출했다. 보고서의 내용은 '원자폭탄은 실현될 가능성이 있으며, 그 재료가 될 수 있는 우라늄 광석은 일본에도 매장되어 있을 수 있다'는 것이었다.

1941년 4월, 야스다 항공기술연구소 소장 명의로 이화학연구소(理化學研究所)의 오코치 마사토시(大河内正敏) 소장에게 정식으로 '원폭제조에 관한 연구'가 의뢰되었다. 오코치 소장은 니시나 요시오(仁科芳雄) 팀에게 연구를 담당하도록 했다. 동 연구소에서의 원폭 연구는 니시나의 이름 첫 글자를 따서 '니호연구'(二號研究)로 명명되었다.

일본 육군이 비장의 무기로 생각한 원자폭탄의 연구를 위임받은 니시나는 유럽에서 많은 업적을 쌓고 1928년에 이화학연구소로 돌아온 뛰어난 학자였다. 특히 그는 당시 물리학의 세계적 권위자였던 덴마크의 닐스 보어의 지도하에 갓 태동한 양자역학에 대하여 깊이 연구했다.

그가 소속된 이화학연구소는 제국대학 이학부와 달리 구습에 얽매이지 않는 자유로운 분위기로 '과학자들의 낙원'이라고 불리던 곳이었다.[56]

당시 일본 물리학계는 이미 구미의 과학전문지도 구독할 수 없었고, 세계 물리학계로부터 점점 고립되어가고 있었다. 니시나는 그런 환경 속에서 이온입자를 가속하는 거대장치 사이클로트론의 건설을 지휘했다. 1942년 12월에는 우주선(宇宙線)을 연구하던 다케우치 마사(竹內柾) 연구원에게 우라늄 농축기술의 개발을 지시하는 등 기초연구를 진행했다. 1943년 3월, 니시나 연구팀은 육군에게 다음과 같은 내용의 보고서를 제출했다.

1. 기술적 가능성을 검토한 결과, 원자폭탄을 제조할 수 있을 것으로 생각된다.
2. 천연우라늄에 포함되어 있는 동위원소 우라늄235를 1킬로그램 농축·분리함으로써 황색화약 1만 8천 톤의 폭발력을 갖는 폭탄을 얻을 수 있다.
3. 우라늄235를 분리하기 위해서는 6불화우라늄을 이용한 열확산법이 적당할 것으로 판단된다.
4. 분리통에는 금도금이나 백금도금을 한 재료를 사용해야 하는데, 구리를 쓸 수 있을지에 대해서는 더 연구해야 할 것이다.[57]

니시나가 2년 동안의 연구 성과에 입각하여 작성한 보고서는 육군에게 큰 힘이 되었다. 이 보고서에 입각하여 도조 히데키(東條英機)는 육군항공본부가 중심이 되어 원자폭탄을 개발하도록 지시했다. 예산이나 재료도 충분히 니시나 연구팀에 제공하도록 했다. 육군항공본부가 도죠의 그러한 지시를 니시나에게 전했을 때, 그는 다음과 같이 답했다.

우라늄235와 우라늄238의 분리가 문제인데, 과연 그 작업이 순조롭게 이루어질지 모르겠다. 현재는 그렇게까지 연구가 진행되어 있지 않다. 가령 분리가 되더라도, 그것이 원자폭탄으로 될지 또는 원자연료로서 원동기(原動機)에 이용할 수 있을지는 해보지 않는 이상 뭐라고 말할 수 없다.

이렇게 해서, 니시나는 태평양전쟁이 끝날 때까지 일본의 핵무기 개발 프로그램의 책임자 역할을 수행했다. 그러나 그는 군부의 정책에 따라 전문지식을 제공하는 일개 학자였을 뿐으로, 핵무기의 개발에 대한 확신은 없었다. 그는 전후에 일본의 원자력 연구 발전에 지대한 역할을 했다. 1955년에 설립된 니시나기념재단(仁科記念財團)은 매년 우수한 핵물리학자에게 니시나기념상(仁科記念賞)을 수여하고 있다.[58]

해군의 핵개발 계획

니시나는 이와 별도로 '물리간담회'라는 연구회를 통해서도 원자폭탄의 개발에 관여했다. 물리간담회는 원자폭탄의 개발 가능성을 검토하기 위하여 해군이 주도하여 조직한 연구회였다.

1942년 2월, 하시라지마(柱島)에 정박 중이던 전함 야마토(大和) 내의 연합함대 사령부에서 도상연습이 실시되고 있었다. 그때, 해군기술

연구소 전기연구부에 소속된 이토 요지(伊藤庸二) 기술대령은 전파무기의 현황과 향후의 전망에 대하여 설명한 후에 다음과 같이 발언했다.

독일 및 영미에서는 전파탐지기보다 훨씬 무서운 것을 연구하고 있는데, 그것은 우라늄의 핵분열을 이용한 것으로 추정된다. 만약 이 연구가 성공하게 되면, 한줌의 우라늄만 있으면 사이판이나 파라오의 기지는 한 번에 날아가버릴 수 있다.

현재, 기술적으로나 이론적으로나 독일이 이 연구에 앞서 있기 때문에, 무기로서의 개발 및 사용도 독일이 먼저 할 것으로 예측된다. 그러므로 걱정할 바는 아니지만, 앞으로 연구과제로서 이를 주목하고 경계해야 할 것은 틀림없다.

원래 전파무기에 대한 연구가 전문이었던 이토가 원폭 개발 문제를 꺼낸 이유는 그가 대미전의 장래를 절망적으로 보았기 때문이라고 한다. 일본이 원자폭탄이나 살인광선과 같은 전대미문의 신무기를 개발하지 않는 한, 전쟁에서 승리하기는 힘들다고 본 것이다.

어쨌든 이토의 발언을 계기로 1942년 7월에 '물리간담회'가 발족되었다. 이 연구회는 니시나를 위원장으로 하여, 이화학연구소 외에 도쿄대학, 오사카대학, 도호쿠대학 그리고 도시바의 초일류 과학자들을 참가시켰다. 정식 명칭은 '핵물리응용연구위원회'였다. 구체적으로, 나가오카 한타로(長岡半太郎), 니시카와 마사하루(西川正治), 사가네 료키치(嵯峨根遼吉), 히노 주이치(日野壽一), 미즈시마 산이치로(水島三一郎), 아사다 쓰네사부로(淺田常三郎), 기쿠치 세이시(菊池正士), 와타나베 야스

1945년 콕크로프트 월턴 가속기 앞에 선 교토대 아라카츠 분사쿠 박사(좌), 연합군 사령부가 없앤 아라카츠 박사의 가속기(우)

시(渡邊寧) 등이 위원으로 위촉되었다. 물리간담회는 7월 8일 제1회 회의가 열린 이래 1943년 3월 6일까지 10여 차례 개최되었는데, 결국 전파탐지기의 개발에 전력을 기울이기로 하면서 활동을 중단했다. 이토는 물리간담회에서의 논의와 관련하여 다음과 같이 회고했다.

원자폭탄의 제조는 분명히 가능하다고 생각했다. 문제는 영미 양국이 이를 전쟁 기간 중에 개발할 수 있을지, 그리고 일본이 그보다 앞서 개발할 수 있을지에 달려 있었다. 일본에는 우라늄 원광석이 없기 때문에 연구와 개발에 장시간이 투자될 것으로 예측했다. 아마도 전쟁 기간 중에는 힘들 것이며, 마찬가지로 미국도 그 기간 중에는 불가능할 것이라는 결론에 도달했다.

물리간담회의 비관적인 결론에도 불구하고 일본 해군은 함정본부(艦政本部) 제1부 제2과의 주도로 일단 원자폭탄의 개발을 검토했다. 해군은 교토대학의 아라카츠 분사쿠(荒勝文策) 박사의 연구실에 개발을 의뢰했는데, 이를 'F호연구(F號硏究)'라고 명명했다. 핵분열을 의미하는 fission의 첫 글자를 딴 것이었다. 그러나 'F호연구'는 빈약한 예산으로 우라늄235의 분리를 위한 사전작업에 들어가기 전에 패전과 함께 끝났다. 육군의 원폭 개발에 비하여 해군의 그것은 결과적으로 이론연구의 단계에서 중단되었다.

구조적 한계

전후에 일본은 미국과의 과학전(科學戰)에서도 패배했다고 일반적으로 평가되었다. 그러나 당시 일본의 물리학은 부분적이기는 하지만 세계적 수준에 도달해 있었다. 원폭 개발에 대한 독일의 동향에 신경을 썼던 연합국도 일본의 원폭 연구에 대해서는 크게 우려하지 않았지만, 전후 일본의 연구 상황을 알고는 태도를 바꿨다. 미군은 미국에만 있을 것으로 생각했던 사이클로트론이 이화학연구소, 교토대학, 오사카대학 등지에 네 군데나 설치되어 있는 것을 알고 당황하여 이들을 파괴했다.

다케우치 연구원 등은 1943년 3월, 우라늄 농축방법으로 우라늄화합물을 가스화하여 크고 긴 통으로 농도를 올리는 '열확산법'을 채용했는데, 이는 미국의 맨해튼 프로젝트에서도 검토된 방법이었다. 다케우치는 1943년 가을경에 높이 5m, 직경 44mm의 동파이프를 조립하여 다음 해 3월까지의 실험했으나, 우라늄 농축효과는 달성되지 않았다. 그리고 1945년 4월, 미군의 공습으로 이화학연구소가 파괴됨으로써 일본의 원폭 연구는 막을 내렸다.

일본 육군이 이화학연구소에 제공했던 예산은 200만 엔이었다. 한반도나 일본 각지에서의 우라늄자원 탐색 비용을 포함해도 2천만 엔을 넘지 않았다. 이는 맨해튼 프로젝트 예산의 1만분의 1 정도에 불과했다. 미국이 로스앨러모스에 과학자, 기술자 및 그 가족을 포함하여 수만 명을 이주시키고 원폭 실험과 개발에 쓴 비용은 20억 달러에 이르렀다.

일본은 핵무기 개발에 필요한 핵물질의 조달도 여의치 않았다. 일본은 천연 우라늄을 확보하기 위해 한반도나 동남아시아까지 탐색했지만 경제성 있는 우라늄 원광을 찾지 못했다. 결국 일본은 우방국인 독일에 도움을 청했다. 1943년 7월, 육군 항공본부의 가와시마 도라노스케(川嶋虎之輔) 대령은 오시마 히로시(大島 浩) 주독대사에게 극비전문을 보내, 독일이 '피치블렌드'(pitchblende)를 일본에 제공할 수 있는지 문의했다. '피치블렌드'는 우라늄을 포함한 광석으로, 독일과 체코슬로바키아의 국경 지대에 풍부하게 매장되어 있었다. 독일은 1945년 3월에 비로소 핵물질을 제공하기로 결정했다. 그러나 전황은 이미 연합국 측으로 기운 상태였다. 독일의 잠수함(U234)이 핵물질을 싣고 킬항을 출발했지만, 1개월 정도가 지난 5월 7일 독일의 항복으로 수송 작전은 중단되었다.[59]

일본은 이와 같이 육군과 해군이 개별적으로 핵무기의 개발에 착수했지만, 본격적인 개발이 이루어지기 전에 그 계획은 미완성으로 끝나버렸다. 만약 일본이 미국보다 먼저 또는 비슷한 시기에 핵무기를 개발할 수 있었다면, 태평양전쟁의 양상은 달라졌을 것이다. 그러나 그럴 가능성은 높지 않았다. 핵무기 개발 분야에 국한하더라도, 당시 미국과 일본의 과학기술의 격차는 그만큼 컸다.

9

한국과 일본의 고민
핵무장 가능성

☢

일본의 비핵 3원칙

태평양전쟁이 끝난 후, 일본에서 핵무기 개발을 논하는 것은 금기였다. 세계에서 유일한 피폭국인 일본의 국민은 그런 문제에 대해 일종의 트라우마를 가졌다. 히로시마와 나가사키의 원폭 투하로부터 생존한 사람들은 오랫동안 피폭의 참상을 전했고, 여론도 그에 동정적이었다. 1954년에는 참치어선 제5복룡호가 마샬군도 근처에서 미국의 수폭실험으로 피폭당하는 사건이 발생했다. 당시 방사능에 오염된 선원들은 사망하거나 평생 후유증에 시달렸다. 그렇게 해서, 시민단체를 중심으로 반핵 · 평화운동이 일본에서 활발하게 전개되었다.

이러한 배경하에, 1968년 1월 사토 에이사쿠(佐藤榮作) 총리는 '핵무기를 갖지 않고, 만들지 않으며, 들여오지 않는다'는 이른바 비핵 3원칙(非核3原則)을 발표했다. 비핵 3원칙은 그 후 일본의 핵 문제에 대한 국시(國是)가 됐다. 그는 이 원칙으로 평화국가 일본의 이미지를 강조하여

나카소네 야스히로   기시 노부스케

1974년에 노벨 평화상도 수상했다. 이와 같이 일본 정부의 핵무장에 대한 공식적 입장은 오랫동안 평화헌법 9조와 비핵 3원칙을 금과옥조로 준수한다는 큰 틀에 묶여 있었다.

그러나 일본의 정치인들은 실제로 비핵 3원칙에 집착하지 않았다. 기시 노부스케(岸信介) 총리는 1957년 5월 국회에서 '자위를 위한 핵무기의 보유는 합헌이지만, 정책적으로 핵무장을 하지 않는다'고 하여, 핵무기 보유가 위헌이 아니라는 입장을 밝혔다. 그의 친동생인 사토 에이사쿠 총리는 1965년에 존슨 대통령에게 중국의 핵실험 성공에 대응하여 일본도 핵무장으로 맞서야 한다고 주장했다. 그는 1969년에 닉슨 대통령과 핵무장한 미국 군함의 일본 기항과 유사시 핵무기의 반입을 규정한 비밀협정을 체결했다. 그동안 미국은 1954년에 오키나와에 배치했던 핵무기를 1972년에 철수했다.

아베 신조

사토 총리의 재임 시절 1968년에 일본 외무성은 비교정책위원회의 보고서에서 비핵 3원칙을 높게 평가하면서도, '핵무기 제조에 대한 경제적·기술적 잠재력은 항상 보유해야 할 것'이라는 명시적 입장을 밝힌 바 있다. 나카소네 야스히로(中曾根康弘) 총리가 방위청 장관에 재임 중이던 1970년, 일본 방위청은 5년 내에 핵무장이 가능하다는 보고서를 냈다. 아베 신조(安倍晉三) 총리는 관방부장관(官房副長官)으로 재임하던 2002년에 '일본의 핵무기 보유는 헌법에 위배되지 않는다'는 정부의 입장을 분명히 밝혔다.[60]

일본의 핵무기 개발이 쉽지 않다고 결론을 내린 보고서도 있었다. 사토 총리 시절, 내각조사실의 외곽단체였던 민주주의연구회는, 핵실험 장소의 물색이 불가능하고, 미국이 반대할 것이며, 여론의 찬성을 얻기 힘들다는 점 등을 이유로 일본의 핵무기 보유는 쉽지 않다는 보고서를 냈다. 일본의 방위청은, 1995년에 낸 보고서에서, 핵무장에 정치적 · 경제적 비용이 많이 들 뿐 아니라, 주변국들과의 관계를 고려하면 일본이 핵무장을 해야 할 전략적 이유도 없다고 했다. 특히 국제적으로, 일본이 핵확산방지 체제를 무너뜨릴 수 있고, 미일안보조약에 대한 불신과 주변국들의 일본에 대해 경계심이 심해질 수 있기 때문에, 일본은 미국의 핵우산에 의지하는 것이 유리하다고 기술했다.[61]

사정의 변경

그러나 북핵의 위협에 직면한 현재 일본의 사정은 완전히 바뀌었다. 만약 북한에 대한 제재와 협상이 실패하여 비핵화를 위한 노력이 무의미하다고 판단되면, 일본은 현재의 안보 체제를 근본적으로 재검토할 것으로 예상된다. 교전권을 부인한 일본의 평화헌법은 보통국가의 헌법처럼 개정될 것이고, 일본은 과거와 같은 군사대국이 될 수 있다. 일본은 재무장은 물론 심지어 핵무장을 포함한 군비증강에 나설 수도 있을 것이다.

설령 헌법 개정이 이루어지지 않더라도, 일본 정부는 '자위를 위한 최소한의 핵무기 보유는 위헌이 아니라는' 현재의 해석대로 이를 합리화시킬 것이다. 미국의 동의가 관건이겠지만, 일본이 현재 처한 상황은 그런 전략적 변화를 정당화시킬 수 있다. 일본은 현재 북한과 세 가지 문제가 해결되지 않으면 대북제재를 완화할 수 없다는 완강한 입장을 견지하고 있다. 즉, 북핵 문제, 미사일 문제, 일본인 납치가 바로 그 세 가지 문제이다.

그러면 현실적으로 일본의 핵무기 개발은 가능할 것인가? 기술적으로는 전혀 문제가 없다. 1970년대에 예상했던 5년이라는 핵개발 기간은 이제 3개월이면 충분한 것으로 간주된다. 그 점에 대한 대부분 전문가들의 견해는 일치한다. 일본에는 우라늄 농축 시설과 사용후 핵연료의 재처리 시설이 있고, 이미 추출한 플루토늄도 충분히 있다. 다만, 하나의 핵무기 개발이 아니라 핵무기의 대량생산을 위해서는 시간이 좀 더 걸릴 것이다.[62]

이와 같이 일본은 마음만 먹으면 언제든지 핵무기 보유국이 될 수 있는 경제력과 기술 및 환경을 갖추고 있다. 즉, 핵무기 개발은 일본이 명분과 계기만 있으면 언제라도 취할 수 있는 정책이 된다. 물론, 일본이 핵무기 보유국으로 전환되기 위해서는, 핵물질과 관련 기술 및 경제력의 보유 외에 현실적 핵 보유에 수반되는 정치적·사회적 문제를 극복하지 않으면 안 된다. 또한 핵확산방지 체제의 근본적 변경이나 미일안보조약에의 영향과 같은 외교적 파장도 고려해야 할 것이다.

북한의 핵무장은 일본에 대해 일단 그런 명분을 제공하기에 충분하다. 그리고 일본의 핵무장은 동북아에서의 핵도미노 현상을 초래할 수도 있을 것이고, 이는 중국이 생각하는 최악의 시나리오가 된다. 그것은 미국의 핵우산에 기대는 한국에 대해서도 핵무장을 위한 충분한 명분이 되기 때문이다. 그것은 또 미국이 중국을 설득하여 북한의 핵무기 보유를 막는 중요한 레버리지가 될 수도 있다. 어쨌든 한국과 일본의 핵무장은 미국의 확장억지를 분담하는 가장 확실한 전략이 될 것이다.

한국의 핵무장

한국도 일본과 마찬가지로 마음만 먹으면 언제든지 핵무장이 가능하다. 물론, 그럴 경우, 한국은 미국의 동의를 받고 국제사회의 반발을 무마해야 할 것이다. 한국의 원자력 기술은 세계적으로 가장 경쟁력이 있고, 경제력은 말할 것도 없다. 인도나 파키스탄이 핵무기를 개발했을 때와 비교하면, 지금 한국의 핵개발 능력은 그런 나라와 천양지차라 해도 과언이 아니다.

전문가들은 한국이 핵무기 하나를 개발하는 데 드는 비용을 1조 원에서 2조 원으로 추정한다. 기간은 6개월이면 충분하다고 한다. 이와 관련하여, 서균렬 교수는 플루토늄탄의 완성에 6개월, 북한이 실험한 증폭형 핵분열탄의 완성에 추가로 6개월, 전술핵 배치와 핵실험까지 포함해서 다시 6개월이면 충분하다고 예상했다.[63] 구체적으로, 중수로 월성 수조에 보관 중인 폐연료봉으로부터 플루토늄을 추출하는 재처리에 3개월, 테니스공만한 크기의 기폭장치 제조에 2개월, 그리고 플루토늄탄의 완성에 1개월이 소요되어 최종 6개월이면 핵무기가 완성된다는 것이다.[64] 월성 원전에 있는 사용후 핵연료를 재처리하면 4,330개의 핵무기 제조가 가능한 플루토늄을 얻을 수 있다.[65] 요컨대, 한국 정부가 결심만 한다면 1년 6개월 내에 완성된 핵무기를 실전 배치할 수 있다.

그러나 현재 한국 정부는 북핵 문제의 해결을 위한 핵무장 옵션은 고려하고 있지 않다. 2017년 9월 14일, 문재인 대통령은 청와대에서 진행된 CNN과의 인터뷰에서 그런 입장을 밝힌 바 있다. 즉, 당시 CNN 서울 특파원이 미국의 핵우산을 믿기보다 스스로 핵무장을 해야 한다고 생각하지 않는지 질문하자, 다음과 같이 분명히 답했다.

북한의 핵과 미사일 고도화에 대응해서 한국의 국방력을 높여 나가야 한다는 점에 대해서는 생각을 같이한다. 그러나 북한의 핵에 대응해서 우리가 자체적으로 핵개발을 해야 한다거나, 또 우리가 전술핵을 다시 반입해야 한다는 생각에는 동의하지 않는다.

북한의 핵에 대해서 우리도 핵으로 맞서겠다는 자세로 대응한다면 남북 간에 평화가 유지되기 어려울 것이고, 또한 그것은 동북아 전체의 핵 경쟁을 촉발시켜서 동북아 전체의 평화와 안정을 저해할 것이라고 판단한다.[66]

대북제재나 외교적 노력만으로 북한이 핵을 포기할 것으로 보는지에 대해서는 즉답을 피하고, '북한의 핵개발은 체제의 안정을 보장받기 위한 것이라고 생각한다'는 입장을 밝혔다. 2018년 11월 1일, 문 대통령은 국회 시정연설에서도 한반도의 비핵화를 강조하면서, '북한의 핵보유국 지위를 용납하지 않고, 한국도 핵을 개발하거나 보유하지 않겠다'고 했다.

문 대통령은 그런 정책의 효과적인 달성을 위해 대북제재도 해제해야 한다는 입장을 여러 차례 밝혔고, 또 그런 방향으로 외교적 노력을 기울여왔다. 그러나 미국과 국제사회는 북한에 대한 제재의 해제에 동의하지 않고 있다. 요컨대, 문 대통령의 북핵 문제에 대한 정책은 외교적 노력을 통해 북한의 비핵화를 달성해야 한다는 데에 초점이 맞추어져 있다. 따라서 현재의 한국 정부가 핵개발이나 전술핵 재배치와 같은 결단을 당장 내리기는 쉽지 않을 것으로 판단된다.

퍼거슨 보고서

한국의 핵무장 가능성에 대한 미국의 평가는 매우 구체적이다. 예컨대, 미국과학자연맹(FAS)의 회장이었던 찰스 퍼거슨(Charles D. Ferguson)의 보고서는 전문가의 입장에서 한국의 핵무장 가능성을 높게 본 것으로 유명하다. 2015년에 공개된 보고서에서, 그는 한국이 핵무장을 하게 되면 국제사회가 한국을 막지 못할 것이라고 주장했다. 그는 한국의 핵무장 시나리오를 다음과 같이 세 가지로 제시했다.

첫 번째 시나리오는 한국이 핵물질과 핵무기 투발수단 등을 준비하여 5년 이내에 약간의 핵무기를 제조한다는 것이다. 그는 한국이 핵무기를 탑재할 수 있는 미사일과 전폭기를 보유하고 있으며, 핵무기 개발을 위한 인프라가 잘 구축되어 있다는 점을 강조했다. 한국이 그런 환경을 조금만 더 발전시키면 기본적인 핵무장이 가능하다고 했다. 그는 한국의 기존 핵능력을 향상시킨다는 뜻으로, 이를 '향상된 현상유지(enhanced status quo)'라고 부른다. 이러한 핵무장은 외교적 목적을 위한 것으로, 미국과 중국이 북한의 비핵화를 위해 적극적으로 나서게 하는 효과를 갖는다고 했다.

두 번째 시나리오는 한국이 매년 10여 개의 핵무기를 제조하여 사실상 핵무기국이 되는 것을 말한다. 첫 번째 시나리오의 외교적 목적의 핵무장이 효과가 없으면, 중국과 북한의 핵위협에 대응하여 한국이 핵무장을 강화한다는 것이다. 두 번째 시나리오는 일본의 핵무장도 전제로 하기 때문에 '포위(encirclement)' 정책이라고 부른다. 특히 이 시나리오에서는, 북한에 급변사태가 발생할 경우, 한국의 핵무장이 중국의 북한에 대한 개입을 방지할 수 있을 것으로 보고 있다. 이를 위하여, 한국은 몇 척의 핵잠수함과 장거리전략핵미사일 시스템을 필요로 할 것이다. 한국이 그 정도로 강력한 핵무장을 하는 데에는 초기의 5년에 수년이 더 걸릴 것이라고 한다.

세 번째 시나리오는 한국과 일본이 협력하여 핵무장함으로써 중국과 북한에 공동으로 대응한다는 것이다. 한국과 일본의 역사적 관계를 감안하면, 공동 핵개발은 지나친 상상이라고 할 수도 있을 것이다. 그러나 북한과 중국의 핵위협이 증폭되고 미국의 안보 부담이 커지면, 양국이 핵무장을 위해 협력할 가능성을 배제할 수 없다. 그래서 퍼거슨은 이 시나리오를 '내 적의 적은 내 친구'(the enemy of my enemy is my friend)라고 부른다. 한국과 일본은 개별적으로 노력하는 것보다 더 신속하게 강력한 핵무장을 달성할 수 있다. 일본은 사용후 핵연료의 재처리 시설과 몬주 증식로를, 한국은 발전된 크루즈 및 탄도미사일 기술과 수소폭탄의 원료인 3중수소를 제공할 수 있다고 한다. 미국은 방위비 부담을 줄일 수 있어서 양국의 협력을 환영할 것이라고 했다.

퍼거슨이 작성한 보고서는 국내외의 많은 주목을 받았다. 그는 미국 외교협회(CFR)에서 오랫동안 핵과 안보에 관련된 문제를 다루어온 전문가이다. 그의 보고서는 미국 조야의 한국 핵개발 문제에 대한 인식을 정확하게 나타내고 있는 것으로 평가된다. 핵무장이라는 거대한 담론에 대한 시나리오의 현실성을 과대평가할 필요는 없겠지만, 그렇다고 가볍게 볼 수도 없다. 어쨌든 시간이 흐를수록 북한의 완전한 비핵화는 힘들어질 것이고, 그런 상황에 대비하여 새로운 핵질서의 수립을 고민해야 할 것이다.

제4장

사실상(de facto)
핵무기국

10

프랑스와의 연대
이스라엘의 핵개발

☢

독립과 전쟁

5대 핵강대국을 제외하고, 이스라엘은 최초로 핵무기 개발에 성공한 국가이다. 이스라엘의 경우는 인도, 파키스탄, 북한 등 3개국의 핵무기 개발의 선례가 되었다. 그러나 이스라엘은 그 3개국과 달리 지금까지 핵무기 보유에 대해 긍정도 부정도 하지 않는 애매한 정책(NCND)을 취하고 있다. 북한을 제외한 3개국은 NPT 체제 밖에서 사실상 핵무기 보유국으로 인정받았다. 이스라엘은 핵개발을 시도한 이라크와 시리아를 공습하여 핵확산을 막았다. 이란은 미국과 서방의 제재로 일단 핵개발을 동결했지만, 그로 인해 지금도 이스라엘과 긴장 상태에 있다. 그런 맥락에서 이스라엘의 핵무기 개발을 살펴보자.

이스라엘은 아랍 국가들의 반대와 견제 속에 1948년 5월 14일 독립했다. 아랍 국가들은 팔레스타인에 유대인과 아랍인의 국가를 각각 세운다는 유엔의 1947년 11월 결의에 강력하게 반발하여 즉각 이스라엘을 공격했다. 제1차 중동전쟁이 시작된 것이다. 이스라엘은 이집트, 요르단, 시리아, 레바논, 이라크 등 5개국의 공격으로 궁지에 몰렸지만, 마침내 반격에 성공하여 1949년 2월 휴전이 성립했다. 이렇게 이스라엘의 건국은 태생적으로 아랍 국가들과의 분쟁과 갈등을 안고 시작된 것이다.

벤구리온의 신념

초대 총리로 선출된 다비드 벤구리온(David Ben-Gurion)은 이스라엘의 안보를 가장 중요한 목표로 설정하고 군비를 증강했다. 이스라엘은 천신만고 끝에 독립을 달성했지만 일시적인 평화에 안주할 상황이 아니었다. 독립전쟁에서 아랍 국가들이 보여준 적의는 상상을 초월했다. 그들은 '이스라엘 국가를 전멸시키자'거나 '이스라엘을 바다로 밀어서 없애자'는 기치를 내걸고 이스라엘을 침공했다. 틈만 보이면 생존을 위협하는 수많은 적들을 물리치기 위해서는 강력하고 결정적인 무기가 필요했다. 역사적으로 박해와 유랑, 나치 독일의 홀로코스트를 겪은 이스라엘 민족에게

다비드 벤구리온

시몬 페레스

다른 대안은 없었다. 그런 상황에서, 벤구리온은 그들을 압도할 수 있는 무기로서 핵무기의 개발을 생각했다.[67]

벤구리온은 1949년에 6명의 물리학 전공 학생들을 미국, 영국, 스위스, 네덜란드로 각각 파견했다. 그는 1952년 비밀리에 이스라엘 원자력위원회(IAEC)를 설립하고, 측근인 베르그만(Ernst Bergmann)을 위원장으로 임명했다. 이 위원회를 중심으로 프랑스와의 핵기술 교류가 본격화되었는데, 1953년에 2명의 이스라엘 핵물리학자가 사클레(Saclay)와 샤티용(Chatillon)에 있는 핵연구시설로 각각 파견되었다. 그해에 벤구리온은 시몬 페레스(Shimon Peres)를 국방부의 국장으로 임명했다. 나중에 대통령, 총리, 국방장관 등 요직을 두루 거친 페레스는 이때부터 이

드와이트 아이젠하워

스라엘의 핵무기 개발정책의 수립 및 프랑스와의 협력에 중요한 역할을 담당했다.

1953년 말까지 벤구리온은 구체적인 핵무기 개발보다는 핵 관련 기술의 축적에 치중할 수밖에 없었다. 당시 핵개발에 성공한 나라는 미국, 영국, 소련 3개국뿐이었고, 프랑스의 핵개발도 크게 진전되지 않았다. 1954년 1월 일단 총리직에서 은퇴한 벤구리온은 이스라엘을 지킬 수 있는 최종적 수단은 핵무기밖에 없다고 결심하게 된다. 그는 1955년 2월에 국방장관직을 맡고 11월에 다시 총리로 복귀하여 1963년 6월까지 총리직과 장관직을 겸임했다. 총리 겸 국방장관으로서 8년간 재임한 그는 이스라엘의 핵무기 개발에 대한 확고한 기반을 닦았다.

벤구리온은 처음에 서방과의 동맹에 의해 핵우산을 제공 받는 방안도 고려했다. 그는 미국에 안보조약을 체결하여 확장억지를 제공받을 수 있는지를 타진했다. 그러나 미국은 이스라엘의 제안에 응하지 않았다. 심지어 미국은 전투기와 같은 첨단 무기의 제공도 거부했다. 미국, 영국, 프랑스 3개국은 1950년에 이스라엘과 아랍 국가들에 현상유지를 변경시킬 정도의 무기는 제공하지 않는다고 합의한 상태였다. 1952년 대통령에 취임한 아이젠하워도 양측에 대한 무기금수정책을 바꾸지 않았다. 이런 상황에서 이스라엘은 프랑스와의 협력을 통해 돌파구를 모색했다.

수에즈 위기

벤구리온의 핵무기 개발 시도는 1956년 수에즈 위기를 계기로 본격화되었다. 제2차 중동전쟁이라고도 불리는 수에즈 위기는 이집트에서 일어난 아랍 민족주의와 기득권을 유지하려는 영국·프랑스 양국의 정책이 충돌하여 발생했다. 1956년 7월 26일 나세르 이집트 대통령이 수에즈운하의 국유화를 발표하자, 10월 29일 영불 양국과 공모한 이스라엘은 전격적으로 시나이반도를 침공했다. 나세르가 티란해협을 봉쇄하면서 이스라엘과의 평화는 없다고 공언하자, 이스라엘은 이를 선전포고로 해석했다.[68]

영국은 식민지였던 이집트를 길들일 필요가, 프랑스는 알제리의 민족운동을 선동하던 나세르를 응징할 필요가 있었다. 수에즈운하회사의 지분을 가졌던 영국과 프랑스는 계획한 대로 양측에 철수를 요구한 뒤 이집트를 공습하고, 11월 5일에 수에즈운하를 점령했다. 그러나 3국이 공모한 무력공격은 결국 미소 양국의 강력한 반대와 경고로 실패했다. 총병(銃兵) 작전(Operation Musketeer)이라 불린 침공 작전 실패의 후유증은 컸다.

영국과 프랑스는 수에즈 위기를 계기로 국제무대에서 강대국으로서의 지위를 상실했다.

가말 압델 나세르

미소 양국은 압도적인 군사력으로 영국, 프랑스, 이스라엘을 굴복시켰다. 소련은 3개국에 대하여 핵무기의 사용을 포함한 군사행동도 불사하겠다고 위협했다. 특히 소련의 불가닌(Nikolai Bulganin) 총리는 이스라엘의 벤구리온 총리에게 보낸 편지에서, '제국주의 국가의 앞잡이인 이스라엘의 행동은 국가로서 이스라엘의 존재 자체를 위험에 처하게 할 수 있다'고 협박했다. 벤구리온은 소련의 협박에 매우 놀라 유감스럽다는 뜻의 답장을 불가닌에게 보냈다.[69] 그는 어떤 난관이 있더라도 핵무기 개발을 완수하겠다고 결심했다. 소련의 핵공격에 대해 최소한의 억지력을 갖는 핵무기를 보유한다는 목표도 정해졌다. 이스라엘이 수많은 핵무기와 전폭기, 미사일, 잠수함 등 운반수단을 보유하게 된 것도 그런 이유 때문이다.

미국을 신뢰하지 못한 프랑스도 이때부터 이스라엘과 협력하여 본격적인 핵무기 개발에 나서게 된다. 수에즈 위기 1년 전인 1955년부터 벤구리온은 프랑스에 파견한 핵과학자들의 수를 대거 늘렸다. 그들은 이스라엘에서의 핵시설 건립이라는 파견의 목적을 주지하고 있었다. 침공 직전인 10월 초에 프랑스와 이스라엘은 핵기술의 이전과 협력에 대해 합의한 상태였다. 미국도 당시 아이젠하워의 '평화를 위한 원자력'(Atoms for Peace) 캠페인으로 평화적 목적의 핵기술 이전을 장려했다. 사실 그 캠페인은 미소 간의 핵개발 경쟁에 대한 비판을 다른 데로 돌리기 위한 홍보용이었다. 그러나 프랑스와 이스라엘은 이를 핑계로 핵개발 협력을 합리화했다.[70]

1956년 11월 이스라엘이 시나이반도로부터의 철수를 요구받자, 프랑스는 핵무기 개발에 대해 협조할 것을 약속했다. 프랑스는 국내적으로도 마르쿨(Marcoule) 원자로로부터 플루토늄을 추출하여 핵무기 제조에 나섰다. 프랑스는 1957년 10월 이스라엘과 원자로 및 핵연료 재처리시설의 건설과 우라늄의 공급에 대하여 합의했다. 양국 관련 부처 간의 정치적 합의와, 양국 원자력위원회 사이의 실무적 합의가 이루어졌다. 시몬 페레스 국방차관은 모리스 부르제-모누리(Maurice Bourgès-Maunoury) 국방장관에게 핵무기 개발 문제는 구두합의로 하자는 양해를 구했다. 양측은 그렇게 합의했다. 대외적으로 논란이 될 수 있는 핵무기 개발 문제는 철저하게 비밀로 부쳐졌다. 이렇게 해서 1958년 이스라엘의 네게브사막에 위치한 디모나에 핵시설이 건설되기 시작했다.[71]

드골의 반대

수에즈 위기 이후 프랑스에도 많은 정치적 변화가 있었다. 수에즈 위기의 후유증과 알제리전쟁의 영향으로 제4공화국은 막을 내리고, 1959년 1월 드골이 제5공화국의 대통령으로 취임했다. 드골은 프랑스가 이스라엘과 비밀리에 추진하던 핵개발 협력에 반대했다. 알제리의 독립을 지지한 드골은 아랍 민족주의를 의식하여 이스라엘과의 군사적 유착관계를 중단하기로 했다. 새로운 대통령의 지시로 프랑스 정부는 이스라엘에 대하여 첫째, 디모나 핵시설의 존재를 공표하고, 둘째, 그것이 평화적 목적으로 건설되는 것이라는 것을 선언하여, 셋째, 그에 대한 국제적 사찰을 받을 것 등을 요구했다. 이스라엘은 프랑스의 요구를 도저히 수용할 수 없었다.

1960년 6월, 벤구리온이 직접 프랑스로 가서 드골과 담판을 벌였다.

드골은 벤구리온을 현존하는 가
장 위대한 정치가이자 용기 있
는 독립투사라고 치켜세웠다.
그러나 양국 사이의 핵무기협
력 문제는 양보하지 않았다. 벤
구리온은 결국 이스라엘이 핵무
기를 개발하지 않을 것과, 디모
나 핵시설 건설에 대한 프랑스
의 지원 형식도 변경할 것을 약
속했다. 다만, 구체적인 협력 방
식의 변경에 대해서는 추후 양
국 실무진이 논의하자는 정도에
서 합의가 이루어졌다.[72]

다비드 벤구리온과 샤를 드골

양국 정상회담의 연장선에서 실무 장관들의 협의가 이루어졌다. 프
랑스의 모리스 쿠브 드 뮈르빌(Maurice Couve de Murville) 외교장관
과 이스라엘의 시몬 페레스 국방차관은 프랑스 정부의 원자력위원회
(CEA)를 통한 공식적인 핵기술 이전은 중단하기로 했다. 대신 프랑스
의 민간 기업이 계약에 의해 디모나의 핵시설 건설을 계속하기로 했다.
이스라엘은 디모나 핵시설의 존재를 공표하고, 그것이 평화적 목적으
로 사용된다는 것을 선언하기로 했다. 프랑스는 디모나 핵시설에 대한
국제적 사찰 요구를 포기하기로 했다. 이 합의로 드골의 지시는 이행되
었지만, 양국의 핵기술 이전과 협력이라는 실질적 내용은 바뀌지 않았
다. 벤구리온과 페레스의 설득에 프랑스가 양보한 결과였다. 프랑스의

핵기술자들은 1966년까지 디모나에서 계속 근무하고 보수를 받았다.[73]

핵개발과 NCND정책

1963년을 전후한 시기에 디모나 핵시설이 완공되었다. 이스라엘은 그곳에서 우라늄을 농축하고 플루토늄을 추출하여 핵무기를 개발했다. 이스라엘이 첫 핵무기를 보유한 시기는 대략 1966년으로 추정된다. 당시 이스라엘의 핵개발 의혹이 제기되자, 나세르는 이스라엘에 대한 선제공격을 주장하기도 했다. 현재 이스라엘이 보유한 핵탄두의 수는 최대 400개 정도로 추정된다. 이스라엘은 공식적으로 핵실험을 하지 않았다. 1960년 프랑스가 알제리에서 첫 핵실험을 했을 때 이스라엘 과학자들도 그에 참여하여 모든 데이터를 공유했다. 이스라엘의 핵개발은 실질적으로 이때부터 시작되었다.

1966년 5월, 레비 에슈콜(Levi Eshkol) 총리는 이스라엘 의회에서 핵무기와 관련하여 긍정도 부정도 하지 않는다는 입장을 밝혔다. '이스라엘은 중동에 핵무기를 들여오는 최초의 국가가 되지 않는다'(Israel will not be the first to introduce nuclear weapons into the Middle East)는 그의 애매한 답변은 지금도 이스라엘의 공식적인 입장이다. 여기서 '들여온다'(introduce)는 표현은 이스라엘의 의도적 모호성을 나타내고 있다.[74] 이는 핵무기를 완성된 상태가 아니라 기폭장치와 핵물질을 분리한 상태로 보관하는 경우를 가리키는 것으로 해석된다. 이스라엘은 중동에서의 핵확산을 막고 주변국들의 선제공격을 예방한다는 명분하에 핵무기 보유에 대한 애매한 입장을 견지하고 있다. 그러나 이스라엘의 핵기술자 바누누(Mordechai Vanunu)가 1986년 영국 언론에 디모나의 핵개발 상황을 폭로하면서 사정은 변했다. 이스라엘의 핵무기 보유는 이제 기정사실이 되었다.[75]

이스라엘은 프랑스의 협조로 핵무기를 성공적으로 개발했다. 프랑스와 이스라엘의 협력은 알제리와 이집트 문제에 대한 서로의 이해가 일치했기 때문에 가능했다. 미국의 묵인과 지원도 이스라엘에 도움이 되었다. 유대인의 금전적 지원도 큰 몫을 했다. 시몬 페레스는 회고록에서 핵무기 개발자금의 반 이상이 전 세계의 유대인 동포와 친구들이 보내줬다고 밝혔다. 이스라엘은 이렇게 핵무기 개발을 위한 기술, 자본, 원료를 모두 구비할 수 있었다.

그러나 무엇보다도 중요한 것은 이스라엘이 벤구리온과 같은 뛰어난 지도자를 가졌다는 사실이다. 벤구리온은 이스라엘의 건국 시부터 핵무기 개발을 염두에 두고 모든 역량을 그곳에 집중시켰다. 드골의 반대와 미국의 견제를 뿌리치고 결국 이스라엘은 핵무기를 개발했다. 빈약한 국가 인프라를 확충하면서 안보의 초석을 닦은 그는 이스라엘 국민이 가장 존경하는 지도자가 되었다. 그가 핵무기 개발의 기틀을 닦지 않았거나 페레스와 같은 후계자를 키우지 않았다면, 이스라엘은 지금처럼 핵강대국이 되지 못했을 것이다. 이스라엘의 핵개발 역사는 정치인의 신념과 용기 그리고 국민들의 지지가 얼마나 중요한지 여실히 보여준다.

11

평화적 핵폭발로
위장한 핵개발
인도

☢

비동맹 그룹의 맹주

인도는 1974년과 1998년 두 번의 핵실험을 통해 핵무기 보유국이 되었다. 두 번의 핵실험은 1970년 NPT의 발효 후, 그리고 1996년 CTBT의 채택 후에 각각 단행되었다. 인도의 핵실험은 5대 핵강대국의 기득권과 NPT 질서에 대한 도전이 되었다. 인도는 그 과정에서 국제사회의 비난을 피하기 위해 '평화적 핵개발'이라는 명분을 강조했다. 중국 및 파키스탄과의 갈등을 통해 핵무장을 완성한 인도는 강력한 군사력을 바탕으로 급속한 경제성장을 이루고 있다.

1947년 8월 15일 영국으로부터 독립한 인도는 중국 및 파키스탄과 심각한 분쟁을 겪었다. 인도와 중국의 국경분쟁은 영국과 티베트가 1914년에 합의한 맥마흔 라인(McMahon Line)이 발단이 되었는데, 1962년 중국·인도전쟁으로도 이 분쟁은 완전히 해결되지 않았다. 오히려 티베트 문제를 둘러싼 대립과 중소분쟁의 격화로 양국의 분쟁은 더욱 심해졌다. 인도와 파키스탄은 독립 당시부터 종교적 차이로 카슈미르 (Kashmir) 지역을 둘러싼 영토분쟁을 벌였다. 양국은 종교, 인종, 정파가 복잡하게 얽힌 이 분쟁을 지금까지 해결하지 못하고 있다. 결국 인도는 중국·파키스탄 양국과의 분쟁으로 핵무기 개발에 본격적으로 착수하게 되었다.

인도의 핵개발은 1955년 캐나다로부터 연구용 원자로를 도입하면서 시작되었다. 인도는 1958년에 미국의 기술 지원으로 핵연료 재처리시설도 건설했다. 인도의 핵개발은 원자력위원회(AEC) 위원장을 역임한 호미 바바(Homi J. Bhabha) 박사가 주도했다. 그런데 당시 자와할랄 네루 (Jawaharlal Nehru) 총리는 그를 핵 프로그램 개발의 총책임자로 임명했지만, 적극적으로 핵무기 개발을 추진하지는 않았다. 그는 비폭력운동을 주도한 마하트마 간디(Mahatma Gandhi)의 영향으로 독립 시부터 핵무기의 파괴력과 야만성을 비판해왔다. 인도는 미국과 소련의 핵무기 개발 경쟁을 비난하고 핵군축을 주장하는 비동맹그룹의 선도국가였다.[76]

평화적 핵폭발

그러나 반둥회의 이후 인도와 중국의 국경분쟁이 격화되자 인도의 핵정책은 변하기 시작했다. 특히 1962년 중국·인도전쟁의 패배와 1964년 중국의 핵실험 성공은 인도에 엄청난 충격을 주었다. 중국의 핵개발 이후, 인도는 미국과 소련에 수차례 핵무기국의 비핵무기국에 대한 핵공격 방지를 보장해줄 것을 요구했다. 인도의 요구는 묵살되었다. 바바를 비롯한 과학자들은 인도 정부에 핵무기 개발을 강력하게 요청했다. 여당과 야당도 합세하여 초당적으로 핵무기 개발을 지지했다.[77] 이에 샤스트리(Lal Bahadur Shastri) 총리는 1964년 11월에 '평화적 핵폭발'(PNE: Peaceful Nuclear Explosions)을 위한다는 명분으로 핵실험 추진을 결정했다. 그러한 명분은 핵무기 반대 정책과의 경합이나 충돌을 완화시킬 수 있었다.[78]

그러나 국제사회는 인도가 주장한 '평화적' 핵폭발을 신뢰하지 않았다. 원래 '평화적' 핵폭발이라는 개념은 터널을 굴착하거나 산을 깎는 것과 같은 대규모 토목공사에 핵무기를 사용한다는 취지로 제안되었다. 그러나 이를 '군사적' 목적의 핵폭발과 구분한다는 것은 무의미했다. 핵물리학자들의 입장에서 볼 때 군사적 목적과 평화적 목적은 동전의 양면과 같았다. 인도가 주장한 '평화적' 핵폭발의 궁극적인 목적은 핵무기 개발이었다. '평화적'이라는 수식어는 인도 정부가 핵무기 개발에 대한 국제사회의 비난을 피하기 위해 붙인 핑계에 불과했다.

미국과 소련은 1950년대의 '평화를 위한 원자력'(Atoms for Peace)의 연장선에서 '평화적' 핵폭발의 실용화를 위해 노력했다. 아이젠하워 대통령은 1953년 12월의 유엔총회 연설에서 '평화를 위한 원자력'을 제창했고, 그것을 계기로 1957년에 국제원자력기구(IAEA)가 설립되었다. 그러나 양국이 1980년대 말까지 한 '평화적' 핵폭발 실험은 카자흐스탄에서의 댐 건설 한 건을 제외하고 모두 실패로 끝났다.[79]

현재 이 개념은 핵확산방지조약(NPT)의 핵폭발의 평화적 이용으로부터 발생하는 이익 제공에 관한 규정(제5조)에 포함되어 있다. 그러나 포괄적 핵실험 금지조약(CTBT)에는 '평화적' 핵폭발도 예외 없이 허용되지 않고 있다. 결과적으로 당시 인도가 주장한 평화적 목적은 이제 명

목상으로만 존재하는 개념이 되었다.

미소 짓는 부처

인도는 1965년 9월의 2차 인도 · 파키스탄전쟁에서 승리했지만, 파키스탄을 지지한 중국으로부터 전쟁의 위협을 받았다. 그리고 1966년, 네루 총리의 딸 인디라 간디(Indira Gandhi)가 총리로 취임했다. 그녀는 1966년부터 1977년까지, 그리고 다시 1980년부터 1984년까지 집권하면서 강력한 권위주의로 인도를 통치했다. 1967년에 중국이 수소폭탄의 실험에 성공하자, 인도는 '평화적' 핵폭발이라는 명분에 더 이상 구속될 필요가 없어졌다.

1971년, 인도는 방글라데시의 독립을 둘러싸고 벌인 3차 인도 · 파

인디라 간디

키스탄전쟁에서 승리했다. 남아시아의 맹주가 된 인도는 이렇게 중국과 파키스탄에 대항하여 핵무기를 본격적으로 개발했다. 네루는 비폭력주의라는 명분 때문에 핵개발을 적극적으로 추진하지 않았지만, 그 기초는 충실히 구축했다. 간디는 네루가 닦아놓은 기초 위에 핵무기 개발이라는 목적을 달성했다.[80]

1974년 5월 18일, 인도는 마침내 라자스탄(Rajasthan) 사막의 포크란

1974년 인도 라자스탄 사막에서 성공한 첫 핵실험

(Pokhran)에서 첫 핵실험에 성공했다. 핵실험의 명칭은 '미소 짓는 부처'(Smiling Buddha)였다. 힌두교의 국가인 인도가 왜 석가모니를 명칭으로 했는지 알 수 없지만, 평화적이라는 성격을 강조한다는 의도는 있었던 것 같다. 그 만큼 인도는 첫 핵실험의 평화적 성격을 강조하기 위해서 고심했다. 그로부터 24년 후, 인도는 두 번째 핵실험을 하면서 '평화'의 의미를 중국과 파키스탄의 무례에 대항하기 위한 평화라고 다시 정의했다.[81]

국제사회는 인도의 핵실험에 충격을 받았다. 더구나 이 핵실험은 NPT 체제가 출범한 후 처음 실행된 것이어서 국제사회의 충격은 컸다. 인도가 핵실험을 비밀리에 준비했기 때문에 국제사회는 그에 대하여 사전에 반대하거나 압력을 행사할 수도 없었다. 인도의 핵실험 후에 미국이 가한 일련의 제재는 큰 효과가 없었다.[82] 인도에 평화적 목적의 원자로를 제공한 캐나다도 분노했지만 어쩔 수 없었다. 국제사회는 민간기업이 제공하는 평화적 목적의 핵기술이 군사적으로 전용된다는 문제에 직면했다.

인도는 NPT 체제가 출범할 때부터 그에 대하여 반대했다. NPT에서 5대 강대국에만 핵무기의 보유가 인정된 것은 비핵무기국의 원자력에 대한 평화적 이용을 원천적으로 제한하는 것이라고 주장했다. 인도는 평화적 핵폭발을 지지하기 때문에 모든 핵무기 보유국이 비핵화를 하지 않으면 NPT 체제를 인정할 수 없다고 했다. 특히 인도는 NPT 체제가 식민지 지배를 벗어난 국가의 안보를 부정하는 신식민주의적 성격을 갖는 것이라고 비난했다. 결국 인도는 NPT에 가입하지 않고 강력한 핵무기 보유국이 되었다.[83]

파키스탄과의 갈등

인도는 첫 핵실험 후에 즉각적인 추가 핵실험을 하지 않았다. 그동안 핵개발을 주도했던 바바원자력연구센터(BARC) 내의 핵개발그룹은 내분에 휩싸였다. 1977년 선거에서 패한 간디가 총리직에서 물러나면서 핵개발은 정체되었다. 국제사회는 인도의 핵실험을 강력하게 비난했다. 이에, 간디의 후임인 데사이(Morarji Desai) 총리는 '평화적 핵폭발'을 비난하고 핵무기 개발을 반대했다. 그는 핵개발에 필요한 예산이 인도에 경제적 부담이 된다는 점도 지적했다. 이런 사정으로 인도의 핵개발은 소강상태에 접어들었다.[84]

그러나 1980년 1월 간디가 총리로 복귀하면서 인도의 핵개발은 다시 활발해졌다. 중국의 도움을 받은 파키스탄의 핵개발이 궤도에 오르자, 인도는 1982년에 파키스탄의 카후타(Kahuta) 핵시설을 공습하는 계획을 세우기도 했다. 인도는 1981년 이스라엘의 이라크에 대한 오시라크 핵시설 공격에 고무되어 이를 벤치마킹하려고 했다. 중동국가들에 적대적인 이스라엘의 협조를 구하려고도 했다. 이슬람 국가인 파키스탄은 중동의 이슬람 국가들과 긴밀한 관계에 있었으며, 실제로 사우디아라비아와 리비아는 파키스탄의 핵무기 개발에 많은 자금을 제공했다. 그러나 파키스탄의 반격 가능성

라지브 간디

과 국제사회의 반발 그리고 인도 국내의 반대 등의 이유로 이 계획은 실행되지 않았다. 그 대신 인도는 핵무기의 실용화를 추진하게 되었다.

1984년 10월 인디라 간디가 암살되자 아들인 라지브 간디(Rajiv Gandhi)가 그 뒤를 이었다. 그는 외조부와 어머니의 후광으로 40세에 인도의 최연소 총리가 되었다. 그는 취임 초기에는 핵무기의 개발에 소극적이었다. 그러나 파키스탄이 1983년과 1984년에 정제된 핵연료를 사용하지 않은 폭발 실험(cold test)에 성공한 이후, 핵개발 능력이 비약적으로 발전했다는 소식이 전해지면서 사정은 바뀌었다. 그는 1989년 3월에 인도의 핵무기 개발능력을 획기적으로 발전시키기로 결정했다.[85] 인도는 1986년에 이미 핵무기 보유국으로 간주되었고, 파키스탄도 1988년에 핵무기 보유국으로 간주되었다.

1990년 카슈미르를 둘러싸고 양국의 긴장이 고조되었을 때, 파키스탄은 핵무기를 전투기에 탑재하여 인도에 맞서려고 했다. 이스라엘이 제3차 중동전쟁에서 핵무기 공격을 암시한 것과 유사한 전략을 취한 것이

다. 다행히 미국의 중개와 만류로 실제 핵공격은 일어나지 않았다. 그 후에도 인도와 파키스탄 사이에 크고 작은 무력충돌과 테러가 끊임없이 발생했지만 분쟁이 전면전으로 확대되지는 않았다.[86] 양국 사이에는 이때부터 핵무기에 의한 실질적 공포의 균형이 이루어진 셈이다.

2019년 2월에도 양국은 카슈미르에서 공중전까지 벌였지만, 분쟁을 확대하지 않았다. 집권 인도국민당(BJP)의 나렌드라 모디(Narendra Modi) 총리는 파키스탄과의 분쟁을 극복하여 2019년 봄 총선에서 승리했다. 경기 부진으로 고전하던 모디 총리에게 국경분쟁은 힌두 민족주의를 고양하는 계기가 되었다. 핵무기는 이렇게 국내 정치에 이용되기도 한다.

핵무장 선언

1995년 5월 NPT의 재검토회의에서 회원국들은 조약의 유효기간을 무기한 연장하기로 결정했다. NPT에 가입하지 않고 조약의 존속을 확인한 인도는 불평등조약 체제가 고착화되는 것을 우려했다. 인도는 5대 핵강대국의 기득권을 인정하고 싶지 않았다. 핵능력을 강화하여 핵강대국에 맞설 수 있는 억지력을 구축하고자 했다.

1996년 9월 유엔총회에서 포괄적 핵실험 금지조약(CTBT)이 채택되었다. 이 조약은 부분적 핵실험 금지조약(PTBT)에서 금지하지 않은 지하 핵실험을 포함하여 모든 핵실험을 금지하는 내용을 담고 있었다. 이 조약은 미국, 영국, 소련 등 핵무기 보유국들의 핵개발 능력이 충분히 발전했기 때문에 합의될 수 있었다. 그러나 핵무기 보유국 사이에서도 갈등은 있었다. 핵개발이 상대적으로 늦었던 프랑스와 중국은 서둘러 핵실험을 하려고 했다. 인도도 추가적 핵실험 의지를 굽히지 않았다. NPT의 존속 결정과 CTBT의 채택은 인도의 핵실험 결정에 영향을 미치지 못했다. 인도는 많은 비핵보유국이 찬성한 CTBT를 비준하지 않았다.[87]

프랑스는 1996년 1월 남태평양 폴리네시아에서 마지막 지하 핵실험을 했다. 프랑스는 1960년에 알제리의 사하라사막에서 첫 핵실험을 한 후 1966년까지 17회의 핵실험을 했다. 프랑스는 1966년부터 핵실험 장소를 프랑스령 폴리네시아로 옮겼는데, 그곳에서 1996년까지 수소폭탄 실험을 포함하여 193회의 핵실험을 했다. 남태평양에서의 핵실험은 환경피해를 야기하고 남태평양 비핵지대조약(라로통가조약)을 무력화시키는 것이어서 국제적으로 많은 비난을 받았다. 특히 호주, 뉴질랜드, 남태평양 도서국가들의 반발을 초래하여, 국제사법재판소에의 제소와 그린피스의 반대운동을 촉발했다. 중국도 1996년 7월 마지막 지하 핵실험을 했다.

프랑스와 중국이 CTBT의 채택 전에 경쟁적으로 핵실험을 마치자, 인도도 추가 핵실험을 하게 된다. 인도의 정치적 상황도 변했다. 1998년 총선거에서 인도국민당(BJP)이 중심이 된 민족민주동맹(NDA)이 승리하여 아탈 바지파이(Atal Bihari Vajpayee)가 총리로 취임했다. 바지파이는 총선거에서 핵정책의 재검토를 공약으로 내세웠다. 파키스탄과 중국에 대한 뿌리 깊은 불신으로 인도 국민들은 그의 분명한 핵무기 정책을 지지했다. 바지파이는 선거에서 약속한 대로 1998년 5월 11일과 13일에 5차례의 핵실험을 감행했다.[88] 그리고 인도가 핵무기 보유국이

아탈 바지파이

되었다고 선언했다. 파키스탄도 1998년 5월 28일과 30일 6회의 핵실험을 감행했다. 독립 시부터 갈등과 분쟁을 반복해온 두 나라는 이렇게 NPT 체제 밖에서 핵무기 보유국이 되었다.

인도가 핵무기를 개발할 수 있었던 것은 결국 비동맹그룹의 맹주로서 인도의 국가적 역량이 뒷받침되었기 때문이다. 특히 인도에는 핵개발에 필요한 과학적 토대가 잘 구축되어 있었다. 네루 총리는 독립 직후부터 과학기술의 발전을 위해 많은 투자를 했고, 그런 환경에서 우수한 과학자들이 배출되었다. 정부는 과학기술을 우대했고, 국민들은 과학자들을 존경했다. 인도의 미사일과 핵무기 개발에 중요한 역할을 했던 압둘 칼람(Abdul Kalam) 박사는 2002년에 11대 대통령이 되어 인도 국민의 존경과 사랑을 받기도 했다. 핵개발을 한 과학자가 대통령이 된 국가는 인도가 유일하다.

12

초근목피로 개발한 핵무기
파키스탄

☢

존망의 기로에서

파키스탄은 1971년 3차 인도·파키스탄전쟁에서의 패배와 1974년 인도의 핵실험 성공으로 핵개발에 나섰다. 파키스탄은 그때부터 모든 국력을 핵무장에 쏟아부었다. 마침내 파키스탄은 중국의 적극적인 도움과 파키스탄 원자력위원회(PAEC)나 칸 연구소(KRL)와 같은 기관을 이용하여 핵무기 개발에 성공했다. 파키스탄의 경우는 경제력이나 핵 관련 기술이 없는 국가도 핵무장에 성공할 수 있다는 실례가 되었다. 북한의 핵무기 개발은 파키스탄을 벤치마킹한 것이라 할 수 있다. 실제로 압둘 카디르 칸(Abdul Qadeer Khan) 박사는 거액을 대가로 북한, 리비아, 이란에 핵기술을 제공했다. 이슬람 국가인 파키스탄은 중동 국가들과도 긴밀한 관계를 구축해왔다.

1972년 1월, 줄피카르 알리 부토(Zulfikar Ali Bhutto) 대통령은 이슬라마바드 남서쪽에 위치한 물탄(Multan)에 군의 간부와 과학자들을 불러

줄피카르 알리 부토

서 비밀회의를 열었다. 그곳에서 파키스탄의 핵무기 개발 문제가 생존 전략으로서 논의되었다. 파키스탄은 1971년 인도와의 전쟁에서 패한 후 위기에 처해 있었다. 국토의 16%에 해당하는 동파키스탄이 방글라데시로 분리·독립하게 되었기 때문이다. 그 지역의 인구는 파키스탄 전체 인구의 반이 넘었다.

회의에 참석한 자들의 인도에 대한 증오와 적개심은 하늘을 찔렀다. 그들은 파키스탄의 핵개발 가능성을 묻는 부토의 질문에 짧게는 3년 길게는 10년이 걸릴 것이라고 답했다. 부토는 자신이 자금과 시설을 제공할 테니 반드시 핵무기를 개발해줄 것을 부탁했다. 군의 지지로 대통령이 된 그는 오랫동안 핵무기 개발을 주장해왔다. 부토는 외교장관이던 1965년에 《맨체스터 가디언》과의 인터뷰에서 핵개발 의지를 다음과 같이 밝힌 바 있다.

만약 인도가 핵무기를 보유하면, 우리는 초근목피로 연명하든 기아에 허덕이든 반드시 우리의 핵무기를 가질 것이다. 우리에게 다른 선택의 여지는 없다![89]

물탄에서 열린 군과 과학자들의 연석회의에서 정해진 핵개발 결의는 이후 파키스탄의 국시가 되었다. '초근목피로 연명하더라도 핵무기를 갖겠다'는 표현은 파키스탄의 핵무기 개발에 대한 상징어이자 키워 드였다. 파키스탄의 핵무기 개발에 30년 동안 관여했던 페로즈 핫산 칸 (Feroz Hassan Khan) 장군은 『초근목피로 연명하며』(Eating Grass)라는 책 에서 당시의 상황을 다음과 같이 기술하고 있다.

파키스탄의 역사에서 1971년의 굴욕적인 패배는 씻어내기 힘든 상 처를 남겼다. 그리고 그것은 오늘날 파키스탄의 전략적 사고의 기본 주제가 되었다. 우리는 파멸적 패배를 당함으로써 정체성과 생존의 위 기에 처한 파키스탄이라는 국가와 사회가 두 번 다시 이런 굴욕을 당 해서는 안 된다고 분노하면서 핵개발을 결의했다.[90]

핵개발의 시동

부토는 물탄 연석회의를 계기로 핵개발 지지자인 무니르 아흐매드 칸(Munir Ahmad Khan)을 파키스탄 원자력위원회(PAEC)의 위원장으로 임명했다. 그리고 부토는 곧 해외순방에 나섰다. 해외순방의 목적은 미 국 일변도의 외교에서 벗어나 다자외교의 폭을 넓힌다는 것이었다. 그 러나 이는 대외적인 명분이었고, 실제 목적은 핵무기 개발에 필요한 자 금의 확보에 있었다. 부토는 이슬람 국가들에서는 이스라엘의 핵개발 을 비난하고, 중국에서는 인도의 위협을 강조했다. 리비아, 사우디아라 비아, 이란 등은 부토의 설득에 자금 지원을 약속했다. 중국도 파키스탄 에 핵기술 이전을 약속했다. 특히 리비아는 핵개발 자금 외에 우라늄 광 석도 제공하기로 했다.

무니르 아흐매드 칸

그러나 인도의 핵실험 성공과 그에 따른 국제사회의 견제로 파키스탄의 핵개발은 교착상태에 빠졌다. 국제사회는 1970년에 발효한 NPT 체제를 공고히 하는 제도적 장치를 모색했다. NPT에는 핵물질과 특수 분열성물질의 이동에 관련된 장비나 물질을 규제한다는 내용이 규정되어 있었다. 이 내용의 실현을 위해 1971년부터 1974년까지 15개국이 논의하여 '쟁거위원회'(Zangger Committee)를 결성했다. '쟁거위원회'는 비핵무기 보유국에 대한 수출통제 목록(trigger list)을 작성하여 핵물질과 장비의 국제적 이동을 규제하게 되었다.

1975년 11월에는 미국의 주도로 핵시설과 핵물질을 수출하던 국가들이 '핵공급그룹'(Nuclear Supplier Group: NSG)을 결성했다. 인도의 핵실험이 결정적인 계기가 되었다. NSG도 '쟁거위원회'와 마찬가지로 핵물질, 장비 및 기술의 이전을 통제하고 있다. 이런 국제적 시스템이 발동하자, 캐나다나 독일 같은 '핵공급그룹' 국가들은 파키스탄에 대한 핵시설 및 기술의 제공을 중단했다. 프랑스의 재처리시설 제공도 난관에 부딪쳤다.

이런 상황에서, 네덜란드에서 활동하던 압둘 카디르 칸이 우라늄 농축기술을 개인적으로 가지고 파키스탄으로 돌아왔다. 그는 파키스탄의 핵개발에 대한 돌파구를 마련해야 한다고 부토를 설득했다. 부토는 1976년 기존 원자력위원회(PAEC) 외에 카후타(Kahuta)에 칸 연구소(KRL)을 만들어서 우라늄 농축프로젝트를 지원했다. 칸 연구소는 원자

력위원회와 함께 파키스탄의 핵무기 개발에 주도적인 역할을 했다.[91]

미국의 반대

미국도 파키스탄의 핵개발 시도를 좌시하지 않았다. 미국은 의회와 행정부가 초당적으로 협력하여 핵확산을 막으려고 했다. 1976년 6월, 미 의회는 '사이밍턴 수정조항'(Symington Amendment)에 의해 '대외원조법'(Foreign Assistance Act)을 개정했다. 핵연료 농축·재처리 기술의 도입 시 IAEA 규정을 준수하지 않는 국가에 미국이 원조를 중지한다는 내용이 추가되었다. 미국의 압력으로 파키스탄의 핵 프로그램을 원조하려던 프랑스의 계획도 취소되었다.[92]

그리고 8월에 키신저 국무장관이 직접 파키스탄을 방문했다. 키신저는 부토에게 파키스탄이 핵 재처리시설을 도입한다면 미국은 더 이상 원조를 제공할 수 없다고 통고했다. 키신저는 만약 파키스탄이 재처리시설의 건설을 포기하면 A-7 공격기를 제공하겠다고 부토를 설득했다. 부토는 키신저의 제안을 거절했다. 그는 파키스탄이 결코 핵무장을 포기하지 않을 것이라고 답했다. 부토는 키신저에게 다음과 같은 말로 당시의 심경을 표현했다고 한다.

> 이제 이스라엘과 남아프리공화국까지 핵무장 능력을 가졌다. 기독교인이, 유대교인이, 힌두교인이 그리고 공산주의자들까지 모두 핵무기를 보유한 셈인데, 왜 무슬림만 그렇게 하면 안 되는가?[93]

부토의 말대로, 미국, 영국, 프랑스는 물론이고, 소련과 중국 그리고 이스라엘과 인도까지 핵무기를 개발했는데, 파키스탄이 그렇게 하지 못할 이유는 없었다. 국제사회는 중앙정부가 존재하지 않는 분권적 구조로 되어 있고, 국가는 그곳에서 주권을 행사할 자유가 있기 때문이다. 이슬람 문명을 대표하는 국가는 아니지만, 파키스탄이 갖는 종교적 상징성을 무시하기도 힘들었다.

다만, 힘의 논리가 지배하는 국제정치의 특징상, 강대국들의 기득권이 인정될 수밖에 없는 현실적 한계도 엄연히 존재했다. 특히 핵강대국들은 공포의 균형과 상호확증파괴로 이루어진 세력균형의 붕괴를 원하지 않았다. 그런 이유로, 파키스탄의 핵개발 시도는 강대국의 반대와 견제를 받을 수밖에 없었다. 그것은 경제적으로 낙후한 파키스탄의 숙명이었다. 키신저는 부토에게 '미국의 말을 듣지 않으면 본때(a horrible

example)를 보여줄 것'이라는 경
고를 남기고 떠났다.[94] 협박이나
다름없는 경고였다.

무함마드 지아울하크

1977년에 출범한 카터 행정
부도 파키스탄을 계속 압박했
다. 압둘 카디르 칸이 비밀리에
건설하던 우라늄 농축시설이 미
국과 독일의 정보망에 포착되었
다. 미국이 제공할 예정이던 파
키스탄에 대한 원조는 중단되었
다. 그 와중에 파키스탄의 정치상황이 변했다. 1977년 7월 쿠데타를 일
으킨 무함마드 지아울하크(Muhammad Zia-ul-Haq) 장군이 1978년 9월
대통령으로 취임했다. 지아울하크는 1979년 4월 부토 전 대통령을 처
형하고, 파키스탄을 강압적으로 통치했다. 키신저의 협박에 가까운 경
고가 실현된 셈이다.[95]

1981년에 출범한 레이건 행정부는 친소 사회주의정책을 펴던 부토
와 반대로 이슬람 보수정책을 펴는 독재자를 지지했다. 레이건 행정부
가 쿠데타로 집권한 한국의 신군부를 지지한 것과 같은 맥락이었다.
전두환 대통령은 미국의 지지를 잃지 않기 위해 박정희 대통령이 시
도하던 핵무기 개발 계획을 깨끗이 포기했다. 미국의 눈치를 본 지아
울하크도 일단 핵개발을 중단한다는 입장을 밝혔다. 프랑스는 샤쉬마
(Chashma)에 재처리시설을 건설해준다는 계약을 파기했다. 그러나 지
아울하크가 핵무기 개발을 완전히 포기한 것은 아니었다.

제재의 해제

그런데 1979년 12월 소련이 아프가니스탄을 침공하자 사정이 바뀌었다. 파키스탄에 대한 미국의 제재는 풀렸다. 카터 행정부는 추가적으로 4억 달러의 군사적·경제적 원조를 제공했다. 레이건 행정부에서 의회는 파키스탄에 6년 간 32억 달러를 제공하는 원조안을 승인했다. 사이밍턴 수정 조항은 파키스탄에 대하여 그 적용이 유보되었다. 냉전이 종식되기 전인 당시, 미국은 소련의 팽창을 막는 교두보로서 파키스탄을 중시하지 않을 수 없었다.[96]

지아울하크는 1982년 12월 미국을 방문하여 레이건과 정상회담을 가졌다. 레이건은 32억 달러의 원조 제공을 약속하고, 만약 파키스탄이, 첫째, 핵폭발장치의 조립이나 핵실험을 하거나, 둘째, 핵폭발장치에 대한 기술을 외국에 이전하거나, 셋째, 국제적인 보장조치를 위반하거나 비밀리에 핵 재처리를 한다면, 미국은 즉각 원조를 중단하겠다고 했다. 지아울하크는 파키스탄은 평화적 목적으로 핵개발을 추진하고 있으며, 미국을 난처하게 하는 일은 결코 하지 않겠다고 했다. 그는 귀국 후에 우라늄 고농축 작업의 중지, 기존 우라늄의 무기로의 개발 금지, 핵물질을 사용한 핵실험의 금지, 핵기술의 해외 이전 금지 등을 지시했다.

핵강대국들 중에서 중국은 특히 파키스탄에 우호적이었다. 인도와 영토분쟁을 안고 대립하던 중국으로서는 파키스탄과의 협력이 필요했다. 중국은 비밀리에 핵기술을 파키스탄에 제공했다. 양국의 핵무기 개발에 대한 협력은 1974년부터 시작되었고, 1976년에 본격화되었다. 중국은 등소평이 실권을 장악한 후인 1982년부터 알제리, 사우디아라비아, 북한에 미사일을 판매하고 핵기술을 제공했다. 특히 파키스탄에는 기폭장치의 설계나 핵물질의 생산 등 핵무기 개발에 필수적인 기술을 전폭적으로 지원했다. 마침내 파키스탄에서 1983년 3월과 1984년 3월에 원자력위원회와 칸 연구소가 각각 실행한 콜드 테스트가 성공했다. 파키스탄은 늦어도 1988년 이전 핵무기 개발을 완료한 것으로 간주되었다.

지도자의 역할

지아울하크가 1988년 8월 비행기 사고로 사망한 후, 그해 12월 베나지르 부토(Benazir Bhutto)가 총리로 취임했다. 그녀는 지아울하크가 처형한 줄피카르 부토 전 대통령의 딸이었다. 그녀는 지아울하크가 미국의 사주를 받고 자신의 아버지를 처형했다고 주장했다. 부토는 총선거에서 패배하여 1990년 8월 총리직에서 물러났지만, 1993년 10월 재집권에 성공하여 다시 총리가 되었다. 부토는 미국과 서방의 압력에도 불구하고 국내의 핵개발을 계속 추진했다. 그녀는 취임 초에는 핵개발 상황에 대해 잘 알지 못했으나, 곧 중요성을 인식하여 핵개발을 적극 지지했다. 무니르 칸은 부토 전 대통령에 이어서 총리가 된 딸에게도 핵정책의 멘토로서 핵무기 개발에 대한 정보와 지식을 제공했다.

베나지르 부토

1996년 1월, 그녀는 만약 인도가 핵실험을 다시 한다면 파키스탄도 부득이하게 핵실험을 할 수밖에 없다고 공언했다. 그녀의 재임 시 파키스탄은 북한으로부터 노동 미사일을 수입하고, 그 대신 핵기술을 제공했다. 북한에 대한 우라늄 농축기술의 제공은 압둘 카디르 칸에 의해 이루어졌다. 파키스탄의 미사일 기술은 부토 총리 시절 북한의 도움으로 비약적으로 발전했다. 그리고 힌두 민족주의와 핵실험을 공약한 인도국민당(BJP)의 바지파이가 1998년 4월 총선에서 승리하자, 결국 파키스탄은 인도와 함께 그해 5월에 핵실험을 강행했다. 1996년 11월에 총리직에서 물러난 부토는 세 번째 총리직에 도전했다가 2007년 12월에 암살되었다.

파키스탄 모델

이처럼 파키스탄과 인도의 핵개발 과정에서 네루 가문과 부토 가문의 정치 엘리트들이 보여준 정책과 결단은 주목할 만하다. 그들은 처형, 암살, 사고 등으로 비극적 최후를 맞거나 권좌에서 물러났다. 그러나 그들이 보여준 용기와 뚝심 덕분에 양국은 국제사회의 압력을 물리치고 핵개발에 성공했다.

그 중에서 파키스탄은 가난한 국가가 모든 역량을 집중하여 핵개발에 성공한 케이스로 주목된다. 그 과정에서 파키스탄은 미국의 경제적 지원과 묵인 그리고 중국의 적극적인 기술 지원과 협조를 잘 활용했다. 소련이라는 공동의 적을 둔 미국과 중국을 잘 이용한 점은 파키스탄 외교의 승리라고 평가할 수 있다. 파키스탄의 핵개발은 국제사회에는 영원한 적도 친구도 없다는 냉엄한 현실을 다시 보여주는 실례가 되었다.

한편, 파키스탄의 핵개발은 국제사회가 가장 우려하는 핵확산의 실례가 되기도 한다. 미국의 핵무기 개발 이후 핵확산은 모두 상대국을 견제하기 위해 이루어졌다. 특히 직접 핵무기를 개발한 국가들은 동맹국이나 우호국과의 협력 차원에서, 또는 적대국에 대한 견제를 위해 핵기술을 이전했다. 소련의 중국에 대한 지원, 프랑스의 이스라엘에 대한 지원과 협력, 중국의 파키스탄에 대한 지원 그리고 중국의 북한에 대한 지원은 모두 그런 맥락에서 이해할 수 있다. 그러나 그 동맹은 영원하지 않았고, 핵확산이라는 원하지 않는, 통제하기 힘든 결과만 남았다.

파키스탄의 압둘 카디르 칸은 북한, 이란, 리비아에 개인적으로 핵기술을 제공하면서 국제사회를 충격에 빠뜨렸다. 그의 뒤에는 파키스탄 정부나 군부의 묵인 내지 방조도 있었을 것이다. 사익을 추구하기 위해 그가 핵기술을 판매한 행위는 파키스탄 정부에 대한 비난으로 직결되었다. 그의 사욕으로 북핵 위기가 확산되었다는 것을 생각하면, 한국의 입장에서도 그를 용서할 수가 없다. 그렇게 해서, 국제사회는 파키스탄으로의 핵확산보다 파키스탄으로부터의 핵확산을 더 우려하게 되었다.

제5장

핵위기의 무력적 해결

13

단호한 핵정책, 베긴 독트린
오시라크 원자로 공습

☢

기습공격

이스라엘은 1981년 6월 7일, 이라크의 바그다드 근교에 있던 오시라크(Osirak) 원자로를 기습적으로 폭격하여 파괴했다. 이라크의 핵무기 개발에 대한 예방적 자위권 행사를 명분으로 내세웠다. 바그다드 남동쪽 17km 지점에 위치한 오시라크 원자로는 프랑스가 이라크의 요청으로 알 투웨이다(Al Tuwaitha) 연구센터에 지어준 것이었다. 프랑스와 이라크는 이 원자로가 평화적 목적으로 건설됐다고 주장했다. 오시라크라는 명칭은 프랑스의 오시리스(Osiris)형 원자로라는 명칭과 이라크라는 국명의 합성어였다.[97]

이스라엘의 폭격은 1980년 이란의 이 원자로에 대한 폭격이 실패로 끝난 후에 감행된 것이다. 당시 이란과 이라크는 1980년 9월 22일 사담 후세인의 도발로 시작된 이란·이라크전쟁의 교전당사자였다. 이라크는 이란의 공군기지를 기습 공격하여 전쟁을 시작했지만 큰 전과를 올

오시라크 원자로

리지 못했다. 이에 대한 보복으로 이란이 오시라크 원자로를 공격했다. 아야툴라 호메이니가 이끄는 이슬람공화국 정부의 폭격은 원자로에 대한 사상 첫 예방적 공격(preventive attack)이었는데, 결국 이란의 공격도 실패로 끝나고 오시라크는 미미한 피해만 입었다.[98]

그러나 이스라엘의 기습공격은 달랐다. 오페라 작전(Operation Opera) 또는 바빌론 작전(Operation Babylon)이라 불린 폭격 작전에 동원된 이스라엘 전투기들은 전광석화처럼 오시라크 원자로를 공습했다. 6월 7일 오후 3시 55분에 시나이반도의 공군기지를 발진한 F-16A 전폭기 8대와 F-15A 호위기 6대는 요르단과 사우디아라비아의 영공을 거쳐 이라크로 향했다. 1천km를 비행한 전투기들은 레이더 탐지를 피하기 위해 이라크 영공에서 30m의 초저공으로 비행했다. 오후 6시 35분, 전투기들은 오시라크 원자로 동쪽 20km 지점에서 고도를 2천m까

지 높인 뒤 전속력으로 급강하
하여 목표물을 정확하게 폭격했
다. 불발탄 2개를 제외한 14발
의 폭탄으로 가동 직전의 원자
로 단지는 폐허로 변했다. 이라
크 최초의 원전시설을 폭격하는
데 걸린 시간은 2분을 넘지 않았
다. 이 공격으로 이라크군 10명
과 프랑스인 기술자 1명이 사망
했지만, 이스라엘 공군의 피해
는 전무했다.[99]

사담 후세인

외교적 교섭의 실패

1960년대 후반부터 핵 프로그램의 도입을 추진하던 이라크는 프랑
스와 수차례 협상을 거쳐 1976년에 원자력협력협정을 체결했다. 이라
크는 이 협정에 의해 원전의 구입을 결정하고, 프랑스가 제공하는 원
자로를 군사적 목적으로 이용하지 않는다는 데에 합의했다. 이라크는
1976년에 이탈리아와 핵연료 재처리를 위한 기술의 도입에도 합의했
다. 프랑스도 이러한 과정에서 이라크가 NPT 회원국으로서 국제원자
력기구(IAEA)의 사찰을 받는다는 점을 근거로 원자로의 평화적 이용을
강조했다.[100]

이스라엘은 이라크의 원전 도입의 궁극적인 목적은 핵무기 개발이

메나헴 베긴

라고 주장했다. 이스라엘은 우선 프랑스, 이탈리아, 미국을 설득하여 이 문제를 외교적으로 해결하려고 했다. 그러나 원전 수출을 포기할 수 없었던 프랑스 정부는 이스라엘의 말을 듣지 않았다. 이라크는 당시 원유 가격의 급등으로 재정이 풍부해졌다. 후세인은 오일달러를 이용하여 프랑스에 후한 가격으로 무기 구입과 건설 프로젝트를 제안하고, 원자로의 건설과 기술 이전도 요구했다. 시라크 대통령은 후세인의 제안을 거절하기 힘들었다. 2차 중동전쟁을 계기로 이스라엘에 핵기술을 이전했던 프랑스는 이스라엘의 반대를 물리치고 이라크에 원전을 제공하게 된다.[101]

결국 메나헴 베긴 총리는 프랑스의 지스카르 데스탱 대통령과 프랑소와 미테랑 대통령으로부터 양보를 받아내지 못하고 군사적 옵션을 선택하게 되었다. 또한 이스라엘의 정보기관 모사드는 이 문제를 해결하기 위해 여러 차례 비밀공작을 감행했다. 1979년 4월 지중해 연안의 라 세느(La Seyne-sur-Mer)에서 이스라엘 정보원이 선적을 기다리던 원자로 핵심 부품을 폭파했고, 또 1980년 6월에는 이라크의 핵 프로그램에 관여하던 이집트의 핵물리학자 엘 마사드를 파리에서 암살했다고도 한다. 암살 사건의 증인이 될 수 있었던 매춘부는 의문의 교통사고로 사망했다. 그 외에도 모사드는 프랑스와 이탈리아의 핵 프로그램 관련 업체 고위직과 기술자들에게 폭탄과 협박장을 보내기도 했다.[102]

국제사회의 비난

이스라엘은 이라크의 원자로에 대한 공습 후에 유엔 안전보장이사회에서 다음과 같은 내용의 입장을 공식적으로 밝혔다. 이스라엘은 "일반 국제법과 유엔헌장 제51조에 명시된 내용에 따라 국가가 갖는 자연적이고 고유한 권리인 자위권을 행사했으며", 이는 오시라크 원자로의 가동으로 이스라엘의 생존이 위협받는 상황에서 불가피한 조치였다고 주장했다. 이스라엘의 자위권 행사 주장은 이른바 '예방적'(preventive) 자위권 또는 '선제적'(preemptive) 자위권의 정당성에 대한 치열한 논쟁을 불러일으켰다.

많은 국가들이 유엔헌장 제51조의 엄격한 해석에 따라 이스라엘의 오시라크 원자로 공습을 비난했다. 예방적 자위권의 법리를 지지한 일부 국가들도 이스라엘의 무력행사가 '예방적 자위권'의 요건을 충족하지 못한 것으로 국제법에 위배된다고 주장했다.[103] 이스라엘을 지지한 일부 국가들은 무력공격의 발생 후에 자위권을 행사할 수 있다는 제51

조의 문언적 해석은 시대착오적이라고 주장했다. 특히 핵무기와 미사일의 사용을 전제로 하는 현대전에서 그런 해석은 탁상공론에 불과하다고 했다. 비록 원자폭탄의 사용으로 2차대전이 끝났지만, 유엔헌장에 자위권을 규정할 당시 원폭의 엄청난 파괴력과 파멸적 결과를 예상한 것은 아니라고 했다. 따라서 원폭에 의한 위협을 미리 차단한다는 이스라엘의 주장도 설득력이 있다고 했다. 미국은 이스라엘의 이라크 폭격을 직접 비난하지 않고, 유엔헌장에 규정된 분쟁의 평화적 해결 수단을 먼저 취하지 않은 행동을 비난했다.[104]

유엔 안전보장이사회는 이스라엘의 공습을 비난하는 결의 487호를 채택했다. 안보리는 이 결의에서 이스라엘의 이라크에 대한 군사적 공격이 유엔헌장에 대한 명백한 위반이며 NPT와 IAEA의 근간을 흔드는 위협이 된다고 강력하게 비난하고, 이스라엘에 향후 유사한 위협적 행동을 반복하지 말 것을 요청했다. 특히 안보리는 이라크가 NPT의 당사국으로서 IAEA의 사찰을 받았지만 이스라엘은 NPT에 가입하지도 않았다는 사실을 강조했다. 이스라엘의 공습은 국가의 정치적 독립과 영토보전에 반하는 방식으로 무력을 사용해서는 안 된다는 유엔헌장 제2조 4항에 위배된다고 지적했다. 그리고 이스라엘에 자국의 핵시설에 대한 IAEA의 사찰을 받도록 요청했다.[105]

자위권 행사의 요건

국제법상 자위권(right of self-defense)이란 외국으로부터 위법한 무력공격이나 침해를 당한 국가가 자국의 방어를 위해 상대국에 무력을 행사할 수 있는 권리를 말한다. 그러한 무력의 행사는 긴급한 것이고 침해의 정도와 균형을 이룰 경우에 국제법상 합법적인 것이 된다. 국내적으로 개인에게 형법상 위법성이 조각되는 정당방위와 유사한 개념이라고 할 수 있다.

현실적으로 국제사회는 주권국가가 병존하는 구조로서 상위의 세계정부나 통치조직이 존재하지 않는다. 국제정치학에서는 이를 '자력구제가 작동하는 무정부 상태'(anarchy of the international system)라고 표현한다.[106] 따라서 국가는 부득이한 경우 스스로의 방어를 위해 자위권을 행사할 수밖에 없다. 자위권은 국제법적으로 인정된 국가의 고유한 권리로서, 1996년 국제사법재판소의 '핵무기의 위협·사용의 적법성에 대한 권고적 의견'에서 확인되었다.[107]

일반 국제법상 자위권의 발동 요건으로서는, 첫째, 무력공격이 발생해야 하고, 둘째, 그러한 공격이 급박한 것으로서 다른 수단을 선택하거나 숙고의 여지가 없어야 하며, 셋째, 방어적인 무력행사는 필요한 범위 내에서 합리적으로 그리고 최소한으로 이루어져야 한다는 것이 통상 인정된다. 이는 1837년의 미국과 영국 간의 '캐럴라인호 사건'에서 확립된 '웹스터 공식'과 유엔헌장 제51조 규정에 의해 확인된 것이다. 이와 같은 관습법적인 원칙과 실정 국제법 규범에 의한 요건은 자위권의 행사와 관련하여 중요하게 논의되었다. 특히 이스라엘과 미국처럼 예방적 자위권의 행사가 국제법적으로도 인정된다고 보는 국가들은 관습법적인 자위권 규범과 실정법적인 유엔헌장의 해석을 주목하게 되었다.

국가 사이의 전쟁이나 무력행사에 제한이 없었던 과거에는 자위권의 개념이 크게 중시되지 않았다. 국가들은 대부분 무력행사에 대한 대외적인 정당성의 근거로 자위권을 주장했다. 그러다가 영미권 국가들 사이에서 캐럴라인호 사건을 계기로 자위권 행사에 대한 요건을 확인하게 된다. 당시 영국군은 자국 식민지인 캐나다 내의 반란군을 지원하던 미국 선박 캐럴라인호를 미국의 영역으로 진입하여 침몰시켰다. 이 사건에서 미국의 국무장관 웹스터가 천명한 공식이 자위권에 대한 국제법적 요건으로 인정되었다. 웹스터는 '급박하고 압도적으로 다른 수단을 선택할 여유나 숙고의 겨를이 없을 때 자위권이 행사되며, 그 내용이 비합리적이거나 과도하게 행사되어서는 안 된다'고 했다.[108]

2차대전의 종결 후, 유엔헌장에 의해 국가의 무력행사는 일반적으로 금지되고, 예외적으로 자위권 행사의 경우에만 그것이 허용되게 되었다. 따라서 적어도 규범적으로는, 자위권에 의해 정당화되지 못하는 국가의 무력행사는 위법한 것으로 간주되었다. 즉, 무력행사의 자위권에의 합치 여부가 국제법상 중요한 이슈가 되었다.

구체적으로, 유엔헌장은 제51조에서 '헌장의 어떠한 규정도, 회원국에 대하여 무력공격이 발생한 경우에, 안전보장이사회가 국제평화와 안전의 유지를 위해 필요한 조치를 취할 때까지, 개별적 또는 집단적 자위의 고유한 권리를 침해하지 아니한다'고 규정하게 되었다. 유엔헌장이 자위권에 대한 관습법적 권리를 배제하지 않으면서 집단적·개별적 자위권을 모두 인정한 점이 중요하다. 개별 국가의 자위권을 고유한 권리로 인정하면서도 안보리가 무력행사에 대한 최종적 통제권을 포기하지 않게 한 점도 주목된다.

무력공격에 대한 논란

여기서 '무력공격이 발생한 경우'라는 조건이 논란이 된다. 만약 이를 엄격하게 해석한다면, 국가는 선제공격을 당한 후에만 자위권을 행사할 수 있게 되기 때문이다. 전술한 것처럼 핵무기나 화학무기 등 대량살상무기와 미사일 같은 요격수단의 발달을 고려하면, 오늘날 국제사회에서 자위권의 후발적 행사는 무의미하다고 할 수밖에 없다. 따라서 '예방적 자위권'이나 '선제적 자위권'의 행사 문제가 국제법적으로 중요해졌다. 양자를 구분하여, '예방적 자위권'은 국제법적으로 인정되기 힘들지만, '선제적 자위권'은 인정된다는 입장도 있다. 전자는 상대국의 무력공격이 임박해지기 전에 예방적으로 행사하는 자위권이고, 후자는 임박한 무력공격을 격퇴하기 위해 선제적으로 행사하는 자위권을 말한다.

현실적으로 각국이 이론적 차이를 감안하여 자위권 행사 문제를 판단하는 것은 아닐 것이다. 이스라엘의 자위권 주장은 그런 현실적 한계를 고려하여 이해해야 한다. 수차례 중동전쟁에서 이스라엘과 상대국들은 자위권 행사를 명분으로 내세웠다.

이와 관련하여, 유엔은 1974년 총회에서의 '침략의 정의에 관한 결의'에서, 일국에 의한 타국의 주권, 영토보전 혹은 정치적 독립에 대한, 또는 유엔헌장과 양립하지 않는 기타의 방법에 의한 무력의 행사를 침략이라고 규정했다(제1조). 구체적인 사례로서, 첫째, 타국영역에 대한 침입 혹은 공격, 그 결과로서 발생한 군사점령 또는 무력행사에 의한 타국영역의 합병, 둘째, 타국영역에 대한 폭격, 기타 무기의 사용, 셋째, 타국의 항구 또는 연안의 봉쇄, 넷째, 타국의 육해공군 또는 상선(商船)대 및 항공대에 대한 공격, 다섯째, 합의에 기초한 타국 내에 있는 병력의 체류 조건에 반한 사용, 또는 기간을 넘는 체류의 계속, 여섯째, 제3국의 침략행위를 위한 자국영역의 사용의 용인, 일곱째, 관련 무장부대, 집단, 비정규군 혹은 용병의 파견, 또는 이러한 행위에 대한 국가의 실질적 관여를 들었다(제3조).

1986년 '니카라과 군사활동사건'에서 국제사법재판소는 이 결의에 열거된 행위가 유엔헌장에 규정된 무력공격이라고 판시했다. 특히 이 사건의 판결에서 국제사법재판소는 '가장 중대한 형태의 무력행사'를 '덜 중대한 형태의 무력행사'와 구분하여, 전자를 무력공격이라고 하여 자위권의 행사가 가능하다고 했다.[109] 이 기준에 의하면, 이라크의 원자로 건설 자체는 이스라엘에 대한 임박한 무력공격을 구성하지는 않았다. 따라서 이라크의 원자로 건설이 이스라엘에 대한 직접적인 무력공격을 구성하지는 않았기 때문에 이스라엘이 주장한 자위권의 행사는 안보리에서 많은 비난을 받았다. 오히려 이라크가 이스라엘의 폭격에 대해 자위권 행사를 주장할 수 있었다.

이와 같이 무력공격이 시작된 이후에 행사할 수 있는 자위권을 이론적으로 '대응적'(reactive) 자위권이라 한다. 그러나 그 외에도 '예방적' 자위권, '선제적' 자위권 및 '차단적'(interceptive) 자위권도 이론적으로 구분되기 때문에 굳이 무력공격의 개시라는 기준에 얽매여 이를 바라볼 필요는 없다. '차단적 자위권'은 전투기의 발진 후나 미사일의 발사 후처럼 무력공격이 되돌릴 수 없는 과정에 행사하는 자위권을 말한다. 다만, 각국은 이러한 이론적 조건을 고려하여 자위권 행사의 요건으로서 무력공격의 존재를 입증해야 할 책임이 있다. 그렇게 해야 비로소 자위권 행사에 대한 법적 타당성과 대외적 설득력을 갖게 된다.

다만, 핵미사일의 위협이나 공격으로 국가의 존망이 걸린 상황에서 규범적 해석에 매달리는 것은 무의미하다. 유엔헌장상 무력공격이라는 자위권의 행사 요건은 국제법적으로 엄격하게 해석해야 하겠지만, 그 해석에 있어서 현대전에 수반되는 현실적 한계를 감안하지 않으면 안 된다. 그런 맥락에서, 국제법은 '자살협정'(suicide pact)이 아니기 때문에 핵무기 위협에 직면한 국가는 당연히 자위권을 예방적으로 행사할 수 있다는 주장은 매우 설득력이 있다.[110]

베긴 독트린

처음에 이스라엘의 군사행동에 대한 국제사회의 비난은 거셌지만 결국 이스라엘은 입장을 바꾸지 않았다. 미국과 국제사회의 묵인이 그런 결과로 나타난 것이다. 미국은 1956년 수에즈 위기 이후 이스라엘을 반대하는 정책을 거의 취하지 않았다. 리처드 알렌(Richard V. Allen) 안보 보좌관은 당시 폭격을 보고받은 레이건 대통령이 '애들은 정말 어쩔 수 없다'고 중얼거릴 정도로 이 문제를 가볍게 받아들였다고 회고했다.[111] 미국은 결국 1981년 11월 이스라엘과 중동문제에 대한 전략적 협력 양해각서를 교환했다.

유엔과 국제사회의 비난이 가라앉은 후, 이라크와 프랑스는 오시라크 원자로의 재건에 대해서 논의했다. 그러나 지속되는 이란·이라크 전쟁과 국제사회의 압력 및 비용 문제 등의 이유로 협상은 진전되지 않았다. 결국 프랑스는 1984년에 핵 프로그램의 재건을 완전히 포기하고 이라크로부터 철수했다. 가동 불능 상태에 있던 오시라크 원자로는

1991년 걸프전쟁 당시 미 공군에 의해 완전히 파괴되었다.

걸프전이 끝난 1991년 7월, 베긴 전 총리는 국내의 인터뷰에서 오시라크 폭격에 대한 자기의 결정을 합리화했다. 걸프전 당시 사담 후세인은 이스라엘에 여러 발의 스커드 미사일을 발사했는데, 그 미사일에 핵무기가 탑재되어 있었으면 이스라엘은 생존할 수 없었을 것이라고 했다. 이스라엘 의회는 베긴의 폭격 결정을 치하하는 결의안을 채택했다.[112]

이스라엘이 이렇게 이라크의 핵무장에 대하여 강경한 정책을 취한 것은 자국의 안보를 최우선시하는 국가 정책 때문이었다. 나치 독일의 홀로코스트를 겪고 천신만고 끝에 독립한 이스라엘로서는 생존과 안보를 위해 단호한 결단을 내릴 수밖에 없었다. 베긴 총리는 오시라크 원자로에 대한 폭격 후, "중동에서 이스라엘의 적이 대량살상무기를 갖는 것을 절대 허용하지 않는다"는 이른바 '베긴 독트린'을 발표했다. '베긴 독트린'은 그 이후 이스라엘의 국방·안보 정책을 상징하는 핵심적 슬로건이자 메시지가 되었다.

14

북한의 분노
알 키바르 원자로 폭격

☢

시리아와 북한의 커넥션

오시라크 원자로 폭격으로부터 26년이 지난 2007년 9월. 이스라엘
은 다시 원자로에 대하여 예방적 자위권을 행사했다. 이번에는 시리아
가 상대였다. 시리아는 당시 북한의 도움으로 동북부 데이어 에조르
(Deir ez-Zor) 근교에 영변의 흑연 감속로와 유사한 알 키바르(Al Kibar)
원자로를 건설 중이었다. 원자로는 유프라테스 강 유역 사막에 위치했
다. 2006년 10월 9일 첫 핵실험을 성공시킨 북한은 극비리에 시리아를
지원했다.[113]

북한은 1970년대 초부터 시리아와 긴밀한 관계를 맺고 무기를 수출
해왔는데, 1990년대에는 미사일을 대량 수출하고 화학무기 기술도 제
공했다. 2000년 7월 바샤르 알 아사드(Bashar al-Assad)가 시리아의 대통
령으로 취임한 후에도 양국의 군사협력은 지속되었다. 이런 상황에서
이스라엘 정보기관들은 2004년경부터 양국의 핵개발 협력을 의심하기

바샤르 알 아사드

시작했다. 2004년 4월 22일 북한에서 발생한 용천역 폭발사고는 양국의 핵 문제에 대한 의혹을 더욱 증폭시켰다. 당시 열차에 타고 있던 시리아 핵과학자 12명은 대규모 폭발사고로 전원 사망하게 된다. 북한의 공식적인 발표는 질산암모늄을 실은 열차와 유류수송열차의 충돌로 인한 사고였다. 시리아는 비밀리에 시신 수송을 위한 군용기를 북한으로 보냈다. 이스라엘은 이를 핵물질과 핵기술 이전이 관련된 대형 사고로 파악했다.[114]

2007년 3월초 모사드 요원들은 비엔나에 있던 이브라힘 오스만(Ibrahim Othman)의 자택에 잠입했다. 그들은 시리아 원자력위원회 위원장인 오스만의 컴퓨터로부터 원자로 건설에 대한 자료와 사진을 비밀리에 빼냈다. 30장의 사진에는 영변 원자로와 흡사한 내부 시설·구조와 작업 중인 북한 기술자들이 찍혀 있었다. 이스라엘은 알 키바르 원

에후드 올메르트

자로의 목적이 핵무기의 원료가 되는 플루토늄 추출에 있다고 판단했다. 빼돌린 자료가 합리적 의심의 여지가 없을 정도의 증거가 된다고 본 것이다.[115]

에후드 올메르트(Ehud Olmert) 이스라엘 총리는 고민에 빠졌다. 2006년 4월 총리에 취임한 그는 당시 헤즈볼라의 테러와 무력도발에 시달리고 있었다. 팔레스타인의 독립과 시리아와의 갈등도 난제였다. 그는 팔레스타인 분쟁의 평화적 해결을 위해 자치정부의 수반 압바스(Mahmoud Abbas)와 정기적으로 협상을 벌였고, 시리아와의 평화협상을 위해 터키의 에르도안 총리에게도 중개를 요청한 상태였다. 그런 상황에서 올메르트는 결국 외교적 교섭으로 시리아의 핵개발을 막을 수 없다고 판단했다.

미국의 묵인

이스라엘은 우선 미국의 협조를 구했다. 2007년 4월 18일, 이스라엘을 방문 중이던 게이츠 국방장관이 처음 이 소식을 접했다. 그리고 메이어 다간(Meir Dagan) 모사드 국장이 직접 워싱턴을 방문하여 체니 부통령에게 증거사진을 보여주고 사정을 설명했다. 북한과 시리아의 커넥션을 의심하던 체니는 이스라엘이 제공한 정보에 쾌재를 불렀다. 그는 행정부 내에서 강력한 대북압박을 주장하는 강경파였다.[116]

부시 대통령은 시리아 원자로 정보에 대한 사실 여부를 분명히 확인하도록 정보기관에 지시했다. 부시 정부는 이라크전쟁의 명분이었던 대량살상무기의 확인에 실패하면서 많은 비난을 받았다. CIA와 국립지리정보국(NGA)은 이스라엘의 정보가 확실한 것이라고 확인했다. 그러나 백악관에서는 알 키바르 원자로가 핵무기 프로그램의 일부인 것은 맞지만, 그것이 플루토늄 추출을 위한 활성화 단계에 이르렀는지는 알 수 없다고 판단했다. 부시는 이 문제의 해결을 위해 적극적으로 노력하지 않았다.

미국이 북한의 시리아에 대한 핵개발 지원을 알고도 소극적으로 대응한 데에는 몇 가지 이유가 있었다. 당시 미국은 이라크전쟁의 후유증으로 시리아에 대한 군사행동을 개시할 입장이 아니었다. 이란의 핵무기 개발을 저지하면서 시리아와 북한으로 전선을 확대하는 것도 부담스러웠다. 특히 라이스 국무장관은 이스라엘의 군사행동에 반대했다. 그녀는 헤즈볼라와의 무력충돌로 곤경에 빠진 이스라엘을 신뢰하지 않았다. 그녀는 북핵 문제에 대한 6자회담과 중동문제에 대한 평화협상을 선호했다.

6월 중순, 올메르트 총리가 직접 미국을 방문했다. 그는 부시 대통령과 체니 부통령에게 미국이 선제공격에 나서줄 것을 요청했다. 시리아에 대한 무력행사는 이란의 핵무기 개발 의지도 꺾을 수 있어서 일석이조의 효과를 갖는다고 주장했다. 미국이 군사행동에 나서지 않으면 이스라엘이 직접 나서겠다고 했다. 부시는 올메르트에게 외교적 해결을 위해 라이스를 중동으로 파견하는 방안을 제시했다. 미국이 군사행동을 하려면 의회의 설득이 필요한데, 그러면 정보의 출처가 이스라엘이라는 것을 밝혀야 하는 문제가 있다고 설명했다. 올메르트는 부시의 제안을 거절하면서, 미국의 온건파가 정보를 누설하지 않도록 해달라고 부탁했다. 부시는 기밀 엄수를 약속했다. 이렇게 해서 양국은 이스라엘의 단독 무력행사에 묵시적으로 합의했다.[117]

오차드 작전

알 키바르에 대한 군사작전은 이라크의 경우보다 훨씬 어려웠다. 시리아의 전력은 막강했고 방공망은 26년 전 이라크와는 비교가 되지 않을 정도로 우수했다. 만약 작전이 실패하면 전면전을 각오해야 할 상황이었다. 그러나 이스라엘은 군사적 옵션을 포기할 수 없었다. 만일의 경우에 대비하여 공군의 정밀폭격(precision bombing)과 융단폭격(carpet bombing) 그리고 특수부대의 지상공격 계획도 세웠다. 9월 5일, 안보관련 장관들은 시리아 공습을 최종적으로 승인했다. 이스라엘에서 전면전으로 확대될 수 있는 군사행동은 안보관련 각료회의를 통과해야 가능했다. 표결에서 디처(Avi Dichter) 국내안보장관만 기권하고 전원이 찬성했다.

2007년 9월 5일 자정 직전, F-15I 와 F-16I 전폭기 8대가 하이파 (Haifa) 공군기지에서 출격했다. 작전명은 오차드(Operation Orchard)였다. 전폭기들은 지중해 연안을 따라 북쪽으로 비행한 뒤 시리아와 터키의 국경 근처에서 우측으로 방향을 틀었다. 시리아의 레이더망을 교란시키기 위해 전자장치를 작동한 조종사들은 6일 0시 40분이 조금 지나서 목표물에 정확하게 폭탄을 투하했다. 알 키바르 원자로는 완전히 파괴되었다. 26년 전과 마찬가지로 이스라엘 공군의 피해는 전무했다. 이스라엘의 두 번째 선제공격이 성공한 것이다. 공군본부 지휘통제센터에 모여 있던 올메르트 총리와 리비니(Tzipi Livini) 외무장관, 바라크(Ehud Barak) 국방장관은 환호했다. 전폭기들의 귀환 후, 올메르트는 부시에게 전화로 작전의 성공을 알렸다. 그는 러시아에도 사건의 발생 후 직접 내용을 설명했다.[118]

그런데 시리아는 이스라엘의 무력행사에 즉각 대응조치를 취하지도 않았고, 이스라엘을 비난하지도 않았다. 시리아 정부는 다음날 이스라엘 전투기가 영공을 침입했지만 시리아의 방공부대가 이를 격퇴했다고만 발표했다. 전투기가 사막지역에 폭약(ammunition)을 투하했으나 아무런 시설도 파괴되지 않았고 인명피해도 없었다고 했다. 물론 이 발표는 거짓이었다. 시설의 파괴 외에 북한 핵기술자 10명을 포함한 30명 정도의 인명피해도 있었다. 시리아의 대응은 과거 이스라엘과의 무력충돌과는 전혀 양상이 달랐다.[119]

아사드의 자존심

시리아의 소극적 대응에는 이유가 있었다. 알 키바르 원자로를 비밀리에 건설한 시리아는 핵개발 의혹의 확산을 차단할 필요가 있었다. 화학무기 기술의 도입과 마찬가지로 북한과의 핵 커넥션이 외부로 노출되는 것은 피하고 싶었다. 아사드 대통령은 3주 후 BBC와의 인터뷰에서, 이스라엘 전투기들이 시리아의 사막에 있는 쓸모없는 군사용 건물을 공격했고 시리아는 이에 대해 보복할 권리가 있다고 했다. 다만 그 보복이 이스라엘에 대한 폭격을 의미하는 것은 아니라고 했다.[120]

한편, 주유엔 시리아 대사는 유엔에서 아사드의 인터뷰와 모순되는 발언을 했다. 그는 이스라엘 전투기들이 시리아 방공부대의 반격으로 연료탱크와 장착된 무기를 사막에 버리고 돌아갈 수밖에 없었다고 주장했다. 시리아는 반기문 사무총장에게 보낸 편지에서, 이스라엘 전투기의 침입을 영공주권에 대한 침해로 규정하고, 국제사회가 이를 규탄해야 한다는 정도만 주장했다. 요컨대, 시리아는 알 키바르 원자로를 비밀리에 건설했다는 사실과 이스라엘이 이를 파괴했다는 두 가지 사실을 숨기고 싶어했다.[121]

이스라엘도 시리아 원자로에 대한 폭격 사실을 직접 밝히지 않았다. 이스라엘 정부의 공식적인 발표는 일체 없었고, 언론보도도 철저하게 통제되었다. 9월 16일 이스라엘군 정보당국의 책임자가 의회에서 이스라엘의 억지력이 회복되었다고 보고한 정도가 알려졌다. 9월 19일 야당의 지도자였던 베냐민 네타냐후(Benjamin Netanyahu)는 자신도 올메르트 총리의 군사작전을 지지했다고 밝혔다. 10월 2일 군부는 언론에 군사행동이 있었다는 사실만 확인해주고 자세한 내용은 계속 통제했다.

베냐민 네타냐후

다만, 10월 말경, 올메르트는 이스라엘이 시리아와의 조건 없는 평화협상을 원하고 있으며, 만약 이스라엘 전투기들이 터키의 영공을 침범했다면 그에 대해 사과한다는 정도의 입장을 밝혔다.[122]

 이스라엘의 정책결정자들은 작전계획을 수립하면서 시리아의 반격과 확전 가능성을 가장 우려했다. 그래서 그런 가능성의 최소화를 우선적으로 고려해야 했다. 그들은 공격이 외부에 덜 알려질수록 시리아의 반격 가능성은 낮아질 것이라고 판단했다. IAEA의 사찰과 국제사회의 검증을 피해온 아사드가 원자로의 존재를 인정하기는 쉽지 않을 것으로 보았다. 더구나 이스라엘에 북한과의 핵무기 커넥션을 들킨다는 것은 그의 자존심이 허락하지 않을 것이라고도 생각했다. 아사드를 수년 동안 관찰해온 심리학자들은 이스라엘이 폭격의 정당성을 공개적으로 주장하지 않으면 시리아의 반격을 피할 수도 있을 것이라고 조언했다.

결국 이스라엘의 판단은 옳았다.[123]

자연히 국제사회의 반응도 미온적이었다. 이스라엘은 비교적 우호적 관계에 있던 이집트와 요르단에 사건의 비공개를 요청했다. 나머지 중동 국가들은 시리아와 이스라엘이 자세한 내용을 밝히지 않았기 때문에 특별한 코멘트를 할 수도 없었다. 서방 국가들도 마찬가지 상황에 처했다. 미국과 독일의 언론이 추측성 기사를 일부 보도했지만, 원자로 공습의 전모를 밝힐 수는 없었다. 북한의 관여를 둘러싸고 미국 내에서 강온파가 대립했지만, 결국 미국도 침묵을 계속했다. 체니 부통령이 강력한 대북제재를 주장했지만, 부시 대통령은 외교적 해결을 주장한 라이스 국무장관의 손을 다시 들어주었다.

유엔헌장 51조의 자위권 규정에는, 회원국이 자위권의 행사를 위해 취한 조치는 즉시 안전보장이사회에 보고하도록 되어 있다. 따라서 시리아가 원자로에 대한 폭격을 당한 즉시 특정 대응조치를 취하고 안보리에 분쟁을 회부했다면, 시리아에 유리한 상황이 전개되었을 것이다. 미국의 거부권 행사를 예상하면, 이스라엘이 직접 제재를 받지는 않겠지만, 난처한 입장에 처했을 것이다.

현실은 시리아의 침묵으로 오히려 이스라엘의 예방적 자위권 행사가 더 크게 주장되었다. 이스라엘은 야간 공격으로 피해자를 최소화했으며, 전폭기들은 원자로에 대한 '외과적 공습'(surgical strike) 후 즉각 귀환했다는 점을 강조했다. 자위권 행사에 있어서 '비례성'(proportionality)을 충족시켰다는 것이다. 또한 나중에 국제원자력기구의 사찰로 확인된 바와 같이, 알 키바르 원자로에서의 우라늄 농축 증거도 이스라엘에 유리하게 작용했다. 그것은 시리아의 핵무기 개발 활동을 입증하는 증거가 되고, 이스라엘의 자위권 행사의 필요성(necessity)을 충족시키는 것이었다.[124] 어쨌든 핵확산방지조약의 회원국인 시리아는 핵확산 금지라는 국제법적 의무를 이행하지 않았다.

북한의 분노

이 사건과 관련하여, 이스라엘을 공개적으로 비난한 국가는 북한뿐이었다. 북한도 이스라엘의 무력행사로 피해를 입었기 때문에 어떤 형태로든 입장을 표명할 필요가 있었다. 2007년 9월 11일, 북한 외교부 대변인은 이 문제와 관련하여 다음과 같은 입장을 밝혔다.

9월 6일 새벽 이스라엘 전투기들이 시리아 영공을 불법 침입하여 북동부 사막지역에 폭탄을 투하하고 달아났다. 이는 시리아의 주권을 무자비하게 침해한 것으로, 아주 위험한 도발이고 지역의 평화와 안보를 위협하는 것이다. 조선민주주의인민공화국은 이러한 침략을 강력하게 비난하고, 국가안보와 지역의 평화를 지키려고 하는 시리아 인민의 정당한 대의에 전폭적인 지지와 강력한 연대를 보낸다.[125]

북한은 시리아에 대한 원자로 수출과 핵개발 지원이 무산된 데 대하여 당황했다. 북한의 핵기술자들이 사망한 데 대하여 항의조차 할 수 없는 상황에 분노했다. 그러나 시리아가 이 문제의 공론화를 꺼렸기 때문에 북한도 더 이상 추가적 입장을 밝힐 수가 없었다.

북한은 결국 이때부터 미국의 유화적인 태도를 이용하여 북핵 협상에서 평화공세로 전환하게 되었다. 2007년 7월부터 시작된 제6차 6자회담의 결과, 2005년 9·19 공동성명의 제2단계 이행조치에 해당하는 10·3 합의가 이루어졌다. 2007년 9월 시리아에서 발생한 무력충돌은 그해 10월 북핵 문제의 합의에 영향을 미칠 수밖에 없었다.[126] 2008년 6월, 북한은 영변 원자로의 냉각탑을 폭파하여 평화공세를 더욱 강화했다.

북한이 2006년 10월 1차 핵실험 후 느슨한 유엔의 제재를 확인하고 평화공세를 편 배경에는 알 키바르 문제에 대한 국제사회의 묵인이 있었다고 할 수 있다. 만약 이스라엘이나 미국이 당시 북한의 관여와 지원을 공개하고 책임 문제를 제기했다면, 북핵 문제는 다른 양상으로 전개되었을 수도 있다. 북한이 핵개발을 포기했을 가능성은 높지 않지만, 적어도 2009년 5월의 2차 핵실험 시기는 뒤로 늦춰졌을 것이다.

알 키바르 폭격의 북핵 문제에 대한 함의는 다음과 같이 정리될 수 있다. 첫째, 알 키바르 원자로 건설에 깊이 관여하던 북한은 이 폭격으로 충격을 받았으며, 그로 인해 2007년 10·3 이행조치에 대해 합의할 수밖에 없었다. 북핵 위기와 관련된 최근의 상황 변화도 그 연장선에서 이해할 수 있다. 둘째, 미국은 시리아의 핵개발 문제를 북핵 문제로까지 확대시키기를 원하지 않았기 때문에 이스라엘의 알 키바르 폭격을 적극적으로 지지하지 않았다. 셋째, 판문점 선언과 북미회담 이후 제기되는 우려와 후속 대응조치는 이스라엘의 군사적 대응이나 '비공개적 공작'의 결과를 감안하여 판단해야 한다. 즉, 미국이 북한에 어떻게 대응할 것인지, 우리는 어떤 정책적 선택을 할 것인지를 당시 미국과 이스라엘 및 시리아의 국가실행을 면밀히 검토하여 신중하게 접근해야 한다.

15

제한적 선제타격
예방적 자위권의 행사

--- ☢ ---

선제공격에 대한 평가

이스라엘이 4반세기의 간격을 두고 단행한 이라크와 시리아에 대한 군사행동과 그 결과는 오늘날 국제사회의 핵확산 문제와 관련하여 중요한 의미를 갖는다. 특히 국제사회의 북핵 문제에 대한 대처에 있어서 이 사건이 갖는 함의는 주목할 만하다. 두 번의 선제공격으로 인한 핵확산방지효과, 그에 대한 논란 및 '비공개적 공작'의 정치적 · 법적 의미를 살펴보자.

이스라엘은 상대국 원자로에 대한 군사행동, 달리 말하면 '제한적 선제타격'(limited preemptive strike)으로 중동지역에서의 핵확산을 성공적으로 막았다. 이스라엘의 무력행사는 국제법적으로는 예방적 자위권 내지 선제적 자위권의 행사라 할 수 있으며, 일반적으로는 전투기에 의한 '선제공격'(preemptive attack), '기습공격'(surprise attack) 또는 '외과적 공습'(surgical strike)의 감행이라 할 수 있을 것이다. 북핵 문제를 둘러싸고 논란이 되는 '코피작전'도 비슷한 개념이다. 이렇게 다양한 용어로 포장될 수 있겠지만, 어쨌든 그것은 상대국의 허를 찌르는 '기습적 타격'이자 반격의 예봉을 꺾는 '군사공격'이라는 것이 핵심이다.

베긴이 지적했듯이, 이스라엘은 걸프전 당시 이라크의 미사일 공격을 받았지만 핵무기가 탑재되지 않았기 때문에 파멸적 결과를 막을 수 있었다. 이스라엘은 오사라크 원자로를 폭격하여 이라크의 핵무기 보유를 막았고, 1990년 걸프전쟁에 말려들지 않았다. 결국 이는 다국적군이 이라크를 쿠웨이트에서 축출하는 데 중요한 역할을 했다. 사담 후세인이 핵무기를 가졌더라면 걸프전의 양상은 달랐을 것이라는 주장은 매우 설득력이 있다. 당시 이라크는 이스라엘과 휴전협정을 체결하지 않은 상태였고, 후세인은 이스라엘을 전멸시키겠다고 공언하고 있었다. 그래서 오시라크 원자로 공습은 대량살상무기 프로그램을 운영하는 국가에 대한 선제적 군사행동을 규범적으로 정당화하는 계기가 되었다고 평가된다.

예방적 자위권과 선제적 자위권

물론 이라크를 옹호하는 입장도 없지 않았다. 당시는 걸프전쟁이 발생하기 전이었고, 이라크는 미국과도 협조관계에 있었다. 이라크는 이스라엘에 즉각 반격하지도 않았고, IAEA의 사찰도 거부하지 않았다. 따라서 가령 적절한 협상과 보상으로 이라크를 설득했다면 핵개발 문제는 해결의 실마리를 찾을 수도 있었다. 그러나 이라크는 이란과의 전쟁으로 이스라엘을 반격할 여유가 없었기 때문에 결국 이 문제는 그대로 덮어졌다.

　알 키바르의 폭격은 오시라크의 경우와 다른 점도 있었다. 시리아의 원자로는 이라크의 원자로에 비해 기술적으로 뒤져 있었고, 플루토늄의 추출까지 시간이 더 걸릴 것으로 평가되었다. 다만, '선제적·예방적 자위권'을 주장하는 이스라엘에 그 차이는 무의미했다. 이스라엘은 이라크에 대한 공습 후 공개적으로 핵무기의 개발을 막기 위한 군사행동을 인정하고 자위권을 주장했지만, 시리아에 대해서는 폭격 사실도 공표하지 않았다. 전자의 경우는 유엔 안보리와 국제원자력기구가 이스라엘을 비난했지만, 후자의 경우는 북한 외에 비난 성명을 발표하는 국가도 없었다.

　이스라엘의 시리아에 대한 폭격은 어떻게 보면 이라크에 대한 경우보다 더 효과적으로 끝났다고 할 수도 있을 것이다. 오시라크에 대한 공습으로 국제사회의 비난에 직면했던 이스라엘은 아사드의 성격과 시리아의 처지를 간파하고 폭격 사실을 공표하지 않았다. 결국 시리아의 침묵과 국제사회의 방관은 이스라엘의 전략이 옳았다는 것을 입증했다. 일부에서는 이러한 국제사회의 방관은 폭격에 대한 묵시적 동의로 해석될 수도 있다고 하여 이스라엘을 지지하기도 했다. 그런 입장에 의하면, 국제사회에 위협이 되는 대량살상무기의 개발에 연관되는 시설은 예방적 자위권의 행사 대상이 될 수도 있게 된다. 즉, 알 키바르 원자로에 대한 이스라엘의 폭격은 그러한 예방적 자위권 행사의 규범적 근거를 구축한 것으로 평가될 수 있다는 것이다.

　시리아가 실제로 핵무기 개발에 적합한 핵물질을 생산할 수 있는 시설을 비밀리에 건설했다면, 이스라엘의 군사행동은 전략적으로 타당하다. 그러한 핵무기의 공격 대상이 이스라엘이라는 추론은 누구나 할 수 있기 때문이다. 이스라엘은 잠재적 위협이 분명한 시설을 상대방이 은밀하게 건설한다는 것을 수수방관할 수 없었다. 그것을 용납하는 것은 위험한 군사적 도박이었을 것이다.

다만, 당시 제시된 증거에 의하면, 그때는 원자로가 완성되기 전이어서 이스라엘이 선제적 자위권의 행사 요건인 '임박한 공격'을 입증하기는 쉽지 않았다. 또한 시리아는 이라크와 달리 이스라엘과 휴전 협정을 체결한 상태였다. 결국 이스라엘의 군사행동은 예방적 자위권과 선제적 자위권의 중간쯤 되는 지점에서 그 명분을 찾을 수 있을 것 같다.

어쨌든 두 작전은 결과적으로 이라크와 시리아에 대한 핵확산을 막는 계기가 되었다. 사담 후세인과 바샤르 알 아사드라는 두 독재자의 성향을 고려하면, 이스라엘의 결단과 선택은 긍정적으로 평가된다. 후세인은 화학무기를 사용하여 쿠르드족을 학살했으며, 아사드는 시리아 내전에서 자국민에게도 화학무기를 사용했다. 후세인은 권좌에서 축출되고 아사드는 미국의 토마호크 미사일 공격을 받았지만, 이들의 만행은 너무나 잔인했다. 만약 이스라엘이 단호한 군사행동을 취하지 않았다면, 중동 정세는 지금보다 더 혼란스럽고 예측불가의 상황에 처했을 것이다.

북한에 대한 압박과 협상

이스라엘의 군사행동이 성공할 수 있었던 것은 상대적으로 그 표적이 명확했기 때문이다. 이라크와 시리아의 원자로는 지상에 노출되어 있고 주위에 다른 시설이 없었다. 그래서 이스라엘은 무력충돌 시 강조되는 국제인도법상 차별성의 원칙에 대한 논란으로부터 자유로웠다. 만약 민간인들이 공습으로 큰 피해를 입는 상황이었다면, 이스라엘의 군사작전은 차질을 빚을 수도 있었다. 따라서 선제적 · 예방적 성격의 군사행동은 공격목표가 명확하여 최소한의 사상자로 그 제거가 가능하다고 여겨질 때 실행 가능성이 높다.

그러나 어떤 국가가 이미 완성한 원자로나 핵시설을 지상이나 지하 여러 곳에 분산시켜놓았다면, 그런 전략의 선택은 쉽지 않을 것이다. 예컨대 미국이나 이스라엘이 북한이나 이란의 핵 프로그램에 대해서 그와 유사한 군사행동을 한다는 것은 매우 위험하다. 특히 북한에 대한 공격은 큰 희생을 수반할 수밖에 없어서 더욱 힘들다. 남북한이 휴전선을 사이에 두고 엄청난 군사력으로 대치하고 있고, 중국이 이를 반대하는 상황을 고려하면 쉽지 않은 일이다.

1994년 미국이 북한의 영변에 대한 외과적 선제타격을 포기한 것도 결국은 그런 이유 때문이다. 윌리엄 페리 전 국방장관은 당시 예상되던 수십만 명의 사상자를 감내할 수 없었다고 했다.[127] 미국은 지금도 북한의 핵무기 개발수준이나 규모 또는 소재에 대한 정확한 정보를 파악하지 못하고 있다. 따라서 북한에 대한 제한적 선제공격 내지 코피작전의 실행은 매우 위험할 뿐 아니라 성공 가능성도 높지 않다. 이스라엘이 이라크와 시리아에 대하여 선제공격을 감행한 당시의 상황은 현재 북한이나 이란이 처한 상황과 여러 가지로 다르다. 판문점 선언 이후 한반도의 상황도 이런 문제에 대한 판단을 어렵게 하고 있다.

북한이 핵개발을 포기하지 않게 된 결정적인 계기는 걸프전쟁과 이라크전쟁이었다. 북한은 두 번의 전쟁을 통해 후세인의 몰락을 보면서 체제 유지를 위한 유일한 수단으로 핵무기를 인식하게 되었다. 따라서 외교적 수단만으로 북한을 설득하여 가까운 시일에 비핵화를 달성하는 것은 매우 힘들 것으로 예상된다. 결국 가장 현실적인 대책은 강력한 군사적 억지력에 입각한 전방위 압박을 계속하면서 북한과 협상하는 것이라 할 수 있다.

비공개적 공작의 수행

한편, 이스라엘의 '비공개적 공작·작전'(covert action/operation)도 두 번의 군사작전에서 적지 않은 역할을 했다. 군이든 정보기관이든 특정 주체가 자신의 신원이나 정체를 숨기고 수행하는 작전을 '비공개적 공작'이라 한다. 그에 비해 '비밀공작·작전'(clandestine action/operation)은 공작이나 작전 그 자체가 외부에 노출되지 않고 비밀리에 수행되는 것을 말한다.

이스라엘의 경우, 군사행동에 더하여 암살이나 협박과 같은 전형적인 '비공개적 공작'에 의해 이라크와 시리아의 핵개발을 막았다. 이 '비공개적 공작'은 세계 최고의 정보기관이라는 모사드 명성에 걸맞은 작전이라고 평가되었다. '비공개적 공작'은 태업(sabotage), 전복(subversion), 위장전술(false flag) 등 다양한 형태로 나타나는데, 최근에는 사이버전쟁(cyberwarfare)을 포함하기도 한다.

예컨대, 이스라엘은 시리아의 공습 후 전형적인 '비공개적 공작'을 감행했다. 알 키바르의 공습으로부터 수개월 후, 시리아의 보복 가능성이 낮아졌다고 판단한 이스라엘은 시리아의 핵개발 문제를 냉정하게 다시 평가했다. 비록 원자로는 완전히 파괴되었지만, 핵무기 프로그램의 복원은 어렵지 않다고 판단했다. 시리아는 6개월만 지나면 언제든지 원자로 공사를 재개할 수 있었다.

이스라엘은 단호한 의지를 보여주기 위하여 시리아의 핵개발 의지를 꺾는 특단의 조치를 취했다. 2008년 8월 1일, 시리아의 모하메드 술레이만(Mohammed Suleiman) 장군이 암살되었다. 그는 지중해의 항구도시 타르투스의 별장에서 만찬을 주최하던 중 저격당했다. 이스라엘 해군특수부대와 모사드의 합동작전에 희생된 것이다. 그는 아사드의 최측근으로서 핵무기와 화학무기 개발의 총책임자였다. 원자로의 폭격과 총책임자의 암살이라는 '비공개적 공작'으로 시리아는 핵개발을 포기할 수밖에 없었다.

비공개적 공작의 정당성

현실의 국제사회에는 국내사회와 달리 중앙집권적 권력기관이 없다. 따라서 국제사회에서 병존하는 국가들은 국제분쟁에 대한 평화적 해결 전망이 여의치 않으면 자력구제에 의해 강제적으로 이를 해결해야 한다. 국제법적으로도 주선, 중개, 심사, 조정, 사법적 해결과 같은 평화적 방식에 의한 분쟁해결이 불가능하면, 국가는 상대국의 위법행위에 대하여 대항조치(countermeasures)와 같은 자력구제 조치를 취할 수 있다.[128] 그리고 타국의 무력공격에 대해서는 자위권을 행사할 수 있도록 되어 있다.

특정 국가가 실제의 적으로부터 위협을 받거나 또는 가상의 적으로부터 위험을 느낀다면, 그 국가는 그런 위협이나 위험으로부터 자신을 방어하지 않으면 안 된다. 그럴 경우, 국가는 자위권이나 예방적 자위권이라는 국제법적 명분하에 공개적으로 무력을 행사하거나, 또는 '비공개적 공작'이나 비밀공작을 수행할 수 있을 것이다. 운이 좋으면 국가는 그런 공작이나 작전을 나중에 설명할 필요가 없어지기도 한다. 자국의 무력행사를 자위권으로 정당화시키기가 힘들수록 '비공개적 공작'이나 비밀공작의 수행 가능성은 높아질 것이다.

'비공개적 공작'에는 이점이 적지 않다. 그러한 공작은 언론의 관심을 끌지 않기 때문에 상대방의 보복 가능성을 현저히 낮춘다. 그에 비해 열린 공격은 공격당한 국가가 복수하기 위해 맞대응함으로써 전면전으로 확대될 수도 있다. 국가는 '비공개적 공작'으로 특정한 대상을 선택적으로 제거하거나 사상자를 최소화할 수도 있다. 그래서 언론의 비판과 간섭을 유발하는 열린 공격보다 이를 더 선호하기도 한다. 국가는 공개적 무력행사를 국제법적으로 합리화해야 하는 부담이 있다. 국가가 개전 시에 언필칭 자위권을 언급하는 것은 그런 이유 때문이다. 그에 비해 '비공개적 공작'은 자신의 행동을 정당화할 필요가 없으므로 국가 간의 의사소통이 원활해지기도 한다. 이스라엘은 이러한 이점을 충분히 활용하여 두 군사작전을 성공적으로 마무리했다.

그러나 '비공개적 공작'이나 비밀공작은 노출되는 경우 특히 비용을 수반하며, 정부는 그러한 활동이 알려지면 그로 인한 결과를 감수해야 한다. 특정한 '비공개적 공작'이나 작전은 공개적 작전보다 더 많은 사상자를 낼 수도 있다. 그런 공작이나 작전은 민주사회와 개방적 사회의 가치나 원칙과도 충돌한다. 그에 비해 공개적 작전은 국가 정책의 정당성을 강조함으로써 국제관계를 평화적으로 규율할 수 있는 국제규범의 창설에 기여할 수 있다. 이스라엘이 두 번의 군사행동을 통해 보여준 적의 핵무기 보유에 대한 무관용 원칙, 즉 베긴 독트린은 그런 맥락에서 이해해야 한다. 이스라엘의 핵확산 금지에 대한 주장이나 명분은 '비공개적 공작'만으로 그 정당성이 뒷받침되지는 않기 때문이다.

유엔헌장상 무력행사의 금지에 대한 규정이나 암살의 규제에 대한 국제법 규범을 엄격하게 해석하면, 이스라엘의 '비공개적 공작'은 비난받을 수 있다.[129] 특히 이스라엘의 '비공개적 공작'은 상대국과의 교전상태 여부, 예방적 자위권이나 무력복구 등 대항조치로서의 성격, 강행규범과의 정합성 등 국제법적 기준을 엄격하게 적용하면 논란이 많다.[130] 이스라엘은 독립전쟁(1차 중동전쟁), 6일전쟁(3차 중동전쟁), 10월전쟁(4차 중동전쟁)이 끝난 후에 이라크와는 휴전협정을 체결하지 않았고, 시리아와는 휴전협정과 철수협정을 1949년과 1974년에 각각 체결했다. 그러나 이스라엘은 지금까지 양국과 적대관계를 유지하고 있다. 따라서 이스라엘의 '비공개적 공작'은 유엔헌장의 기본적 목적과 취지에 부합했는지 여부, 인간의 존엄성을 중시하는 최소한의 국제공공질서(world public order)의 유지에 도움이 되었는지 여부와 같은 정책이나 가치를 기준으로 판단할 수도 있을 것이다.[131]

제6장

핵위기의
정치적·외교적 해결

16

카스트로의 망상
쿠바 미사일 위기

☢

미국과 소련의 충돌

2019년 2월 1일, 마이크 폼페오(Mike Pompeo) 국무장관은 중거리핵전력조약(INF: Intermediate-Range Nuclear Forces Treaty)의 이행을 정지하겠다는 성명을 발표했다.[132] 1987년 12월 레이건 대통령과 고르바초프 서기장이 체결한 중거리핵전력조약은 사거리 5백에서 5천 5백km의 미사일의 생산·배치를 금지한 것으로, 그것은 냉전 해체의 시작을 알리는 상징성을 가졌다. 그러자 2월 21일에 푸틴 대통령은, 미국이 원한다면, 미국의 영해 근처에 핵미사일을 탑재한 군함과 잠수함을 배치하여 쿠바 미사일 위기를 재현할 용의가 있다고 맞받아쳤다.[133] 미소 양국이 충돌했던 쿠바 미사일 위기는 다행히 해피엔딩으로 끝났지만, 국제사회가 핵무기의 규제와 관리를 위해 진지하게 고민하고 노력해야 한다는 과제를 남겼다. 당시의 위기가 오늘날 북핵 위기에 갖는 의미를 되새겨보기로 하자.

니키타 흐루시초프와 케네디

1962년 10월의 쿠바 미사일 위기(Cuban Missile Crisis)는 미국과 소련이 핵공격을 불사할 각오로 대결한 일촉즉발의 핵전쟁 위기였다. 케네디 대통령과 흐루시초프 서기장은 백악관과 크레믈린에서 참모와 관료들의 보좌를 받으며 현대 문명을 파멸로부터 구하는 드라마틱한 협상을 연출했다. 16일부터 28일까지 13일 간의 협상 과정에서 양국은 전략적 계산과 오해 그리고 실수를 반복했고, 전 세계는 공포에 떨었다. 그것은 지금 보면 드라마이지만, 당시에는 인류의 생존이 걸린 아마겟돈의 시작이었다. 결국 위기는 소련의 미사일 철수와 미국의 쿠바 불침 약속 및 터키로부터의 미사일 철수로 극적으로 타결되었다.

쿠바는 1898년 미서전쟁의 결과 스페인으로부터 독립했지만, 승전국인 미국의 군사적 지배를 받았다. 1902년 쿠바에 공화제 정부가 수립

시우바 브라질 대통령과 피델 카스트로

된 후에도 미국의 경제적 영향력은 오랫동안 절대적이었다. 그동안 쿠바의 정치는 독재와 부패 그리고 반란과 쿠데타로 점철되었다. 쿠바의 정치적 혼란과 굴곡진 역사는 1959년 피델 카스트로의 혁명으로 일단락된다. 반미주의를 내세운 카스트로는 공산주의를 도입하고, 미국의 자산을 국유화하여 독재 체제를 구축했다. 미국은 1961년에 쿠바와 단교한 후, 눈엣가시인 카스트로 정부를 전복하기 위해 수차례 암살과 파괴공작을 시도했다. 1961년 4월에는 망명 쿠바인들을 조직하여 피그스만(Bay of Pigs)을 침공하기도 했다. 그러나 미국의 시도는 모두 실패했다.[134]

이러한 맥락에서, 카스트로는 소련과 접촉하여 미사일 기지를 쿠바에 건설하게 된다. 당시는 미소 양국의 냉전이 절정에 달한 시기였다.

1961년 8월에 흐루시초프는 베를린 장벽의 건설을 동독에 지시했다. 그런 긴장된 상황에서 10월 14일 미군 정찰기가 미사일 기지의 건설을 확인한 것이다. 사실, 소련은 핵탄두가 장착된 중거리미사일(IRBM) 42 기를 이미 쿠바에 반입한 상태였다. 미사일 발사대나 기지가 완성되면, 미 동부의 주요 도시는 모두 10분 이내의 미사일 사정권에 들 수 있었다. 소련이 건설 중인 미사일 기지를 미국이 공격한다면, 양국의 핵전쟁은 피할 수 없는 상황이었다.[135]

해상봉쇄

케네디는 국가안전보장회의(NSC)를 소집했다. 군부는 케네디에게 쿠바에 대한 즉각적인 무력공격을 요청했다. 외교안보 전문가들은 협상의 계속을 건의했다. 군부는 미사일 기지에 대한 공습과 쿠바에 대한 침공이 가장 확실한 해결책이라고 주장했고, 참모들은 소련과 쿠바에 대해 엄중하게 경고한 후 협상을 계속해야 한다고 주장했다. 케네디는 일단 중간적인 해법을 선택했다. 쿠바로 향하는 소련의 선박을 해상에서 차단하는 '해상봉쇄'를 단행한 것이다.

'해상봉쇄'(naval blockade)는 전시에 교전국이 적국이나 적국의 점령지로 향하는 해상교통로를 해군력으로 차단하는 행위를 말한다. 전시의 '해상봉쇄'는 국제법적으로 정당하다. 그에 비해 평시의 '해상봉쇄'는 국제법적으로 허용되지 않는다. 현대 국제법에서는 무력의 행사가 원칙적으로 금지되기 때문이다. 따라서 상대국의 무력행사가 전제되지 않는 한, 아무리 강대국이라 해도 평시에 '해상봉쇄'를 해서는 안 된다.

그러나 국제법적인 당위는 최강대국들의 실제 분쟁에 그대로 적용되지 않았다. 미국은 수도가 소련의 핵공격에 그대로 노출되는 상황을 방관할 수 없었다. 미국은 국제법적인 논란을 피하기 위해 '봉쇄'(blockade) 대신 '검역'(quarantine)이라는 표현을 사용했다. 그렇게 함으로써 미국은 미주기구(OAS) 회원국들의 지지도 얻을 수 있었다.[136]

10월 22일, 케네디는 '검역'으로 포장된 '해상봉쇄'를 단행했다. 그는 흐루시초프에게 보낸 편지에서 미국은 소련의 공격용 무기가 쿠바에 반입되는 것을 결코 용납하지 않겠다고 했다. 그는 소련이 미사일 기지를 즉각 해체하고, 공격용 무기를 소련으로 다시 가져가라고 요구했다. 같은 날 저녁, 케네디는 텔레비전 방송으로 국민들에게 미사일 위기의 상황을 설명하고 거국적 협조를 요청했다. '해상봉쇄'를 단행한다는 내용도 알렸다. 케네디는 위기가 확산될 경우 국제사회가 안아야 할 부담을 언급하고, 미국의 서방에 대한 수호 의지를 다음과 같이 전했다.

쿠바에서 서반구의 어떠한 국가를 향해 발사되는 미사일도 소련의 미국에 대한 공격으로 간주된다는 것이 우리나라의 정책입니다. 그러한 공격에는 당연히 전면적인 보복이 따릅니다.[137]

케네디의 연설은 과거의 먼로주의를 연상시키는 단호한 메시지를 담았다. 미군 합참의장은 군사경계태세를 데프콘3로 격상했다. 대통령의 명령으로 해군은 '해상봉쇄'를 시작하고, 군부는 쿠바에 대한 무력공격 계획을 본격적으로 수립했다.

긴장 속의 협상

10월 24일, 흐루시초프는 미국의 봉쇄는 침략행위이며, 소련의 선박은 쿠바로 계속 항행할 것이라는 성명을 발표했다. 양국의 해상에서의 무력충돌이 임박해졌다. 그러나 24일과 25일에 쿠바로 향하던 소련 선박의 일부는 봉쇄선 직전에서 방향을 틀어 돌아갔다. 일부는 미국 군함의 검역을 받았지만, 공격용 무기가 탑재되지 않아 항행을 계속할 수 있었다.[138]

양국의 대치 속에 미군 정찰기는 미사일 기지가 거의 완성되어가는 모습을 촬영했다. 그것은 소련의 미국에 대한 미사일 발사가 언제라도 가능하다는 생생한 증거였다. 그렇게 긴장이 고조되자, 미군은 데프콘2를 발동했다. 이는 전략공군본부가 핵미사일의 발사를 검토·준비한다는 것을 의미한다. 케네디는 군사적 공격만이 소련의 미사일을 제거할 수 있다고 판단했다. 그러나 그는 외교적 해결에 대한 기대를 완전히 포기하지는 않았다.

10월 26일, ABC 뉴스의 특파원인 존 스캘리(John Scali)가 흐루시초프의 비밀 메시지를 백악관에 전달했다. 그것은 양국이 핵전쟁의 참상을 인식하여 미사일 위기를 평화적으로 극복하자는 내용이었다. 24일의 공식 성명과 달리 그것은 유화적인 내용을 담고 있었다.

우리는 대국의 책임 있는 정치인으로서 지혜를 발휘해야 합니다. 만약 핵전쟁의 참상으로부터 전 세계를 구하려는 의지가 있다면, 우리는 줄다리기를 하고 있는 우리의 힘을 풀 뿐만 아니라, 그 매듭을 지을 수 있는 조치를 취해야 합니다. 우리는 이미 그에 대한 준비가 되어 있습니다.

나는 쿠바로 향하는 소련의 선박에 어떠한 군사장비도 적재되어 있지 않다고 선언하고, 대통령은 미국이 쿠바를 군사적으로 공격하지 않을 것이며 침략을 시도하는 어떠한 세력도 지지하지 않을 것이라고 선언하면 됩니다. 그러면 소련의 군사 고문이 쿠바에 주둔할 이유가 없어집니다.[139]

10월 27일, 흐루시초프의 두 번째 메시지가 전달되었다. 미국이 취하는 어떠한 조치에도 터키로부터의 주피터 미사일 철수가 포함되어야 한다는 내용이었다. 터키에 배치된 미국의 미사일 철수를 추가적인 조치로 요구한 것이다.

흐루시초프의 양보

그런데 같은 날 상황이 다시 악화되었다. 미군의 U2정찰기가 쿠바에서 격추되는 사건이 발생했다. 케네디는 쿠바에 대한 공격을 준비하면서 마지막 외교적 대안을 모색했다. 그날 밤, 케네디는 흐루시초프에게 보내는 메시지에서, 유엔의 감시하에 소련은 쿠바에서 미사일을 제거하고, 미국은 쿠바를 공격하지 않겠다고 보장한다는 것을 제안했다. 그리고 로버트 케네디 법무장관이 비밀리에 주미 소련대사관을 찾아가서 협상을 완성했다. 그는 미국이 터키로부터 미사일을 6개월 내에 철수해야 한다는 소련의 제안을 승낙했다. 다만, 그 사실을 언론에 공표하지 말아줄 것을 소련 측에 요청했다.[140]

10월 28일, 흐루시초프는 쿠바로부터 소련의 미사일을 철수한다는 성명을 발표했다. 이렇게 해서 쿠바 미사일 위기는 끝났다. 미국의 '해상봉쇄'는 소련이 IL-28폭격기를 쿠바로부터 철수한다고 약속한 11월 20일까지 계속되었다. 미국은 약속대로 1963년 4월 터키로부터 주피터 미사일을 철수했다.

쿠바 미사일 위기가 국제질서에 미친 영향은 심대했다. 미국과 소련은 핵전쟁의 가공할 참상을 생생하게 인식하고, 핵전쟁의 가능성을 줄이기 위해 노력했다. 우선, 양국은 오인에 의한 핵무기 사용을 방지하기 위해 핫라인을 개통했다. 양국이 2주 동안 주고받은 공식적 · 비공식적 편지는 속도보다는 기밀유지가 우선이어서 신속하게 서로 전달되지 않았다. 편지는 양국어로 번역되고, 암호화되어 전송되었다. 양국의 의사소통에 최소한 6시간이 걸렸다. 그로 인해 제안에 대한 반응의 확인도 늦었고, 불신과 오해도 적지 않았다. 1963년 6월, 양국은 직접통신 연결에 대한 양해각서(MOU between the US and the USSR regarding the Establishment of a Direct Communications Link)를 체결하여 이 문제를 해결했다. 핫라인의 개통은 우발적인 무력충돌을 피하기 위한 혁신적인 수단이 되었다.[141]

또한, 양국은 핵확산 경쟁을 지양하기 위해 부분적 핵실험 금지조약(PTBT)을 1963년에 체결했다. 1954년 비키니 섬에서의 수폭실험으로 핵실험에 대한 국제적 비난이 거세지면서, 양국은 영국과 함께 1958년부터 핵실험 정지를 논의하고 있었다. 그러나 별다른 진전이 없었는데, 쿠바 미사일 위기가 협상의 돌파구가 되었다. 이 조약을 계기로 국제사회는 핵확산방지조약(NPT)이나 해저비핵화조약(Seabed Arms Control

Treaty) 등 후속적 핵군축조약을 성공적으로 체결할 수 있었다.

일반적으로 평가하면, 미사일 위기의 승자는 미국이었다. 흐루시초프의 공갈에 굴하지 않았던 케네디의 단호한 의지가 미사일 기지의 해체와 미사일의 철수를 가져왔기 때문이다. 케네디는 소련의 핵무기가 워싱턴을 10분 이내에 타격할 수 있는 상황을 용납하지 않았다. 그는 강경한 군부와 온건한 참모들의 갈등을 조정하면서 '해상봉쇄'를 성공적으로 실행했다. 만약 케네디가 좀 더 강경한 방식을 선호했다면, 협상의 결과는 달랐을 것이다.

반면, 흐루시초프는 겉으로는 강경한 입장을 취했지만 본심은 달랐다. 핵무기의 공포를 잘 알고 있던 그는 처음부터 선제적 핵공격은 생각하지도 않았다. 그는 소련이 강경한 입장을 굽히지 않으면 미국이 현상을 유지할 수밖에 없을 것이라고 판단했다. 그러나 그의 예상과 달리 케네디는 단호한 입장을 취했다. 결국 흐루시초프가 먼저 유화적인 태도를 취했다. 흐루시초프는 미사일 위기의 후유증과 농업정책의 실패로 1964년 10월 실각하여 권좌에서 물러났다. 냉정하게 평가하면, 소련이 미사일 위기에서 완전히 패배한 것은 아니었다. 미국도 터키로부터 미사일을 철수했기 때문이다. 어쨌든 미사일 위기의 극복과 핵군축조약의 성립은 미소 양국이 데탕트 시대를 여는 계기가 되었다.

카스트로의 과대망상증

한편, 미사일 위기의 또 다른 주역인 피델 카스트로의 역할과 그에 대한 평가도 주목할 필요가 있다. 어떻게 보면, 미사일 위기로 가장 득을 본 사람은 카스트로였다. 그는 미국의 불침 약속으로 정치적 입지를 굳혔다. 그는 혁명이 성공한 1959년부터 동생인 라울 카스트로에게 권력을 넘겨준 2008년까지 반세기 동안 쿠바에서 절대 권력자로 군림했다. 재임 중, 아프리카와 중남미에 공산주의 혁명을 지원하기도 했다.

쿠바 미사일 위기의 직접적인 원인은 미국의 침공에 대한 카스트로의 공포와 불안이었다. 미국이 피그스 만을 침공한 이후 쿠바는 소련에 도움을 청했고, 흐루시초프는 냉전의 와중에 그의 제안을 기꺼이 수락했다. 그런데 카스트로가 생존을 위해 내민 손을 흐루시초프는 비용을 생각하지 않고 너무 쉽게 잡아버렸다. 문제는 쿠바의 미사일 기지가 미국의 심장을 겨누게 되었다는 데 있었다. 미국은 이를 국가의 존망이 걸린 위협으로 판단했다. 그때부터 케네디, 흐루시초프, 카스트로 세 정치인은 동상이몽에서 깨어나기 시작했다.

카스트로는 소련이 제공한 핵무기의 근본적인 목적은 침략의 발생 시 미국을 파괴하는 것이라고 믿었다. 그는 쿠바가 겪은 수세기 동안의 굴욕의 역사에 종지부를 찍고, 미 제국주의를 물리쳐야 한다고 결심했다. 그는 쿠바가 미국의 공격을 막을 수도 없고, 살아남기도 힘들 것이라고 판단했다. 그래서 그는 쿠바 국민과 러시아인들이 함께 '마지막 날까지 최후의 일인까지 무기를 들고' 미제에 저항해야 한다고 주장했다. 그는 소련 대사를 불러 쿠바 상공을 비행하는 미군 정찰기를 사격해야 한다고 주장하고, 크레믈린에 좀 더 강력한 군사적 조치를 취해달라고 전해주기를 요청했다.[142]

그러나 냉전의 맥락에서 체제경쟁에 몰두하던 미국과 소련은 작고 가난한 신생 혁명국의 입장을 이해하지 못했다. 케네디는 쿠바를 그의 정책 우선순위에서 제외하려고 했다. 그는 피그스 만 침공의 실패 후 군부나 강경파 참모들의 건의를 멀리했다. 케네디는 쿠바 침공을 피해야 한다고 생각했다. 흐루시초프도 쿠바에 미사일을 배치했지만, 그것은 미국과의 경쟁에 필요한 작은 수단 내지 장기의 졸에 불과했다. 전술한 것처럼, 그는 미국에 대하여 미사일을 먼저 발사할 의도가 없었다. 그는 회고록에서 미사일을 방어적 무기로 배치했다는 것을 밝히고 있다.[143]

실패로 끝난 편지

10월 26일 오전 3시, 케네디와 흐루시초프의 협상 상황을 알지 못한 카스트로는 소련 대사관에서 흐루시초프에게 편지를 쓰게 된다. 카스트로는 소련 대사와 함께 대사관 지하 벙커에서 편지를 작성하기 시작했다. 미국이 쿠바를 침공하면 소련이 핵무기를 사용해야 한다는 내용은 정리하기 쉽지 않았다. 편지의 초안을 9통이나 고쳐 쓴 뒤, 소련 대사는 동이 틀 무렵 카스트로에게 단도직입적으로 물었다.

당신은 소련이 미국을 향해 핵무기를 발사하도록 흐루시초프 동지에게 요청하고 있는 것입니까?

카스트로도 작성하던 편지의 내용과 달리 직설적으로 대답했다.

그렇습니다. 만약 그들이 쿠바를 공격한다면, 우리는 그들을 지구 상에서 전멸시켜버려야 합니다![144]

소련 대사는 충격을 받았지만 편지를 구술하는 카스트로의 뜻을 존중할 수밖에 없었다. 10번째 초안 작업을 거쳐 확정된 편지는 러시아어로 번역되었다. 카스트로는 편지에서 소련의 미사일이 선제적으로 미국을 향해 발사되어야 하는 이유를 다음과 같이 설명했다.

미국의 침략이 있을 경우, 소련은 그 사건을 계기로 제국주의자들이 선제 핵공격을 감행할 수 있는 상황을 결코 허용해서는 안 됩니다. 제국주의자들의 공격적인 정책이 인류에게 주는 위험은 너무나 크기 때문입니다.

만약 제국주의자들이 국제법을 위반하여 쿠바 침공이라는 야만적이고 비도덕적인 행동을 실천에 옮긴다면, 비록 그 해결책이 아무리 가혹하고 끔찍한 것이라도 해도, 그때는 바로 명확하고 정당한 방어조치를 통해 그러한 위험을 영원히 제거할 수 있는 순간이 될 것입니다.[145]

흐루시초프는 미사일 위기에 대한 대책회의를 하던 중에 카스트로의 편지를 받았다. 그는 젊은 독재자의 무모한 주장에 경악했다. 긴장된 분위기 속에서 그는 짧게 외쳤다.

이건 미친 짓이다. 카스트로는 죽기로 작정하고, 쿠바인들과 우리를 함께 무덤으로 끌고 가기를 원한다![146]

카스트로의 편지를 받은 흐루시초프는 쿠바의 미사일은 자신의 명령하에만 발사돼야 한다는 것을 수차례 확인했다. 그리고 미사일을 신속하게 철수할 것을 명령했다. 흐루시초프는 카스트로가 쿠바 최후의 날이 다가와 전쟁이 불가피하다고 믿는 것을 이해할 수 없었다. 카스트로가 쿠바를 희생자가 아닌 순교자로 만들어야 한다고 생각하는 것도 이해하지 못했다. 카스트로는 구세주의 심경으로 혁명을 순교로 승화시키려고 했지만, 흐루시초프는 그를 제정신이 아닌 사람으로 판단했다.

10월 28일, 흐루시초프는 카스트로에게 답장을 보냈다. 그는 케네디가 쿠바 불침공을 약속했기 때문에 카스트로도 감정적으로 행동해서는 안 된다고 당부했다. 강대국 사이의 핵전쟁과 평화의 갈림길에서 카스트로의 역할을 분명히 제한한 것이다. 젊고 충동적인 혁명아의 신념은 지나친 종교적 신념과 마찬가지로 비정상일 수밖에 없다. 케네디와 흐루시초프가 젊은 독재자의 순교자적 혁명정신을 조금이라도 이해했다면, 미사일 위기의 양상은 다르게 전개되었을 것이다.

반세기 전, 쿠바의 불안을 이해하지 못한 세계는 파국 직전까지 갔다. 쿠바 미사일 위기가 오늘날 북한이나 이란의 핵 문제에 갖는 함의도 그런 맥락에서 이해해야 한다. 당시 미사일 위기는 북핵 문제나 이란의 핵 문제보다 훨씬 위험하고, 두렵고, 또 섬뜩했다. 그러나 비핵무기국이 핵무기국에 대하여 갖는 안보 불안은 그때나 지금이나 다르지 않다. 핵무기국은 비핵무기국의 불안을 역지사지로 생각해야 할 것이다.

미사일 위기 이후 쿠바는 국제사회의 비핵화 노력에 늦게 동참했다. 중남미 각국은 미사일 위기를 계기로 중남미의 비핵지대화를 적극적으로 추진했다. 그 결과, 중남미의 비핵화에 대한 틀라텔롤코조약(Treaty of Tlatelolco)이 체결되었다. 쿠바는 1967년에 조인된 이 조약을 1995년에 서명하고, 2002년에 비준했다. 쿠바는 핵확산방지조약(NPT)에도 2002년에 가입했다. 핵전쟁도 불사하려고 했던 카스트로는 미사일 위기 이후 40년 만에 비로소 핵무기의 개발과 도입을 공식적으로 포기했다.

17

마지막 백인 대통령의 결단
남아프리카공화국의 핵폐기

☢

아파르트헤이트

2018년 12월, 아르헨티나에서 열린 G20 정상회의에서 문재인 대통령은 남아프리카공화국의 시릴 라마포사(Cyril Ramaphosa) 대통령에게 핵폐기 경험을 살려 북한을 설득해달라고 특별히 부탁했다. 문 대통령이 그렇게 부탁한 이유는 남아프리카공화국이 완성한 핵무기를 자발적으로 폐기한 유일한 국가이고, 또한 2019년부터 안전보장이사회의 이사국으로서 대북제재에 영향력을 행사할 수 있게 되었기 때문이다.

핵개발 계획을 추진하거나 의도한 국가가 그 계획을 접은 경우는 적지 않다. 예컨대, 리비아, 이란, 이집트, 브라질, 아르헨티나 그리고 한국은 강대국의 압력과 국제사회의 견제로 그런 계획을 도중에 포기한 대표적인 경우라 할 수 있다.[147] 우크라이나, 카자흐스탄 및 벨라루스는 소련의 해체 후 자국에 존재하던 핵무기를 러시아에 넘겼다. 그러나 이들 '비자발적' 핵무기국은 스스로 개발한 핵무기를 포기한 것이 아니다.

시릴 라마포사

따라서 남아프리카공화국의 경우는 국제적으로 완전한 핵무기의 폐기가 성공한 희귀한 케이스로 주목된다.

남아프리카공화국의 핵무기 폐기 과정을 알기 위해서는 우선 아파르트헤이트 정책의 경과를 이해할 필요가 있다. 아파르트헤이트는 국제사회의 남아프리카공화국에 대한 제재와 압력의 직접적인 이유가 되었고, 그것이 소멸하면서 백인 정권이 핵무기 폐기 정책을 취했기 때문이다. 이하 남아프리카공화국이 핵무기를 개발하고 폐기한 과정을 아파르트헤이트에 대한 국제사회의 압력 및 국제정치적 배경과 함께 살펴보기로 하자.

남아프리카공화국에서 소수의 백인정권이 다수의 흑인에 대하여 취한 차별적 인권 정책을 아파르트헤이트(apartheid)라고 한다. 분리 내지 격리를 뜻하는 아파르트헤이트는 17세기 이후 백인의 이주와 함께 시작되었으며, 20세기 중반에 국민당 정부에 의해 남아프리카공화국에서

프레데릭 데 클레르크

완전히 확립되었다. 구체적으로, 남아프리카공화국 정부는 유권자분리 대표법(1956), 산업조정법(1956), 패스포드법(1952), 원주민법·수정법(1952), 이인종혼인금지법(1949), 집단지역법(1950) 등 다양한 국내법에 의해 백인들의 경제적·사회적 특권을 보장하고 유색인종의 인권과 기본적 자유를 박탈했다.

유엔은 인권과 기본적 자유의 보편적 실현이라는 명분하에 남아프리카공화국에 대한 제재와 권고 조치를 1960년대부터 본격적으로 취했다. 유엔은 안보리와 총회의 다양한 결의 및 관련 조치를 통해 남아프리카공화국에 대한 교류의 금지, 무기와 군사기기의 수출 금지, 남아프리카공화국 헌법의 무효 선언, 특별위원회의 설치, 국제조약의 체결 등 전 방위적인 제재를 가했다.[148]

이러한 국제사회의 노력과 남아프리카공화국 국내운동의 결과, 마침내 아파르트헤이트 정책이 폐지되어 1994년에 민주 정부가 수립되었다. 데 클레르크(Frederik Willem de Klerk) 대통령은 1989년 취임과 동시에 내부적으로 핵무기의 폐기를 결정했다. 그리고 아파르트헤이트 정책을 포기하고 넬슨 만델라(Nelson Mandela)를 석방하여 남아프리카공화국 민주화의 초석을 다졌다. 그는 그러한 공로로 넬슨 만델라와 함께 1993년에 노벨 평화상을 수상했다.

핵개발의 시작

남아프리카공화국의 핵무기 개발은 원자력 발전의 도입을 계기로 시작되었다. 남아프리카공화국은 원래 석탄자원이 풍부했기 때문에 원자력 발전이 절실한 상황은 아니었다. 그러나 남아프리카공화국 정부는 아파르트헤이트 체제를 견지하기 위한 수단으로서 핵무기의 개발을 원했고, 그 연장선에서 원자력 발전소를 건설했다.

남아프리카공화국에는 석탄 외에 우라늄도 풍부하게 매장되어 있었다. 그러나 그것은 2차대전 이전까지 크게 중요시되지 않았다. 그러다가 핵무기의 개발이 활발해지면서 사정이 변했다. 남아프리카공화국은 전후에 핵무기의 원료인 우라늄 공급원으로서 국제적인 주목을 받았다. 특히 핵무기의 개발에 협력한 미국과 영국은 남아프리카공화국으로부터 우라늄을 안정적으로 공급받았고, 자연스럽게 남아프리카공화국에 원자력 기술을 제공했다. 영미 양국은 남아프리카공화국에 유리한 장기 계약으로 우라늄을 구매했다. 영연방의 일원인 남아프리카공화국은 이런 과정을 통해 우라늄 수출국에서 핵무기 보유국으로 변하게 된다.

1946년 스머츠(Jan Smuts) 총리는 우라늄 자원의 관리와 정보교환을 목적으로 하는 우라늄조사위원회를 설립했다. 이어서 남아프리카공화국 정부는 1948년 원자력법을 제정하여 우라늄을 국가가 직접 관리하는 광물자원으로 지정했다. 이 법에 의해 원자력위원회(Atomic Energy Board: AEB)가 설립되어 방사성물질을 체계적으로 규제·관리하게 되었다. 원자력위원회는 나중에 원자력공사(Atomic Energy Corporation: AEC)로 바뀐다. 그리고 1957년에 남아프리카공화국은 국제원자력기구(IAEA)의 회원국이 되었다.

남아프리카공화국 정부는 1959년에 미국의 '평화를 위한 원자력' 캠페인에 편승하여 우라늄 농축기술의 개발과 실험용 원자로의 건설 계획을 수립했다. 이 계획에 의해 펠린다바(Pelindaba)에 원자력연구센터가 건립되었다. 1969년에 남아프리카공화국은 비용 문제로 중수로의 운용을 중지하고 우라늄 농축 설비의 개발에 전념했다. 이렇게 해서 남아프리카공화국은 1970년부터 핵연료주기 프로젝트를 추진하여 핵무기 개발 능력을 본격적으로 확충시켰다.

남아프리카공화국은 특히 1971년부터 인도와 마찬가지로 '평화적' 핵폭발을 명분으로 비밀리에 핵무기 개발 연구를 가속화했다. 구체적으로, 남아프리카공화국은 1974년에 와이 플랜트(Y-plant)라고 불린 파일럿 우라늄 농축 시설을 완공했다. 남아프리카공화국은 1968년에 채택된 핵확산방지조약(NPT)에도 가입하지 않고, 비밀리에 핵개발 정책을 계속 추진했다.[149]

핵개발의 동기

당시 남아프리카공화국이 핵무기 개발에 나서게 된 동기는 여러 가지로 설명된다. 첫째, 우라늄 수출국으로서 남아프리카공화국의 입지가 흔들렸다는 점을 들 수 있다. 1950년대 후반부터 미국과 캐나다의 우라늄 광상이 본격적으로 개발되면서 우라늄 산지로서 남아프리카공화국의 중요성이 저하되었다. 실험용 원자로에 필요한 우라늄을 늘리는 데 한계가 있었다. 따라서 남아프리카공화국 정부는 우라늄 수요를 안정적으로 확보할 필요가 있었다.[150]

둘째, 남아프리카공화국은 에너지 자원의 수급 변화에 대한 대응책으로 원자력 발전을 주목해야 했다. 1973년의 석유위기로 남아프리카공화국은 중동으로부터의 석유 수입이 제한되었다. 친이스라엘 정책을 취한 남아프리카공화국은 원자력 발전을 활성화할 수밖에 없었다.

셋째, 남아프리카공화국은 주변국인 앙골라와 모잠비크의 독립과 내전을 자국에 대한 심각한 위협으로 인식했다. 양국은 1975년에 포르투갈의 지배로부터 벗어났지만 순차적으로 내전에 휩쓸렸다. 특히 앙골라 내전에서 소련과 쿠바가 앙골라인민해방운동(MPLA) 측을 지원하자, 남아프리카공화국은 미국과 함께 앙골라전면독립민족동맹(UNITA) 측을 지원하여 군사개입을 했다. 이러한 경제적·정치적 상황의 변화로 남아프리카공화국은 원자력 발전의 도입과 함께 핵무기의 개발을 추진했다.[151]

1974년에 포스터(Balthazar J. Vorster) 총리는 평화적 핵폭발의 연장선에서 원자력위원회와 관련 기관에 핵폭발장치의 개발과 핵실험장의 건설을 지시했다. 1977년 칼라하리사막에 두 군데의 핵실험장이 건설되었다. 남아프리카공화국 정부는 고농축 우라늄이 장착되지 않은 핵폭발장치로 이른바 콜드 테스트를 할 계획을 세웠다. 당시에는 와이 플랜트로부터 농축 우라늄도 충분히 생산되지 않고 있어서, 남아프리카공화국으로서는 그런 형식의 예비적 실험을 할 수밖에 없었다. 남아프리카공화국 정부는 콜드 테스트가 외부로 알려지더라도 문제가 없을 것으로 판단했다. 1974년 인도의 핵실험과 관련하여, 국제적인 제재가 거의 이루어지지 않았기 때문이다.[152]

국제사회의 반대

그러나 강대국들은 가만히 있지 않았다. 소련은 정찰 위성을 통해 남아프리카공화국의 콜드 테스트 준비 상황을 파악했다. 소련의 통지를 받은 미국, 영국, 프랑스, 서독은 실험의 중지를 강력하게 요구했다. 유엔의 제재로 국제사회로부터 고립되어가던 남아프리카공화국은 동서 양 진영의 경고와 압력을 무시할 수 없었다. 결국 포스터 총리는 콜드 테스트를 실행 직전에 중단하고 핵실험장도 폐쇄하기로 결정했다.[153]

그럼에도 불구하고 남아프리카공화국은 핵무기 개발을 포기하지 않았다. 그들은 그때부터 핵무기의 개발을 철저하게 비밀리에 그리고 군사적 목적으로 추진하게 된다. 남아프리카공화국의 핵개발은 1977년까지는 어느 정도 평화적 성격도 있었지만, 핵실험의 강제적 중단으로 그런 애매한 부분은 완전히 없어졌다.

1978년에 총리로 취임한 보타(Pieter Willem Botha)는 핵무기 정책에 관한 고위급운영위원회를 만들어 핵무기 개발 문제를 마무리하도록 했다. 그는 총리가 되기 전인 1977년에 국방장관으로서 이미 핵무기 개발에 깊이 관여하고 있었다. 1979년 고위급운영위원회는 신뢰할 수 있는 억지능력을 갖추기 위한 핵무장을 권고했다. 그렇게 해서 남아프리카공화국은 1979년 10월에 고농축 우라늄을 탑재한 최초의 핵폭발장치를 완성하게 된다. 1982년에는 폭격기에 탑재 가능할 정도로 핵무기의 소형화에 성공했다.[154]

대통령의 결단

그런데 남아프리카공화국의 핵무기 보유는 오래 가지 않았다. 1989년 9월 취임한 데 클레르크 대통령은 즉시 핵무기의 해체와 폐기를 결정했다. 11월에 와이 플랜트에서의 고농축 우라늄 생산이 중단되었고, 1990년 2월 와이 플랜트는 폐쇄되었다. 남아프리카공화국 무기개발공사(Armscor)에서 운영하던 핵무기 제조공장의 가동은 중지되고, 고농축 우라늄은 펠린다바의 보관시설로 이전되었다. 이렇게 해서 남아프리카공화국은 1991년까지 핵무기의 해체와 폐기를 완성했다.[155]

남아프리카공화국은 1991년 7월에 핵확산방지조약(NPT)에 가입했다. 9월에는 국제원자력기구와 안전조치협정을 체결했다. 1993년 3월 데 클레르크 대통령은 비밀리에 개발했던 6개의 핵무기와 개발 중이던 1개의 핵무기를 이미 폐기했다는 사실을 의회에서 공표했다. 국제원자력기구는 1995년 남아프리카공화국이 핵무기프로그램을 중단하고 모든 핵무기와 관련 핵물질을 완전히 폐기했다는 사실을 확인했다.[156] 1996년 남아프리카공화국은 아프리카의 비핵지대화에 대한 펠린다바조약에 가입하여 핵무기 폐기의 대미를 장식했다.

남아프리카공화국의 핵무기 폐기 결정에는 다양한 이유와 동기가 있었다. 가장 중요한 이유는 냉전의 해체와 남아프리카공화국 주변의 안보 위협이 개선되었다는 것이다. 1980년대 후반부터 시작된 국제정세의 변화는 남아프리카공화국이 직간접적으로 연루되어 있던 국제분쟁에 큰 영향을 끼쳤다. 국제적으로 독일의 통일과 소련의 붕괴로 냉전이 종식되었다. 남아프리카에서는 앙골라에서의 적대행위가 종식되고 그곳으로부터 쿠바군이 철수했으며, 나미비아가 남아프리카공화국의 지배를 벗어나 독립을 달성했다. 남아프리카공화국은 핵무기 보유에 의한 강력한 억제 체제를 유지할 필요가 없어졌다.

그리고 남아프리카공화국은 핵무기의 보유보다 폐기에 의해 얻는 실익이 더 크다는 것을 인식했다. 백인 정부는 아파르트헤이트로 유엔의 제재와 국제적인 압력에 시달리고 있었으며, 아프리카대륙의 대부분의 국가들로부터 비난받고 있었다. 국내적으로도 아파르트헤이트 정책을 더 이상 유지할 수 없을 정도로 정치적 한계에 도달해 있었다. 따라서 대외관계의 개선으로 이런 난국을 타개해야 할 필요가 있었다. 이런 이유로 데 클레르크 대통령은 민주화와 핵무기 폐기로 남아프리카공화국을 정상적인 국가로 바꾸는 정책을 취하게 되었다.[157]

국내 정치적 맥락에서, 백인 정부가 아프리카 민족회의(ANC)가 정권을 잡는 경우에 대비하여 흑인 정권의 핵무기 보유를 원하지 않았다는 주장도 제기되었다. 미국도 흑인 정권에 의한 아프리카로의 핵확산을 우려하여 백인 정부에 대책을 마련하도록 요구했다고 한다. 남아프리카공화국의 정치지도자들과 군부는 이런 상황에서 데 클레르크 대통령의 핵무기 포기 결정을 전폭적으로 지지했다.

핵폐기의 법과 정치

요컨대, 남아프리카공화국의 핵무기 폐기에는 국제정세의 변화로 인한 안보 위협의 감소, 오랜 국제적 고립으로부터의 탈피 요구, 민주화로 인한 정권교체 가능성에 대한 대비 등의 시대적 배경이 있었다. 그런 국제정세의 변화에 국제사회의 제재가 효과를 발휘하여 핵무기 폐기가 이루어졌다.

이와 관련하여, 국제정치학자들은 다양한 이론과 모델을 제시하여 문제를 분석하기도 한다. 예컨대, 안보적 요인보다는 각 정치 집단의 이해가 일치하여 그런 결정이 내려졌다는 주장, 아프리카민족회의가 핵무기 폐기를 먼저 요구했다는 주장, 데 클레르크 대통령의 정치적 결단으로 그것이 가능했다는 주장 등 여러 가지로 핵무기 폐기의 이유를 설명한다.[158]

국제법학자들은 유엔의 결의와 일관된 국제법적 제재가 효과를 발휘하여 아파르트헤이트가 폐지되었고, 그 연장선에서 핵무기의 폐기가 가능했다고 주장한다.[159] 남아프리카공화국의 NPT 가입과 IAEA 사찰·검증 수용 및 펠린다바조약에의 가입은 국제법적 제재가 완성된 것이라고 볼 수도 있다. 다만, 핵무기 폐기라는 중대한 결정이 국제법적 목적이나 당위만으로 내려졌다고 보는 것은 설득력이 약하다. 결국 국제정치적 상황의 변화, 국제법적 제재 및 남아프리카공화국 정치 지도자들의 결단이 어우러져서 그런 결정이 가능했다고 보는 것이 자연스럽다.

남아프리카공화국의 핵무기 폐기는 핵무기 비확산에 대한 중요한 이정표가 되었다. 남아프리카공화국은 완성된 핵무기를 폐기한 유일한 경우이기 때문에 그로부터 핵무기 폐기에 대한 보편적 이론을 정립하기는 쉽지 않다. 그러나 남아프리카공화국의 핵무기 폐기 과정에 착종되는 정치적·경제적 맥락과 정책적 의미는 간과할 수가 없다. 특히 남아프리카공화국의 비핵화 과정은 북핵 위기의 해결을 위한 중요한 함의와 시사점을 우리에게 제공한다.

다만, 그러한 접근에 있어서 남아프리카공화국과 북한이 처한 지정학적 상황의 차이, 정치 체제의 차이, 시대적 배경의 차이는 감안해야 한다. 즉, 냉전의 해체라는 외부적 요인과 아파르트헤이트의 철폐라는 민주화의 과정을 한반도의 상황에 적용하여 이해할 수는 없을 것이다. 당시 남아프리카공화국은 6개의 핵무기를 완성한 상태여서, 핵폐기의 기간이 비교적 짧았다는 것도 감안해야 한다. 북한은 2020년까지 최대 100개의 핵무기를 가질 것으로 추정되기 때문에, 남아프리카공화국과는 사정이 다르다.[160]

— 18 —

비극으로 끝난 혁명아의 야망
리비아의 비핵화

☢

리비아 방식

북한이 두 번에 걸친 북미회담을 전후하여 가장 반대한 비핵화 정책이 이른바 리비아 방식이다. 리비아가 받아들인 비핵화의 방식은 결국 카다피의 몰락을 가져왔으므로, 북한은 결코 이를 수용할 수 없다고 주장하고 있다. 이하, 리비아의 비핵화 과정과 북핵 문제에 대한 함의를 살펴보기로 한다.

2003년 12월, 리비아의 카다피 정권은 핵무기를 포함한 모든 대량살상무기의 개발 및 제조 계획을 완전히 포기하겠다고 선언했다. 이 선언 이후, 미국의 주도로 국제원자력기구(IAEA)와 화학무기금지기구(OPCW) 등에 의해 리비아의 관련 기자재와 핵물질이 폐기되고 확인·검증되었다.

리비아는 원래 핵확산방지조약(NPT), 화학무기금지조약(CWV), 생물무기금지조약(BWC)에 가입되어 있었다. 그러나 리비아는 핵무기와 관련하여 국제원자력기구에 핵활동을 신고하지 않고 비밀리에 핵개발 활동을 진행해왔다. 여러 핵무기 보유국으로부터 직접적인 핵무기 구입을 타진하기도 했고, 그런 시도가 실패하자 압둘 카디르 칸의 네트워크를 활용하여 핵개발 기술을 도입하기도 했다. 다량의 화학무기도 보유하고 있었다.

리비아는 테러활동에 대한 책임 문제로 시작된 영미와의 교섭 결과, 그리고 이라크전쟁으로 인한 사담 후세인의 몰락이 계기가 되어 핵개발을 포기했다. 대량살상무기의 개발을 명분으로 미국이 시작한 이라크전쟁의 결과는 카다피에게 충격이었다. 미국과 영국은 베를린 폭파 사건과 팬암기 폭파 사건에서 리비아에 철저하게 책임을 추궁했고, 그 과정에서 영국이 리비아를 설득했다. 그런 사정으로, 오랫동안 미국에 맞섰던 대표적 테러지원국(state sponsors of terrorism)이자 불량국가였던 리비아는 과감하게 핵무기 개발을 포기하고 생존을 모색하게 된다.

혁명아의 야망

1969년 9월, 군사 쿠데타에 성공한 무아마르 카다피(Muammar Gaddafi)는 집권하자 곧바로 핵개발에 관심을 가졌다. 아랍 민족주의로 무장한 카다피는 이집트를 방문하여 가말 압델 나세르(Gamal Abdel Nasser) 대통령과 회담했다. 두 사람은 청년 장교로서 쿠데타에 성공했고, 아랍 민족주의와 사회주의를 기치로 내세운 공통점이 있었다. 나세르는 카다피에게 군사 쿠데타의 선배이자 정신적 멘토였다.

카다피는 나세르에게 이스라엘을 지구상에서 제거하기 위해 핵무기 개발이 필요하다고 역설했다. 서구 제국주의가 지원하는 이스라엘은 카다피에게 반드시 절멸시켜야 할 국가였다. 그러나 3차 중동전쟁에서 패배한 나세르는 이스라엘을 말살한다는 것은 쉽지 않을 것이라고 충고했다. 카다피는 나세르의 충고에도 불구하고 42년 집권 기간 중 30년 이상을 핵개발에 매진했다.[161]

무아마르 카다피

1969년부터 1981년까지는 리비아의 핵개발 제1기로서, 핵무기 개발에 대한 탐색과 준비가 시작된 시기이다. 이 시기에 리비아는 국제적 테러에 관여하고, 미국과의 갈등을 본격화했다. 그동안 리비아는 우선 중국, 프랑스, 인도, 소련에 핵무기의 직접 구매를 타진했다가 거절당했다. 카다피는 1974년 4월 이슬람국가 정상회의에서 파키스탄의 전 대통령이자 총리인 줄피카르 부토에게 파키스탄의 핵무기 개발에 필요한 비용을 부담할 용의가 있다고 했다. 다만 첫 번째로 완성되는 핵무기는 리비아에 인도해줄 것을 요구했다.[162]

그러나 이런 노력이 수포로 돌아가자, 카다피는 소련에 핵기술의 이전을 요청했다. 소련은 연구용 원자로를 포함한 원자력연구센터의 건립을 약속하고, 그 대신 리비아가 핵확산방지조약(NPT)에 가입하여 국제원자력기구(IAEA)와 안전조치협정을 체결할 것을 요구했다. 리비아는 1975년에 핵확산방지조약을 비준했고, 1980년에 국제원자력기구와 안전조치협정을 체결했다. 미소 양국은 핵확산방지라는 공동의 목표가 있었기에 리비아를 NPT 체제 내에 두는 데에 이견이 없었다. 미국은 1979년 12월 주리비아 미대사관 방화 사건을 계기로 리비아를 테러지원국으로 지정하고 경제적 제재를 가했다. 그런 사정으로, 리비아의 핵개발 수준은 초보적인 상태에 머물렀다.[163]

본격적인 핵개발

1981년부터 1990년대 중반까지는 리비아의 핵개발 제2기라 할 수 있다. 리비아는 이 시기에 소련으로부터 제공받은 핵기술로 핵분열성 물질, 즉 우라늄과 플루토늄의 획득을 위해 각고의 노력을 기울였다. 리비아는 국제원자력기구의 감시를 피해 비밀리에 핵 프로그램을 가동했다. 원자력 기술 선진국은 테러지원국인 리비아와의 교류를 거부했다. 이러한 리비아의 노력에도 불구하고 핵개발의 성과는 여의치 않았다.

카다피는 반미 테러활동을 적극적으로 지원했다. 1986년 4월 5일 서베를린의 디스코텍 폭파 사건으로 2명의 미군이 희생당했다. 레이건 대통령은 즉각 군사적 보복을 명령했다. 이에 미군은 4월 15일 리비아의 주요 군사시설과 항만을 폭격했다. 카다피는 이에 대한 보복으로 1988년 12월 미국의 팬암기를 스코틀랜드의 록커비 상공에서 폭파하게 된다. 무고한 탑승객 259명과 록커비 주민 11명이 희생된 사건의 배후에 리비아가 있다는 것이 밝혀지자, 유엔은 리비아에 강력한 제재를 가했다. 결국 리비아는 1999년 4월 범인을 네덜란드로 인도하여 재판을 받게 했다.[164]

1990년대 중반부터 2003년까지는 리비아의 핵개발 3기에 해당한다. 이 시기에 리비아는 압둘 카디르 칸을 통해 우라늄 농축을 위한 모든 장비와 자재 및 기술을 도입했다. 1995년에 양측은 연간 서너 개의 핵무기 제조에 필요한 기자재를 인도한다는 데에 합의했다. 리비아는 핵물질 생산과 핵실험을 위한 장비와 시설을 모두 제공받기를 원했다. 1997년부터 2002년까지 칸 박사는 P1형 원심분리기, P2형 원심분리기 등 대량의 설비와 핵무기의 설계도까지 리비아에 제공했다.[165]

카다피는 이렇게 파키스탄과 압둘 카디르 칸으로부터의 조력에 핵개발의 마지막 희망을 걸었다. 그 희망에는 이슬람 국가로서 파키스탄에 대한 유대감과 부토 부녀와의 개인적인 관계도 작용했다. 카다피는 줄피카르 부토가 핵개발을 결의했을 때 이슬람 국가들 중 가장 먼저 자금을 제공했고, 베나지르 부토가 망명생활을 할 때도 많은 도움을 주었다. 그런 인연으로 파키스탄은 압둘 카디르 칸을 통해 리비아의 핵개발에 직·간접적인 지원을 아끼지 않았다.[166]

역부족

그러나 리비아는 이란이나 북한과 달리 이런 기자재를 핵무기로 완성시킬 인적·물적 기반이 절대 부족했다. 핵개발에 필요한 과학기술이나 생산기반은 하루아침에 완비될 수 없었기 때문이다. 결국 카다피는 팬암기 폭파에 따른 국제사회의 제재와 압박에 굴복하여 핵개발을 포기하기로 결정했다. 2004년, 리비아의 핵개발 포기에 따른 확인과 검증 작업이 진행되었을 때, 수많은 기자재가 포장도 뜯기지 않은 채 창고

에 보관돼 있었다고 한다.[167]

1999년 리비아가 팬암기 문제로 영미 양국과 교섭을 시작한 후 발생한 일련의 사건은 리비아의 핵개발 포기에 큰 영향을 미쳤다. 우선, 2001년에 발생한 9·11 사건은 카다피가 미국에 협조하는 계기가 되었다. 카다피가 알 카에다에 대한 정보를 영미 양국에 넘기면서 3개국의 협력이 이루어졌다. 리비아는 2003년 3월, 영국 정보당국에 대량살상무기의 폐기에 대한 용의가 있다는 사실을 비밀리에 전달했다. 이라크 전쟁도 2003년 3월에 발발했다. 리비아는 2003년 8월 팬암기 폭파 사건에 대한 책임을 인정하고 피해자 측에 배상금 지불을 약속하는 편지를 안보리에 제출했다.[168]

2003년 9월에 발생한 BBC차이나호의 컨테이너 압수도 카다피에게는 충격적 사건이었다. BBC차이나호에는 압둘 카디르 칸이 말레이시아에서 조립한 우라늄 농축 장비가 선적되어 있었다. 이 화물은 미국이 주도한 대량살상무기 확산방지구상(PSI)의 일환으로 압수되었으며, 리비아의 핵개발 활동에 대한 결정적인 증거가 되었다. 리비아는 이 사건을 통해 핵무기의 개발이 거의 불가능해졌다는 것을 확인했다.

핵개발의 포기

리비아와 영미 양국의 협상은 2003년 10월부터 본격화되었다. 리비아는 미국이 제재를 해제해주면 리비아가 대량살상무기의 개발을 포기해야 한다는 제안에 동의했다. 이렇게 해서, 전술한 것처럼 2003년 12월에 리비아 정부는 국영방송을 통해 핵무기와 화학무기의 개발을 포기한다는 입장을 공식적으로 밝혔다. 영미 양국의 정상은 리비아의 발표를 환영한다는 성명을 발표했다. 특히 부시 대통령은 그 성명에서 북한과 이란에 대해서도 핵개발을 포기할 것을 촉구했다.

북한이나 이란에 대한 미국의 압력과 이라크전쟁으로, 대량살상무기의 개발이나 보유를 시도하는 국가의 지도자에게 오해의 여지가 없는 메시지를 보낼 수 있었다. 이러한 무기는 그런 국가의 영향력을 강화하거나 위신을 세우기는커녕 그런 국가의 고립과 환영받지 못하는 결과를 초래할 뿐이다.

3개국의 합의 후, 가장 중요한 핵개발 관련 자료와 기자재 및 핵물질이 2004년 1월부터 먼저 미국으로 반출되었다. 미국은 대략 전체 반출량의 5% 정도를 우선 이송했다. 2004년 중순부터 나머지가 반출되었는데, 그것은 합계 1천 톤에 이르는 방대한 양이었다. 리비아는 화학무기도 폐기하고, IAEA와 추가적인 안전조치협정도 체결했다. 카다피는 2004년 2월 아프리카 연합(African Union) 정상회의에서 다른 회원국들에도 대량살상무기를 폐기해줄 것을 요청했다. 2004년 9월에 이러한 비핵화에 대한 검증 작업이 마무리되었고, 미국은 리비아에 대한 경제적·정치적 제재를 해제했다. 2006년 5월 미국과 리비아는 국교를 회복했다. 결국 9·11 테러로 미국이 이라크를 무력으로 제재하고 리비아에 대한 압력을 강화하여 리비아의 비핵화를 이끌어냈다.[169]

한 세대에 걸친 리비아의 핵무기 개발 시도는 실패로 끝났다. 카다피는 아랍 민족주의와 반제국주의를 내세워 집권했지만, 리비아가 이스라엘에서 멀리 위치해 있어서 안보상의 위협은 없었다. 따라서 그가 핵무기의 개발을 시도한 데는 국내적 요인이 더 크게 작용했다. 그는 아프리카·중동 아랍세계의 지도자가 되어 국내의 통치기반을 굳히고자 했다. 그 연장선에서 그는 테러를 지원하고, 핵개발을 시도했다. 요컨대, 카다피의 핵개발에 대한 집착은 이스라엘에 대한 지독한 증오와 국내 정치적 목적으로 시작된 것이라고 정리할 수 있다.

카다피는 2005년에 리비아의 핵개발 포기에 대한 사정을 인터뷰로 밝혔다. 그는 혁명의 초창기부터 핵무기의 개발을 결심했다는 것과, 세월이 흘러 핵무기 자체의 전략적 가치나 효용에 대한 의문이 제기되었다는 것을 다음과 같이 설명했다.

> 혁명의 성공 후, 나는 곧바로 핵무기가 필요하다고 생각했다. 그래서 우리는 핵무기 개발을 목표로 엄청난 노력을 기울였다. 그러나 우리는 핵무기를 제조하여 누구에게 사용해야 하는지를 고민하기 시작했다. 국제사회의 동맹관계는 변하고 있었다. 즉, 우리가 핵무기를 사용해야 할 상대가 존재하지 않게 되어버렸다.
>
> 우리는 핵무기의 피해를 생각해봤다. 만약 어떤 국가가 우리를 공격한다고 해서 우리가 그 국가에 핵무기로 반격한다면, 그것은 실질적으로 우리가 우리 자신에게 핵무기를 사용하게 되는 것이다.[170]

아랍의 봄

그런데 평탄할 것 같던 카다피의 운명은 2010년 12월 튀니지에서 시작된 아랍의 봄으로 반전을 맞는다. 튀니지의 지방 도시에서 한 청년의 분신으로 시작된 반정부 시위는 재스민혁명이라 불렸는데, 곧바로 북아프리카와 중동의 민주화운동으로 발전했다. 튀니지와 인접한 리비아에도 2011년 1월 혁명의 불꽃이 튀었다. 민주적 정권교체를 요구하는 반정부 시위가 본격화되면서 정부군과 반정부군의 유혈사태도 격화되었다.

카다피는 반정부군을 무자비하게 진압했다. 그 진압 과정에서 반인도적 범죄가 자행되자, 유엔 안전보장이사회는 3월 17일 결의1973호로 국민보호 책임(R2P: Responsibility to Protect) 원칙을 처음으로 승인했다. 이는 일국의 국민이 집단학살이나 인종청소 등 반인도적 범죄로 희생될 경우, 국제사회가 개입하여 그 국민을 보호할 책임을 진다는 원칙을 말한다. 과거의 인도적 개입보다 국제법적 규범성이 확보된 원칙이라고 할 수 있다. 미국, 영국, 프랑스, 캐나다 등 다국적군은 유엔의 위임을 받아서 리비아 정부군을 공격했고, 카다피는 10월 20일 시민군에 체포되어 처형되었다.

카다피의 처형 후, 리비아의 핵개발 포기는 지금까지 논란이 되고 있다. 만약 카다피가 핵개발을 포기하지 않았다면 비참한 최후를 맞지 않았을 것이라는 주장도 있고, 그런 상황이라면 핵무기와 상관없이 결과는 마찬가지였을 거라는 주장도 있다. 혹자는 리비아를 공격한 미국과 영국이 카다피를 속였다고 하고, 혹자는 미국의 약속을 믿은 카다피가 잘못이라고도 한다. 어쨌든, 핵무기를 갖지 못한 국가의 지도자는 자칫하면 후세인이나 카다피의 전철을 밟을 수 있다고 우려하게 되었다.[171]

존 볼턴

비핵화와 관련하여, 리비아 방식(Libya Model)은 북한이 가장 싫어하는 선택지이기도 하다. 리비아 방식은 결국 '선(先) 핵폐기, 후(後) 보상' 원칙이 적용된 것으로, 북한이 받아들이기 힘든 내용을 포함하기 때문이다. 북한은 힘들게 개발한 핵무기를 리비아처럼 상대적 조치 없이 먼저 폐기한다는 데에 극도의 반감을 가졌다. 그것은 패전국이 무장해제하는 것과 마찬가지로 굴욕적이라고 주장했다.

북한의 리비아 방식에 대한 반감은 존 볼턴(John Bolton) 국가안보 보좌관과의 갈등을 통해 잘 드러난다. 볼턴은 2001년부터 2004년까지 국무부의 군축·국제안보 담당 차관으로서 리비아의 핵폐기 절차에 직접 관여했다. 당시 북한은 미국과 북핵 문제를 둘러싸고 최악의 상태에 있었다. 2001년 9·11 테러 이후 부시 행정부가 2002년에 북한을 악의 축(Axis of Evil)인 테러국으로 지정하자, 북한은 크게 반발하여 핵개발을 가속화했다.[172]

2002년 10월 제임스 켈리 특사의 방북 시에 고농축 우라늄(HEU) 프로그램이 발각된 후, 북한은 제네바합의를 폐기하고 2003년 1월 NPT로부터 탈퇴했다. 미국도 제네바합의의 폐기를 선언하고 대량살상무기 확산방지구상으로 북한을 압박했다. 2003년 7월 30일, 볼턴은 서울을 방문하여 '미국은 북한의 비핵화 협상에의 복귀를 요구하지만, 선제적 보상은 없을 것'이라는 성명을 발표했다. 그리고 김정일 위원장을 포악한 독재자라고 비난하고, 북한의 강제수용소의 인권 탄압과 주민들의 참상을 지적하여, 그들의 생활은 지옥과 같은 악몽이라고 주장했다.[173]

북한은 볼턴의 주장에 강하
게 반발했다. 당시 북한은 외무
성 대변인과 조선중앙통신 기자
의 문답을 통해 볼턴의 강경한
주장을 다음과 같이 성토했다.

미국 행정부 내에 강경파
는 있기 마련이지만, 볼턴과
같이 무례한 인간쓰레기는 처
음 본다. 그는 피에 굶주린 흡

존 볼턴

혈귀이다. 그가 지껄이는 말은 이성을 상실한 야수 같은 인간이 마구
내뱉는 쓰레기나 다름없다.

우리는 미국 대통령의 발언과 너무나 다른 그의 정치적 저속함과
정신병리학적인 상태를 심각하게 고려하여, 그를 더 이상 미국의 대표
로 인정하지 않을 것이라고 결정했다.

볼턴은 그 이후 북한과의 협상에 참여하지 않았다. 그러나 그는
2005년 3월부터 주유엔 미대사로 임명되어 부시 행정부의 강경한 외교
정책을 유엔에서 뒷받침했다. 그는 2007년에 발간한 저서『항복은 선
택지가 아니다(Surrender is Not an Option: Defending America at the United
Nations and Abroad)』에서 북한의 비난을 비판하지 않았다. 그는 북한의
'인간쓰레기'라는 비난을 오히려 그가 부시 행정부 시절에 받은 가장 훌
륭한 포상(the highest accolade)이라고 기술했다.[174]

북한의 반발

2018년 제1차 북미정상회담을 앞두고 볼턴은 다시 리비아 방식을 거론했다. 4월 29일 폭스뉴스와의 인터뷰에서 그는 '북한의 비핵화는 핵무기, 미사일, 핵물질을 모두 포기하는 것이며, 리비아 방식을 염두에 두고 있다'는 입장을 밝혔다. 5월 13일 ABC뉴스와의 인터뷰에서는 '북한에 대한 보상적 혜택을 제공하기 전에 반드시 항구적이고, 검증 가능하며, 불가역적인 비핵화(PVID)가 이루어져야 하고, 북한의 모든 핵무기는 해체되어 테네시 주의 오크리지(Oak Ridge)로 옮겨져야 한다'고 주장했다. 오크리지는 2003년 리비아의 핵물질과 핵관련 기자재가 옮겨진, 미국의 국립연구소(ORNL)가 위치한 곳이다.

이에 대하여 북한의 김계관 제1부상은 5월 16일 담화를 통해 '미국의 대북 적대정책을 끝내는 것이 한반도 비핵화의 선결 조건이며, 리비아식 핵포기나 CVID, 핵, 미사일, 생화학무기의 완전 폐기와 같은 방식은 수용할 수 없다'는 입장을 분명히 했다. 그는 '볼턴의 주장은 대국들에 나라를 통째로 내맡기고 붕괴된 리비아나 이라크의 운명을 존엄한 우리 국가에 강요하려는 심히 불순한 기도의 발현'이라고 주장했다. 북한의 리비아 방식에 대한 거부감은 2016년 1월 제4차 북핵실험 후 조선중앙통신에 발표된 정부 성명에도 잘 나와 있다.

강력한 핵 억지력이 외부의 침략을 좌절시키는 가장 강력한 보검 역할을 한다는 것은 역사가 증명한다. 이라크의 사담 후세인 정권과 리비아의 무아마르 카다피 정권은, 핵개발의 기반을 빼앗기고 그들의 핵 프로그램을 포기한 뒤, 파멸의 운명을 피할 수 없었다.

북한과 같이 존엄한 국가가 강대국들에 통째로 나라를 바치고 항복한 리비아나 이라크와 같은 운명을 강요받도록 하는 것은 완전히 잘못된 생각이다. 전 세계는 우리나라가 비참한 최후를 맞은 리비아나 이라크가 아니라는 것을 잘 안다.[175]

요컨대, 북한의 입장은, 첫째, 리비아나 이라크의 전철을 밟지 않기 위해 핵무기를 일방적으로 포기하지 않을 것이며, 둘째, 미국이 리비아 방식을 북한에 적용하려고 해도 절대 그에 응하지 않겠다는 것이다. 이렇게 해서 북한은 볼턴과 같은 강경파를 배제하고 트럼프 대통령을 직접 설득하여 순차적 비핵화를 합의하려고 했다. 그러나 북한의 시도는 2019년 2월 28일 2차 북미정상회담의 실패로 수포로 돌아갔다. 볼턴은 3월 10일 ABC뉴스와의 인터뷰에서 '선(先) 핵폐기, 후(後) 보상'이라는 리비아 방식을 다시 거론했다.

이와 같이 북한의 비핵화에 대한 미국과 북한의 인식은 여전히 너무나 다르다. 미국은 이를 북한이 모든 핵무기, 화학무기, 미사일 등을 먼저 포기하고 검증을 받아야 하는 것으로 인식하고 있다. 북한은 비핵화란 판문점 선언에서 밝힌 대로 한반도 전체를 대상으로 하는 것이며, 상대적 보상과 제재의 해제와 함께 순차적으로 이행하는 것이라고 주장하고 있다. 리비아 방식에 대한 논란은 양측의 비핵화에 대한 인식의 차이를 보여주는 실례가 되었다.

현실적으로 과거의 리비아와 현재 북한의 상황은 너무나 다르다. 리비아는 카다피가 핵 프로그램을 포기했던 2003년까지 핵무기의 개발에 성공하지 못했다. 리비아는 예산을 제외하고 핵개발에 필요한 대부분의 조건을 갖추지 못했다. 그에 비해, 북한은 6차례의 핵실험을 통해 핵무기를 성공적으로 개발했고, 미사일이나 핵무기의 수준도 계속 향상시키고 있다. 미국의 정보기관들은 2018년 6월 현재 북한이 60개까지의 핵탄두와 관련 기술을 보유하고 있다고 봤다.[176]

이런 상황에서, 만약 북한이 주장하는 한반도의 비핵화가 미군의 철수를 포함하여 잠재적 핵전력까지 배제 내지 무력화시키는 것이라면, 그것은 결코 한국이 받아들여서는 안 되는 제안이 된다. 미국은 한국에서 전술핵을 1991년 9월에 이미 철수했고, 당시 노태우 대통령은 12월에 국내의 핵무기 부재를 선언했다. 따라서 한국은 비핵화를 적용해야 할 상황이 전혀 아니다. 그런 의미에서, 미국의 입장은 논리적으로 타당하다. 다만, 미국이 그런 입장을 견지하더라도, 필요한 경우 북한의 비핵화를 위한 정책적 융통성은 발휘할 수 있어야 할 것이다.

제7장

이란의 핵개발과
북한의 비핵화

19

이란 핵개발의 배경과 경과
문명의 충돌

포괄적 공동행동계획(JCPOA)의 파기

2018년 7월 22일, 하산 로하니(Hassan Rouhani) 이란 대통령은 미국의 경제 제재가 재개될 경우에 대하여, "미국은 이란과의 평화는 '모든 평화의 어머니'이고, 이란과의 전쟁은 '모든 전쟁의 어머니'라는 걸 알아야 한다"고 주장했다. 또한 이란산 석유의 금수계획과 관련하여 유사시에 호르무즈해협을 봉쇄하겠다는 의지도 밝히고, 특히 트럼프 대통령에게 "사자의 꼬리를 가지고 놀다간 영원히 후회할 것"이라고 경고했다.

트럼프 대통령은 이에 대하여 트윗에, '로하니 이란 대통령에게'라며 "미국을 절대, 절대로 다시는 협박하지 말라. 그렇지 않으면 이란은 역사상 겪어본 적이 없는 결과로 고통 받을 것"이라고 응수했다. 또한 "미국은 더 이상 '폭력'이니 '죽음'이니 같은 당신의 정신 나간 소리를 좌시하는 나라가 아니니 조심하라"고 덧붙였다. 양국 정상의 설전은 본격적인 대이란 제재를 앞둔 당시의 엄중한 상황을 적나라하게 보여줬다.[177]

하산 로하니

이란 핵 문제는 지금도 북핵 문제와 함께 국제사회의 뇌관이 되고 있다.

이란 핵개발 문제를 둘러싼 미국과 이란의 대립에는 이슬람에 대한 미국의 거부감도 크게 작용했다. 특히 9·11 테러 이후 미국에서 반이슬람 정서는 더욱 확산되었다. 그런 상황에서, 유대인의 지지를 받는 트럼프 대통령은 자연히 친이스라엘·반이슬람 중동정책을 펴게 되었다. 이란 핵개발에 대한 미국의 강경한 입장은 그런 맥락에서 이해할 수 있을 것이다.

이란의 핵개발 문제는 2002년 이란 반체제단체의 폭로로 구체화되었다. 이란은 NPT의 당사국으로서 IAEA의 사찰을 피할 수 없었고, 미국과 국제사회는 그것을 근거로 경제적 제재를 강화했다. 결국 2013년 하산 로하니 행정부의 출범으로 협상이 타결되어, 2015년에 포괄적 공동행동계획(JCPOA)이 합의되었다. 이란이 JCPOA에 합의할 때까지 핵개발을 완성하지 못한 것은 국제사회의 제재가 효과를 발휘했기 때문이다.

그리고 미국은 2018년 5월에 이란과의 핵합의(JCPOA)를 탈퇴하여 새로운 협상을 요구하고 있으며, 북한의 비핵화에 대한 압박과 회유도 계속하고 있다. 트럼프 행정부는 이란과의 핵합의를 핵폐기가 아닌 핵개발의 동결로 이해하여 강경한 입장을 취하고 있다. 이란의 핵 문제에 대한 미국의 단호한 태도는 북핵 문제에 대한 미국의 입장을 이해하는 데에 참고가 될 것이다. 미국이 이란과 북한에 대하여 어떤 정책을 취할지에 따라 국제사회의 안정이 좌우된다.

2002년부터 2015년 사이에 이란과 국제사회가 반복한 협상과 제재의 과정은 북한과 국제사회의 그러한 과정과 여러 가지로 달랐다. 이란의 경우, 원유수출에 의존하는 경제 체제의 특성상 제재나 경제적 압박은 효과적이었고, 또 북한에 대해 중국이 했던 것과 같은 역할을 해주는 우호적인 강대국도 없었다. 이란에 대한 압박과 제재는 이란의 핵프로그램이 원자력의 평화적 이용이 아니라는 IAEA의 국제법적 평가를 근거로 이루어졌다. 그런 맥락에서, 이란이 핵개발을 시도한 과정과 JCPOA에 합의할 수밖에 없었던 미국과 국제사회의 제재를 북핵 문제에 대한 함의와 함께 살펴보기로 한다.

핵 프로그램의 시작

이란 핵 프로그램의 시작은 이슬람 혁명 이전 팔레비 왕조 시절로 거슬러 올라간다. 제2대 군주였던 모하마드 레자 샤 팔레비(Mohammad Reza Shah Pahlevi)는 서방 국가들의 도움으로 원자로의 건설과 핵연료의 도입을 야심차게 추진했다. 당시의 핵 프로그램은 주변국의 핵무기 개발에 대응한다는 측면도 있었지만, 원칙적으로 이는 직접적 핵무기 개발이 아닌 평화적 목적을 위한 것이었다.[178] 그러나 4억 달러 규모 예산의 엄청난 프로젝트는 1979년 이슬람 혁명의 발발로 중단되었다.

모함마드 하타미   아야톨라 알리 하메네이

1979년 초 당시 이란은 총 12기의 원자력 발전소 건설을 목표로 했는데, 6기의 원자로 건설에 대한 계약을 완료한 상태였다.[179]

이란의 핵무기 개발에 대한 정책은 이란·이라크전쟁으로 본격화되었다. 1980년 9월 이라크의 기습공격으로 시작된 양국의 전쟁은 1988년 8월까지 8년 동안 계속됐는데, 당시 이라크는 1983년부터 이란군에 대하여 화학무기를 사용했다. 이란은 그에 대하여 화학무기로 반격을 할 수 없었다. 이란의 호메이니가 종교적 이유로 대량살상무기의 개발에 반대했기 때문이다. 당시 이란은 유엔총회에서 냉전 시기 동서진영의 군비경쟁을 비난하고, 군축과 핵확산방지에 대하여 찬성하고 있었다.[180]

그러나 이란은 1985년부터 대량살상무기의 개발에 나선 것으로 간주된다. 구체적으로, 이란은 1987년에 파키스탄의 압둘 카디르 칸 박사의 네트워크를 활용하여 우라늄 농축기술의 도입을 시작했다. 당시 이

란은 파키스탄에 천만 달러를 지불하고 제1세대 P-1형 원심분리기를 수입할 수 있었다. 이란과 파키스탄은 1989년에 비밀 군사협정을 체결하여 파키스탄이 10년치 국방예산에 대한 대가로 이란에 핵기술을 제공하기로 약속했다고 한다. 결국 파키스탄 정부, 군부 및 칸 박사의 유착으로 파키스탄의 이란에 대한 우라늄 농축 장비와 기술의 제공이 이루어졌다.[181]

이란은 파키스탄으로부터 도입한 기초적 장비와 기술을 활용하여 핵무기를 개발하려고 했다. 이란은 핵연료주기의 완성에 필요한 기술을 제공할 수 있는 파트너를 물색했다. 이란은 중국과 1990년대 전반에 플루토늄 생산시설, 우라늄 전환시설, 가압중수형 원자로 등의 수입이나 기술이전을 전제로 협의를 진행했다. 그러나 교섭은 미국의 강력한 반대와 압력으로 성사되지 못했다. 중국은 이란에 대한 핵기술의 제공과 원조가 핵확산방지조약에 규정된 평화적 목적을 위한 것이라고 주장했지만, 결국 1997년 장쩌민 주석의 방미를 계기로 대부분의 협력사업을 취소하거나 포기했다.[182]

이란은 핵연료주기 기술의 도입을 위한 새로운 파트너로 독일, 아르헨티나 및 한국을 주목하여 협상을 시작했다. 그러나 미국의 반대로 이러한 국가들과의 협상도 모두 실패로 돌아갔다. 다만, 러시아와는 핵무기 개발에 대한 제한적 협력과 기술이전이 일부 이루어졌다. 이란과 러시아는 1992년의 원자력협력협정과 1995년의 후속협정을 통해 부쉐르(Bushehr) 원자로의 완성 외에 시험용 원자로나 핵연료 가공시설의 제공에 합의했다.[183] 그러나 당시 클린턴 대통령의 압력으로 옐친 대통령은 부쉐르 원자로의 건설 이후 모든 원자력활동의 협력을 중단한다고 약속했다. 양국의 공식적인 협력은 이렇게 종료되었다. 미국의 정보기관은 실제로는 러시아의 과학자나 기관이 개별적으로 이란의 핵개발 프로그램에 관여했다고 보고 있다. 한편, 이란은 1996년에 파키스탄으로부터 제2세대 P-2형 원심분리기를 제공받았다.[184]

테헤란선언과 파리합의

이란의 핵개발 문제에 대한 국제적 논의의 시발점은 2002년 8월에 이루어진 이란 반체제 그룹의 기자회견이었다.[185] 즉, 이란국가저항평의회(National Council of Resistance of Iran)라는 단체가 워싱턴에서 기자회견을 통해 아라크(Arak)에 건설 중인 중수 제조시설과 나탄즈(Natanz)에 건설 중인 핵연료시설의 존재를 폭로한 것이다. 미국은 그해 12월 두 곳의 의심되는 시설에 대한 위성사진을 공개했다. 이란 정부는 그 시설이 원자력의 평화적 이용을 목적으로 건설된 것이라고 주장했다.[186]

2003년 9월, 국제원자력기구(IAEA) 이사회는 이란이 모든 우라늄 농축과 핵연료 재처리활동을 10월 31일까지 동결하고 IAEA의 사찰을 받아야 한다는 결의를 채택했다. 미국은 이 문제를 안보리에 회부하려고 시도했으나 유럽연합과 비동맹국들이 반대하여 성사되지 못했다. 결국 이란은 10월 21일에 유럽연합 3개국, 즉 영국, 프랑스, 독일과 우라늄 농축활동의 중단 및 IAEA와의 추가의정서 체결에 합의했다. 이는 이란의 핵위기 극복을 위한 최초의 합의로서, 테헤란선언(Tehran Declaration/Statement)이라고 한다.[187]

IAEA 이사회는 11월에 추가의정서의 체결을 환영하는 결의를 채택했다. 그러나 IAEA 이사회는 이란의 신고 내용이 실제 활동과 다르다는 점을 지적하고, 그에 대한 확인을 요구했다. 이란은 IAEA의 결의에 반대했지만, 결국 12월 18일에 IAEA와 1974년의 안전조치협정(Safeguards Agreement) 외에 추가의정서를 체결했다. 이렇게 이란과 유럽연합 3개국 간의 테헤란선언은 처음부터 우여곡절을 거치게 된다.[188]

이란은 핵확산방지조약(NPT)과 안전조치협정으로 대표되는 핵확산방지 체제를 초창기부터 수용했다. 이란은 1968년 7월 NPT에 서명하고, 1970년 2월 그 비준을 완료했다. 이란은 또한 1973년 6월에 안전조치협정에 서명하였으며, 이 협정은 1974년 5월부터 발효되었다. 그리고 2003년 12월의 추가의정서에 대한 서명으로 이란은 IAEA의 검증을 원칙적으로 모두 수용했다.[189]

테헤란선언을 전후한 핵위기 당시 이란의 대통령은 온건개혁파인 모함마드 하타미(Mohammad Khatami)였다. 그래서 이란은 서방과의 협상을 선택할 수 있었다. 그러나 그 과정에서 온건파와 강경파 사이에 또는 대통령과 성직자인 최고지도자 사이에 갈등도 발생했다. 핵 문제에 대한 최종 결정은 최고지도자 아야톨라 알리 하메네이(Ayatollah Ali Khamenei)가 갖고 있었다. 그의 핵 문제에 대한 입장은 매우 강경했기 때문에 결국 이란의 협상 상대국은 미국이나 러시아가 아닌 유럽연합 3개국으로 정해졌다. 유럽연합 3개국도 미국의 대이라크전쟁과 같은 방식이 아닌 평화적 방식의 문제해결을 원했다. 이란이 테헤란선언을 이행하면, 안전보장이사회에의 회부를 막을 수 있다는 취지였다.[190]

당시 이란의 핵협상 수석대표는 현재 이란의 대통령인 하산 로하니였다. 그는 핵위기의 관리와 위협의 억제, 핵시설의 유지, 핵능력의 개선과 강화, IAEA헌장 등 국제법상 이란의 지위 강화, 위기의 타개와 기회의 포착이라는 전략적 목표 하에 서방과 협상을 진행했다. 로하니 대표는 당시 하타미 대통령과 함께 온건개혁파로 분류되었다. 다만 로하니도 협상을 지지하면서 이란 핵시설의 유지와 핵능력의 강화는 포기하지 않았다.[191]

이란의 우라늄 농축활동은 테헤란선언으로 중지되었다. 그러나 농축활동이 어느 범위까지를 포함하는지가 문제였다. 즉, 원심분리기의 조립이나 부품의 생산 또는 우라늄 전환도 이에 포함되는지가 논란이 되었다. 합의 내용에 대한 구체적 이행과 해석이 문제였다.

2004년 11월, 유럽연합 3개국과 이란은 파리합의(Paris Agreement)를 통해 문제를 해결했다. 이란은 모든 농축 관련 활동 및 재처리 관련 활동을 자발적으로 중지하기로 했다. 여기에는 우라늄 전환 등 논란이 된 활동들도 포함되며, 이러한 활동의 중지는 자발적 신뢰구축 조치의 일환이라는 것을 확인했다. 파리합의로 양측의 장기적 협상이 진행되는 동안에도 협력 조치가 원활하게 취해졌다.[192]

우라늄 농축의 재개

테헤란선언과 파리합의에 의한 핵 문제의 외교적 해결 가능성에 대한 기대는 오래가지 않았다. 파리합의 이후 1년이 지나면서 상황은 다시 악화되었다. 유럽연합 3개국은 2005년 8월에 이란이 경수로와 실험용 원자로 이외의 핵연료주기활동을 추구하지 않을 것을 요청했다. 이

란이 NPT로부터 탈퇴하지 않겠
다는 약속도 해줄 것을 요청했
다. 이란은 이러한 제안을 즉시
거부했다.[193]

이란 정부의 교섭에 대한 국
내적 반발도 강해졌다. 2005년
6월의 대통령 선거에서 종교적
보수파와 빈곤층의 지지를 받는 마흐무드 아흐마디네자드(Mahmoud
Ahmadinejad)가 라프산자니 전 대통령을 물리치고 당선되었다. 아흐마
디네자드 대통령은 하타미 전 대통령과 로하니 위원장이 추진한 핵협
상을 비판해왔다. 결국 아흐마디네자드 대통령은 취임 직후에 국가안
보 최고위원회의 로하니 위원장을 알리 라리자니(Ali Larijani)로 교체했
다.[194]

2003년 10월의 테헤란선언 이후 우라늄 농축을 중단해왔던 이란은
2006년 1월 20일에 나탄즈 농축시설의 봉인을 제거하고 우라늄 농축
을 재개했다. 이란은 이를 평화적 연구 목적의 활동이라고 주장했다. 이
에 대응하여, 1월 말에 유럽연합 3개국과 미국, 러시아, 중국 3개국 등 6
개국 외교장관이 런던에서 회동했다. 유럽연합 3개국 플러스 미중러 3
개국 체제가 시작된 것이다. 2006년 2월, IAEA 이사회는 이란의 원자
력 활동이 전적으로 '평화적' 목적을 위한 것이 아니라고 하여, 이를 유
엔 안전보장이사회에 회부하기로 결정했다. 이렇게 해서 이란 핵 문제
는 안전보장이사회에서 본격적으로 다루어졌다.[195]

2006년 3월, 안전보장이사회는 이란이 모든 농축활동과 재처리활동

을 완전하고 지속적으로 중단해야 한다는 의장 성명을 발표했다.[196] 그러나 이란은 농축활동을 중단하지 않았다. 결국 안전보장이사회는 7월 31일에 결의 1696호를 채택했다. 이란에 대한 첫 번째 결의인 1696호는 첫째, 이란은 연구 및 개발을 포함한 일체의 농축활동 및 재처리활동을 중단하고 IAEA의 확인을 받아야 하고, 둘째, 모든 국가들은 이란의 농축활동, 재처리활동 및 탄도미사일 계획에 기여할 수 있는 품목의 이전을 감시하고 방지해야 하며, 셋째, 이란이 8월 31일까지 결의를 준수하지 않으면, 유엔헌장 제41조에 따른 적절한 조치가 취해질 수 있다는 것을 확인했다.[197]

이란이 이 결의를 이행하지 않게 되자, 안전보장이사회는 2006년 12월에 이란에 경제적 제재를 가하는 결의 1737호를 채택했다. 두 번째 결의는 첫 번째 결의에 명시되었던 유엔헌장 제41조에 따른 비군사적 조치를 발동한 것이었다. 이란은 그 후에도 농축활동을 중단하지 않았고, 안전보장이사회도 그에 따라 2007년 3월에 결의 1747호, 그리고 2008년 3월에 결의 1803호를 채택하여 제재를 확대했다. 그리고 이란이 여전히 우라늄 농축활동을 계속하자, 안전보장이사회는 다시 2008년 9월에 결의 1835호를 발동했다.[198]

$$20$$

국제사회의 압력과
이스라엘의 개입

☢

사태의 악화

안전보장이사회의 제재 조치가 효과를 보지 못하면서 이란 핵 문제의 평화적 해결 가능성은 희박해졌다. 그런 상황에서 이스라엘은 군사옵션의 실행을 주장하기 시작했다. 이스라엘은 중동전쟁과 이라크 및 시리아의 원자로에 대한 폭격을 통해 예방적 자위권(right of anticipatory self-defense)을 실행한 바가 있었다. 즉, 이스라엘은 1981년과 2007년에 단행한 기습공격으로 오시라크 원자로와 알 키바르 원자로를 완공 직전에 완전히 파괴했다. 이스라엘의 폭격으로 이라크와 시리아는 핵무기 개발을 포기할 수밖에 없었다.[199]

그러나 이란은 외부의 무력공격에 대한 방어태세를 철저하게 구축했다. 이란은 핵물질의 생산시설을 여러 곳에 건설하고 또 지하에 배치하여 이스라엘의 공습에 대비했다. 가령 이스라엘이 이란의 핵시설을 기습적으로 공격하더라도 성공할 가능성은 낮았다. 더구나 이란은 이슬람 시아파의 맹주로서 중동의 패권을 다투는 강대국이다. 따라서 이란은 이스라엘에 제대로 반격도 못한 이라크나 시리아와는 경우가 다를 수밖에 없다. 결국 이스라엘이 주장하는 군사적 옵션도 쉽지 않은 일이다.

2009년 9월 21일, 이란은 외부에 알려지지 않았던 포르도(Fordow)에 우라늄 농축시설이 건설되고 있다는 사실을 IAEA에 통보했다. 이란은 이 시설이 나탄즈에 있는 핵시설의 예비용이라고 주장했다. 그러나 IAEA는 이를 나탄즈에서 농축된 우라늄의 농도를 높이기 위한 시설로 간주했다. 이란이 농축한 우라늄을 핵무기용 원료로 활용할 수 있는 가능성이 높아졌다.[200]

이란은 2010년 2월 11일까지 우라늄을 20%까지 농축하는 데에 성공했다는 사실을 추가로 밝혔다. 안전보장이사회는 2010년 6월 9일에 결의 1929호를 채택하여 이란에 대한 제재를 더욱 강화했다. 이 제재조치로 핵 탑재 탄도미사일의 실험을 포함한 이란의 핵개발 관련 활동은 모두 제재 대상이 되었고, 이란에 대한 주요 무기체제의 이전이 모두 금지되었다. 결의 1929호는 안전보장이사회의 여섯 번째 대이란 제재조치가 되었다.[201]

안전보장이사회는 2006년부터 2010년까지 총 6회에 걸쳐서 이란에 대한 제재조치를 부과했다. 그러나 이란은 국제사회의 압력에도 불구하고 우라늄 농축활동을 멈추지 않았다. 미국과 이스라엘은 이란의 핵개발을 저지하기 위하여 이란의 핵시설에 대한 사이버 공격이나 핵과학자 암살 등 이른바 '비공개적 공작'(covert action)도 감행했다. 그러나 이러한 시도도 이란의 핵개발 의지를 꺾지 못했다.

제재의 강화

국제사회는 석유금수와 같은 경제적 제재로 이란을 압박했다. 미국은 2010년 7월 이란과 원유나 금융거래를 하는 기업에 대해서도 엄격한 제재를 가하는 '포괄적 이란 제재법'(CISADA)을 제정했다. 당시 미국에는 이미 대이란 제재조치가 국내적으로 시행되고 있었다. 첫째, 1979년 이슬람혁명 이후의 이란 재산의 동결, 둘째, 이란·이라크전쟁 이후 1984년의 대이란 무기수출과 모든 지원의 금지 및 1987년의 물품과 서비스의 교역 금지(행정명령 12613), 셋째, 이란제재법(ISA)과 이란거래규칙(ITR) 및 일련의 집행명령(12938, 13094)에 의한 제재가 그런 것들이었다.[202]

그러나 이러한 제재조치는 효과가 없었다. 결국 미국은 '포괄적 이란 제재법'과 행정명령 13382에 의해 국제적 제재를 강화하게 되었다. 특히 '포괄적 이란 제재법'에 의해 1996년의 이란제재법의 여섯 개 금지조치에 세 개 금지조치를 더한 아홉 개의 금지조치를 시행하게 되었다.

기존의 여섯 개 조치는 첫째, 미수출입은행의 대출, 차관, 신용보증 거부, 둘째, 미 군수기술의 이전 금지, 셋째, 미국 은행의 연 1천만 달러 이상 대출 금지, 넷째, 미국 국채의 우선적 딜러 및 정부기금의 보관자(repository)로서의 서비스 금지, 다섯째, 미국 정부 조달계약 금지, 여섯째, 대미수출 금지로 이루어졌다.

추가된 세 개 조치는 첫째, 미국 내 외환시장의 접근 금지, 둘째, 미국 내 금융거래의 금지, 셋째, 미국 내 자산거래의 금지였다. 기존의 이란 제재법은 대통령의 면제부여권으로 제재가 느슨해지기도 했지만, '포괄적 이란 제재법'은 대통령의 면제부여권을 의회가 견제하고 그 기한

도 제한함으로써 제재의 실효성을 획기적으로 높였다.[203]

미국은 이 법에 의해 제재 대상국가와 정상적인 거래를 하는 제3국의 기업이나 금융기관도 제재하는 2차 제재(secondary boycott) 방식을 도입했다. 이 법의 시행으로 이란의 경제는 심각한 타격을 입었다. 원유수출을 비롯한 교역이 감소하거나 봉쇄된 이란은 외화 부족과 물가 폭등으로 심각한 경제난을 겪었다. 원유의 정제 능력이 부족한 이란은 자국의 석유 소비량도 반 이상을 수입해야 하는 아이러니한 상황에 처했다.

유럽연합도 미국의 강력한 압박정책에 협력했다. 2012년 1월 23일, 유럽연합은 이란으로부터의 원유수입을 7월 1일부터 금지할 것을 결의했다. 모든 유럽연합 회원국들에 이런 의무가 부과되었다.[204] 아흐마디네자드 정부는 추가적인 제재를 피하기 위해 노력했다. 그러나 이란 정부의 핵협상 타결을 위한 노력은 모두 수포로 돌아가고, 경제는 파탄 상태에 이르렀다.

온건파의 집권

결국 이란 핵 문제는 2013년 6월 대선을 계기로 돌파구가 마련되었다. 온건개혁파로 분류되던 하산 로하니가 대통령에 당선된 것이다. 개혁·중도파 후보들의 단일화를 이룬 로하니는 하메네이가 지원한 보수파 후보들을 압도적인 표차로 이기고 당선되었다. 예상을 뒤엎고 로하니가 당선된 것은 이란 국민들이 경제적 파탄에 대한 개선과 변화를 요구했기 때문이다.[205]

로하니는 취임 직후부터 공기업 민영화와 외국인 투자 유치 등 개혁

개방 정책을 적극적으로 단행했다. 경제회복의 발판을 마련한 그는 서방과의 핵협상에서도 전향적인 입장을 취했다. 과거 2003년의 테헤란 선언과 2004년의 파리합의를 주도한 새로운 대통령에 대한 국제사회의 기대도 높아졌다.

이란과 유럽연합 3개국 플러스 미·중·러 대표들은 이란의 핵 문제 해결을 위한 협상을 진행했다. 2013년 11월 제네바에서 포괄적 공동행동계획(JCPOA)의 내용에 대한 개략적인 합의가 이루어졌다. 이 합의에는 이란과 6개국이 처음 6개월 동안 실시하는 제1단계 조치와, 그 이후 협의해야 할 최종 단계의 포괄적 조치에 대한 내용이 담겨 있었다.

이란은 제1단계 조치로 5%를 초과하는 농축활동을 중단하고, 20% 농축 우라늄을 5% 수준으로 희석하거나 산화우라늄으로 전환하며, 우라늄 농축능력 증강을 중단하고, 아라크 중수로 활동을 정지하여, IAEA의 사찰을 강화한다는 등의 조치를 취하기로 약속했다. 이에 대하여 6개국은 이란에 대한 제재를 제한적 내지 일시적으로 완화하기로 결정했다.[206]

2014년 1월부터 6개국과 이란은 제1단계 조치를 실시하면서 최종 단계의 포괄적 조치에 대한 협의를 계속했다. 결국 양측은 2015년 4월에 이란 핵협상 타결을 위한 초안에 합의했으며, 7월에 마침내 포괄적 공동행동계획을 합의하여 발표했다.

그리고 취임 전부터 JCPOA에 대하여 부정적이었던 트럼프 대통령은 전술한 것처럼 2018년 5월 8일에 JCPOA로부터의 탈퇴를 선언했다. 그는 이란의 핵폐기 의사를 기본적으로 신뢰하지 못했다. 미국의 대이란 핵합의 탈퇴로 이 문제는 현재 중대한 분기점에 처하게 되었다.

이스라엘의 개입

이스라엘은 이란의 핵 문제에 대하여 가장 강경한 입장을 취하고 있다. 유엔과 국제사회의 제재가 효과가 없으면, 결국 군사적 조치를 취할 수밖에 없다고 주장해왔다. 이스라엘은 이라크와 시리아의 핵개발 문제가 불거진 1981년과 2007년에 양국의 원자로에 기습적 공격을 가하여 핵개발 의지를 꺾은 경험이 있다. 당시 이스라엘은 전광석화와 같은 원자로 폭격을 예방적 자위권의 행사라고 주장했다.

이스라엘의 정보기관은 이라크와 시리아의 원자로에 대한 기습적인 군사행동 외에도 이란의 핵무기 개발을 저지하기 위한 '공개적·비공개적 공작'을 수차례 감행했다. 그들은 작전 수행에 있어서 핵과학자나 전문가에 대한 암살이나 테러는 물론 관련 자료나 기술의 탈취, 사이버 공격 등 수단과 방법을 가리지 않았다.[207] 그중에서도, 모사드가 2018년 1월 31일 테헤란에 소재한 비밀창고를 급습한 것은 너무나 대담한 작전으로서 전 세계를 경악시켰다. 베냐민 네타냐후 총리가 제공한 자료는 트럼프 대통령이 이란 핵합의 탈퇴 결심을 굳히는 데 결정적인 역할을 했다.[208]

모사드는 대략 2017년 초부터 이란 정부가 테헤란 남쪽 특정한 장소에 많은 자료를 조직적으로 모으는 사실에 주목했다. 모사드는 쇼라바드(Shorabad) 지구에 위치한 허름한 창고에 수집되어 정리되는 자료가 과거 이란의 핵무기 연구·개발에 관한 자료라는 사실을 확인했다. 겉으로 보기에 허름한 창고는 경비가 특별히 삼엄하지도 않았으며, 그 존재를 알거나 주목하는 이란인들도 많지 않았다.[209]

모사드 요원들은 창고 건물의 설계도와 32개의 금고 중 핵탄두의 디자인과 생산계획, 핵무기 개발 작업 등에 대한 자료가 담긴 금고를 1년 가량 꾸준히 주목해왔다. 모사드는 이란인 현지 스파이들의 정보를 바탕으로 자료에 대한 분석을 마치고, 이를 탈취하여 국제사회에 공개하기로 결정했다. 전형적인 '비공개적 공작'을 수행하기로 한 것이다.[210]

1월 31일 밤 10시 30분경, 마침내 20여 명의 모사드 요원들은 5만 페이지에 이르는 문서와 163개의 CD 등을 빼냈다. 새벽 5시까지 이루어진 탈취 작전에서 모사드 요원들은 비밀창고의 경보장치를 조작하고 용접용 토치로 철문을 과감하게 절단했다. 할리우드 영화를 뺨치는 드라마틱한 작전을 수행한 그들은 수개조로 분산하여 자료를 가지고 이란을 탈출했다. 오전 7시에 창고가 털린 것을 확인한 이란 정부는 수만 명의 군대와 경찰을 동원하여 수색에 나섰지만 허사였다.[211]

방대한 자료를 소지한 모사드 요원들의 탈출 경로는 공개되지 않았다. 그러나 자료의 내용은 대부분 공개되었다. 자료 중 공개되지 않은 부분은 실제 핵무기 제조에 응용될 수 있는 설계 부분이었다. 핵탄두 개발을 위한 고폭 실험실 사진, 지하 핵실험 장소의 건설, 미사일 탑재용 핵탄두에 대한 자료는 이란이 주장해온 평화적 목적의 핵 프로그램 수행과는 거리가 먼 것이었다.[212]

네타냐후 총리는 4월 30일 생방송으로 전 세계에 자료를 공개하면서, 이란 핵합의는 거짓에 입각한 것이라고 이란을 맹비난했다. 그래서 미국과 유럽연합 3개국은 이란 핵합의로부터 즉시 탈퇴해야 한다고 주장했다. 이란은 이스라엘이 제시한 자료는 모두 위조된 것이며, 네타냐후의 주장은 사기극이라고 항변했다. 일부 서방 언론도 이란이 핵합의 이후 핵개발을 한 증거는 없다고 하여, 이스라엘의 주장을 평가절하했다. 그러나 많은 전문가들은 이 자료가 이란이 과거에 핵무기를 개발했다는 것을 입증하는 증거가 된다고 평가했다.[213]

이스라엘 정부는 7월 16일 모사드의 작전을 다시 공개하면서 일부 자료의 원본도 서방 언론에 공개했다. 이스라엘이 탈취한 자료가 이란이 주장하는 것처럼 조작이 아니라는 것은 분명해졌다. 이 자료에 의해, 1980년대 후반부터 이란은 비밀리에 핵무기를 개발해왔으며, 그리고 미국의 대이라크전쟁이 시작된 2003년에 일시적으로 이를 중단했다가, 결국 2015년 핵합의 시까지 핵개발과 중단을 되풀이해왔다는 사실이 명백하게 밝혀졌다.[214] 어쨌든, 2018년에 전모가 거의 공개된 이스라엘의 '비공개적 공작'은 이란의 핵무기 개발 의도를 입증하는 중요한 계기가 되었다. '비공개적 공작'의 법적 · 정치적 의미도 그런 맥락에서 이해할 수 있을 것이다.

21

국제법적 쟁점과
북핵 문제에 대한 함의

☢

이란 핵활동의 NPT 위반

이란은 NPT를 비롯한 핵확산방지 제도를 일찍부터 수용했기 때문에 그러한 핵확산방지 의무의 준수가 논란이 되었다. 즉, 이란의 핵개발 활동이 NPT의 취지와 내용을 위반하지 않았는지가 핵심적인 문제가 된 것이다. 이하에서는 이란의 NPT 조문 이행 여부에 대한 해석을 통하여 이란 핵개발을 살펴보고, 국제법적 쟁점을 평가해보기로 한다.

NPT는 핵확산방지와 핵군축 및 원자력의 평화적 이용을 3대 축(the three pillars)으로 하여 회원국의 권리와 의무를 규정하고 있다.[215] NPT는 5대 핵강대국의 핵무기 보유를 인정하지만, 그 외의 핵무기 비보유국에 대해서는 비핵무장 의무와 평화적인 원자력의 이용을 규정한 전형적인 불평등조약이다. 이 조약이 이렇게 비대칭적인 권리와 의무를 규정한 것은 국제사회에서 핵무기의 확산을 더 이상 방치해서는 안 된다는 국제적인 합의가 있었기 때문이다. 그러한 합의는 미소 양국을 비롯한 핵강대국의 국제정치적인 이해가 일치했기에 가능했다. 이란은 이슬람혁명 이전에 미국과 우호적인 관계에 있어서 NPT 체제를 현실적으로 거부하기 힘들었다.

이란의 핵개발 활동은 NPT나 IAEA와의 핵안전조치협정에 위반되는 것일까? 만약 이란이 핵무기의 제조, 획득 또는 관리를 위해 핵개발 활동을 했다면, 이는 NPT에 규정된 의무의 위반이 된다. 그러나 이란은 비핵무기국이 갖는 원자력의 평화적 이용에 대한 불가양의 권리를 근거로 자국의 핵 프로그램을 합리화했다. 특히 이란은 IAEA의 핵사찰을 받으면서도, 자국의 핵개발 활동은 원자력을 평화적으로 이용할 수 있는 비핵무기국의 고유한 권리라고 주장했다.

여기서 NPT의 관련 조문에 대한 해석이 중요한 문제가 된다. 예컨대, NPT의 핵심 조문인 제1조와 제2조에 있어서 핵무기의 정의, 핵무기 제조(manufacture)와 관리(control)의 의미를 둘러싸고 많은 논란과 의문이 제기되었기 때문이다. 이러한 논란은 NPT의 교섭 과정에서부터 핵무기국과 비핵무기국 사이에 또는 핵무기국 사이에 각국이 처한 입장에 따라서 치열하게 전개되었다.

구체적으로, NPT의 관련 조문에는 핵무기에 대한 정의가 없다. 다만, 핵무기 또는 기타 핵폭발 장치나 그에 대한 관리를 규제한다는 내용이 규정되어 있을 뿐이다. 따라서 단순하게 핵탄두만을 핵무기라 볼 것인지, 또는 이를 운반하는 미사일이나 폭격기를 포함하여 핵무기로 볼 것인지에 대한 기준이 될 만한 근거도 없다. 원자폭탄, 수소폭탄, 중성자탄 등 핵무기 자체의 발달과 운반 수단 내지 투발 수단의 발달을 생각하면, 이러한 정의나 기준의 부재는 현실적으로 적지 않은 논란의 대상이 될 것이다.

실제로 미국은 이러한 부분을 이용하여 핵탄두를 제외한 미사일을 영국에 판매함으로써 영국의 핵무장을 도왔다. 또한, 북대서양조약기구의 핵무기 공유 체제를 소련이 수용하도록 설득하는 과정에 이를 이용하기도 했다. 특히 소련은 서독과 미국의 핵무기 공유를 강력하게 반대했지만, 미국이 핵무기 관리를 결정한다는 논리를 수용할 수밖에 없었다.[216] 즉, 핵무기에 대한 정의가 없었기 때문에 NPT를 둘러싼 미소 양국의 갈등이 최소화될 수 있었다.

NPT 제1조 및 제2조와 관련하여 제기되는 또 다른 논란은 핵무기의 '제조'에 대한 것이다. 예컨대, 특정 국가가 핵무기의 개발을 위하여 기획, 연구, 우라늄 농축 또는 핵탄두 개발과 관련한 기타 활동을 할 경우, 이러한 일련의 단계에서 어떤 단계를 핵무기의 제조를 위한 실행으로 볼 것인가? 우라늄을 농축하거나 플루토늄을 추출하는 경우에 어디까지를 핵무기 개발 상태로 볼 것인가? 핵물질을 획득하고 기폭장치도 개발했지만, 핵실험을 하지 않은 경우는 어떻게 볼 것인가? NPT에 규정된 '핵무기나 핵폭발장치의 제조'가 원자력의 평화적 이용과 어떻게 다른가? 요컨대, 비핵무기국의 원자력의 평화적 이용은 어디까지 허용되는지가 치열한 법적 쟁점이 되었다. 이러한 질문에 대한 명확한 답변은 쉽지 않을 것이다.

이와 관련하여, 미국의 군비통제군축청(Arms Control and Disarmament Agency)의 포스터(William Foster) 국장이 제안한 이른바 '포스터 기준'(Foster Criteria)이 제조라는 용어의 범위를 설정하는 데에 자주 인용된다. 포스터 국장은 상원 외교위원회에서 다음의 내용이 그 기준에 포함돼야 한다고 주장했다. 즉, 특정 행위의 의도나 목적이 핵폭발장치의 획득을 위한 것이라면, 그것은 NPT의 의무를 이행하지 않은 것으로 간주된다는 것이다.[217] 다만 포스터 기준은 제조라는 용어가 포섭하는 개념을 이해하는 데 있어서 보편적으로 합의된 것이 아니라는 것을 유의해야 한다.

국제원자력기구의 판단

IAEA가 2011년 11월에 작성한 이란의 핵 프로그램에 대한 보고서는 이 문제와 관련하여 큰 논란이 되었다. 이 보고서는 이란의 핵 프로그램 관련 활동을 NPT와 IAEA 안전조치협정에 대한 위반이 된다고 했기 때문이다.[218] 구체적으로, 당시 보고서는 이란이 실행한 핵폭발장치의 테스트와 연구 및 개발 관련 활동은 NPT에 규정된 비핵무기국의 비핵확산 의무에 위반되는 군사적 성격을 가질 수 있다는 내용을 담았다.[219]

조이너(Daniel H. Joyner) 교수는 핵무기의 제조에 대하여 진보적인 입장을 취하고 있다. 그는 용어의 해석에 대하여 다음과 같이 주장했다. 즉, NPT 제2조에 규정된 제조의 해석과 관련하여, 특히 미국의 일부 관료와 전문가들은 핵폭발장치의 제조에 대한 금지가 지식의 취득과 핵무기 프로그램의 개발을 포함하여 개념, 역량개발, 설계, 연구 및 실험 단계에까지 영향을 미친다는 견해를 갖고 있지만, NPT 교섭 과정의 맥락이나 취지를 참조하면 이러한 해석은 타당하지 않다는 것이다.[220]

그는 또한 IAEA 보고서가 원자력의 평화적 이용에 대한 이란의 권리를 부인하고 있으며, IAEA에 부여된 권한을 넘는 방식의 핵사찰로 결정한 내용을 담고 있다는 점을 지적했다. 그는 실제 핵무기의 제조에 이르지 않는 핵 프로그램 운용은 '핵무기나 핵폭발장치의 제조'에 해당되지 않는다는 입장을 취했다.[221] 그는 특히 조약법에 관한 비엔나협약의 해석 기준, 국내법상 불법행위책임이나 형사책임의 이론까지 이러한 논리의 근거로 제시했다. 따라서 이란의 핵활동에 대한 규제는 잠재적 핵개발 능력이 있는 다른 비핵무기국에 대한 국제원자력기구의 기존 정책과 차별적이라고 주장했다.[222]

이와 반대로, 이란의 핵 프로그램 활동을 핵무기 개발의 맥락에서 보는 입장에서는 '핵무기나 핵폭발장치의 제조'의 의미를 넓게 해석하고 있다. 즉, 핵무기 확산의 방지에 의해 핵전쟁의 위협을 줄여야 한다는 NPT의 기본적 이념에 입각하여, 그러한 해석을 통해 이란과 같은 비핵무기국의 핵무기 개발을 차단해야 한다는 것이다. NPT의 전문에 명시된 취지와 목적을 주목하면, 그리고 NPT 제3조에 규정된 핵무기로의 전용 방지라는 내용과 연계하여 해석하면, '제조'의 의미를 넓게 보는 입장이 합리적일 수 있다.[223]

결국 이러한 해석에 대한 문제는 핵 프로그램의 운영을 포함하여 핵활동을 전개하는 비핵무기국의 의도가 관건이 될 수밖에 없다. 포스터 기준에 의해 핵무기 개발의 의도를 가진 비핵무기국은 NPT의 의무를 위반한 것으로 간주해야 한다는 것이다. 그러나 포스터 기준에 의해 그러한 의도를 결정한다는 것도 명확하지 않다. 비핵무기국이 전개한 행위의 의도나 목적을 외부에서 판단해야 한다는 어려움이 있기 때문이다. 역사적으로 핵무기 개발을 비밀리에 시작하지 않은 국가는 없었다.

이란의 경우, 핵연료의 생산을 위한 특정 행위들은 다른 국가들이 수행한 유사 행위에 비해 훨씬 많은 관심을 유발한 경향이 있었던 것은 사실이다. 그로 인해 핵무기의 제조를 금지해야 한다는 부분의 해석에 대한 논의가 불가피하게 정치화된 점도 분명히 있다. 그러나 이란과 같은 산유국이 원자로의 운영을 통해 필요 이상의 핵연료를 생산한다면, 그것은 핵무기 개발의 가능성을 의도한 것이라고 보는 것이 합리적일 수 있다. 원유가 풍부한 주요 산유국이 원자력의 평화적 이용만을 위해 핵 프로그램 관련 활동을 했다고 보는 것은 자연스럽지 않다. 물론, 모든 정치적 판단에 합리적인 국제법의 해석이 항상 수반되는 것은 아니다. 어쨌든 이런 부분에 대한 해석은 실제로 비핵무기국의 핵무기 개발을 규제하는 데 핵심적인 근거가 된다는 점을 주목해야 할 것이다.

북핵 문제에 대한 함의

이란과 북한의 핵 문제는 현재 국제사회가 안고 있는 가장 심각한 위협이다. 그러나 양국의 핵 문제는 여러 가지 면에서 다른 방식으로 접근해야 할 필요가 있다. 즉, 양국의 핵 문제는 공통점과 차이점을 분명히 인식해서 접근해야 한다. 미국은 트럼프 행정부의 출범 이후 양자를 별도로 판단하고 다루고 있다. 그런 맥락에서, 이란의 핵 문제가 북핵 문제에 갖는 시사점 내지 함의는 다음과 같이 정리될 수 있을 것이다.

첫째, 이란과 북한 양국 핵 문제의 가장 큰 차이점은 핵무기의 완성 여부라 할 것이다. 이란은 핵물질의 생산 단계에서 국제사회의 제재를 받았지만, 북한은 핵무기를 완성한 상황에서 제재를 받고 있다. 일단 완성된 핵무기를 폐기하는 것은 핵무기의 개발을 저지하는 것보다 훨씬 어렵다. 핵무기가 완성되기 전에는 타국이 이른바 예방적 자위권을 명분으로 선제공격을 가할 수도 있다. 따라서 북핵 문제는 이란 핵 문제보다 그 해결이 쉽지 않다. 완성한 핵무기를 자발적으로 폐기한 경우는 남아공이 유일하다. 그러나 현재 북한의 상황은 당시 남아공의 정치적 · 시대적 상황과 전혀 다르다. 북핵 문제의 해결을 위해서는 이란의 경우보다 훨씬 복잡하고 정교한 해법이 요구된다고 할 것이다.

둘째, 국제사회의 강력한 경제적 제재로 이란과 북한 양국이 핵 문제의 해결에 합의한 것은 공통적이다. 오바마 전 대통령이 2015년 이란 핵합의를 이끌어낸 것은 세컨더리 보이콧을 담은 '포괄적 이란 제재법'이 효과를 발휘했기 때문이다. 남북한 간의 판문점 합의도 중국이 북한에 대한 경제적 제재에 동참했기 때문에 가능했다. 그러나 중국이 북한에 대한 제재를 엄격하게 계속 이행할지는 불분명하다. 만약, 중국이 국제사회의 대북제재를 철저하게 이행하지 않으면, 북핵 문제의 완전한 해결은 요원할 수도 있다. 북한은 국제사회의 제재에 맞서 체제를 유지할 수 있는 내성이 갖추어져 있다. 원유수출에 절대적으로 의존하는 이란과 달리 경제적 대외 의존도도 낮다. 결국 중국을 통한 제재의 완전한 이행 여부가 관건이 된다.

셋째, 양국의 핵 문제가 IAEA의 사찰을 통해 국제적으로 부각되었다는 공통점은 있다. 국제법적 절차에 의한 검증이 효과를 발휘한 것이다. 그러나 북한은 2003년에 NPT로부터 탈퇴하여 IAEA의 사찰을 완전히 무력화시킨 반면, 이란은 여전히 NPT 체제 내에서 IAEA의 검증을 수용하고 있다. IAEA는 2016년부터 연간 분기 별로 이란의 핵합의 이행에 대한 보고서를 발표하고 있다. 북핵 문제의 해결이 순조롭게 진행된다면, IAEA나 기타 적절한 기관이 북핵 문제의 해결에 관한 이행합의를 검증하는 절차가 엄격하게 이루어져야 할 것이다. 북핵 문제의 완전한 해결은 북한의 NPT 복귀와 사찰의 수용으로 완성될 것이다.

넷째, 양국의 핵무기 개발의 배경이나 동기는 동일하지 않다. 이란은 대이라크전쟁을 계기로 본격적인 핵무기의 개발에 나섰고, 북한은 한국과의 격차가 확대되면서 체제유지를 목적으로 본격적으로 핵무기의 개발에 나서게 됐다. 즉, 이란과 북한의 핵 문제는 현재 국제사회가 당면한 가장 위험하고 중대한 문제이지만, 그 배경과 전개는 다르게 나타났다. 따라서 이란의 핵위기 내지 핵 문제가 북핵 문제에 갖는 직접적인 영향력은 크지 않을 수도 있다. 다만, 양국에 대한 국제사회의 대응이 제재의 강화와 외교적 설득이라는 강온 양면 정책을 통해서 이루어지고 있는 만큼, 이 문제에 대하여 자연스럽게 시사점과 함의를 연관시켜서 분석할 수는 있을 것이다.

다섯째, 이란 핵 문제에 있어서 이스라엘의 역할을 정확하게 이해해야 한다. 이란 핵 문제의 본질적인 원인은 이스라엘과 이란의 적대관계 및 수니파 국가와 시아파 국가의 대립에 있다. 안보 위협이 없었다면, 이란은 핵무기의 개발에 이렇게 집착하지 않았을 것이다. 이란은 자국은 핵무기를 보유하면서 상대국의 핵무기 보유를 반대하는 이스라엘의 입장을 수용하기가 쉽지 않다. 남북관계는 이스라엘과 이란의 관계와는 여러 가지로 다르지만, 베긴 독트린을 일관되게 실행하고 있는 이스라엘의 단호한 정책은 주목해야 할 것이다. 우리는 이란 핵 문제에 대한 미국과 이스라엘의 협조도 주목해야 한다. 따라서 한미동맹에 금이 가는 대북 정책은 지양해야 한다. 굳건한 한미동맹은 북핵 문제에 대한 우리의 정책적 혼선을 최소화할 수 있는 핵심이다.

진단과 전망

향후 이란 핵 문제의 전개는 대략 다음과 같이 예상할 수 있을 것이다. 즉, 이란이 미국의 요구를 수용하여 새로운 합의를 이끌어내거나, 미국을 제외한 5개국과 이란이 기존 합의를 유지하거나, 아니면 이란도 기존 핵합의를 파기하고 핵무기 개발에 나서는 세 가지 경우의 수를 생각할 수 있다. 어떤 형태로 이 문제가 귀결되든, 그것은 한반도의 비핵화 내지 북한의 비핵화에 미치는 영향이나 함의가 적지 않을 것이다.

현재 이란은 미국을 제외한 5개국과의 합의 유지를 모색하면서도, 미국이 가하는 제재에 대항하여 기존 합의를 파기할 수 있다는 강온전략을 취하고 있다. 이란은 핵합의를 계속 준수하겠다는 명시적인 언급도 하지 않고 있다. 모하마드 자바드 자리프(Mohammad Javad Zarif) 이란 외교부 장관은 만약 해당 국가들이 이 문제를 슬기롭게 대처하지 못하면 이란도 이를 탈퇴하는 등 행동에 나서겠다고 주장하기도 했다.[224] 즉, 원유 수출의 계속과 같은 효과적인 경제 대책이 마련되지 않으면, 이란도 핵무기 개발을 위한 구체적인 행동에 나서겠다고 우회적인 입장을 밝힌 것이다. 이란의 복잡한 입장 내지 정책은 당분간 계속될 것으로 예상된다.

왜 이란은 북한과 달리 핵개발에 성공하지 못했는가? 2002년부터 2015년 사이에 이란과 국제사회가 반복한 협상과 제재의 과정은 북한과 국제사회의 그러한 과정과 여러 가지로 달랐다. 원유수출에 의존하는 경제 체제의 특성상 이란에 대한 제재나 경제적 압박이 효과를 거두었고, 또 북한에 대한 중국의 역할을 해주는 우호적인 강대국이 없었던 것도 중요한 이유였다고 생각된다. 이란에 대한 압박과 제재는 이란의 핵 프로그램이 원자력의 평화적 이용이 아니라는 IAEA의 국제법적 평가를 근거로 이루어졌다.

트럼프 행정부는 오바마 행정부가 합의한 JCPOA를 이란의 핵개발 동결로 이해했다. 유예 기간이 지나면 이란의 핵개발 활동은 당연히 재개된다고 봤다. 이렇게 이란의 핵 문제에 대한 미국의 단호한 태도는 북핵 문제에 대한 미국의 입장을 이해하는 데에 참고가 될 것이다. 핵무기를 개발하겠다는 이란과 사실상 핵무기국의 지위를 인정받겠다는 북한에 대하여 미국이 어떤 정책을 취할지에 따라 국제사회의 안정이 좌우된다.

만약 미국이 '포괄적 이란 제재법'(CISADA)과 같은 엄격한 제도를 적용하여 북한을 압박한다면 북한의 태도는 달라질 것이다. 대북제재와 관련하여, 미국은 2016년의 '북한제재 및 정책 강화법'(North Korea Sanctions and Policy Enhancement Act) 외에 많은 법과 행정명령을 적용할 수 있다. 미국은 이란의 핵개발 중단이나 동결을 참고하여 북한의 핵개발을 저지할 수 있을 것이다. 그러나 이란의 경우처럼 국제법적 평가를 근거로 북한과 협상에 나서기는 쉽지 않은 일이다. 북한은 NPT로부터 탈퇴하여 IAEA의 사찰을 거부하고 있기 때문이다. 어쨌든 본문에서 정리한 북핵 문제에 대한 함의를 고려하여, 향후의 사태를 예상하고 관련 대책을 세울 필요가 있다.

제8장

국제법과
국제정치의 교차,
핵무기에 대한 규제

22

핵무기의 사용은
정말 필요한가?

☢

트루먼의 고민

핵무기는 필요 이상의 파괴력과 살상력을 갖는 절대 무기이다. 핵무기의 등장 이전의 전쟁은 무력충돌의 대상이나 장소가 어느 정도 제한적이어서 파국에 대한 공포도 제한적이었다. 그러나 핵무기의 사용은 문명의 종말로 귀결될 것이기 때문에, 이제는 그 피해를 예측한다는 사실 자체가 무의미해졌다. 어쨌든 핵전쟁 이후의 상황은 만유(萬有)의 오유(烏有)화라고 요약할 수 있을 것이다. 따라서 핵무기의 사용이 정말 필요한 것인지를 고민해보지 않을 수 없다.

태평양전쟁 말기에 미국은 역사상 처음으로 핵무기를 사용했다. 그렇게 히로시마에 핵무기가 투하된 지 8일 만에 전쟁은 끝났다. 그러나 전쟁은 끝났지만, 핵무기의 사용이나 필요성에 대한 논란은 그때부터 시작되었다. 일본의 패전을 결정지은 원폭 개발과 투하에 대한 지지와 비난은 지금까지 계속되고 있다. 그 정당성과 책임을 둘러싼 치열한 공방의 실체를 검토해보자.

트루먼은 원폭 투하 결정을 정당화하기 위하여 대략 다음 세 가지 근거를 제시하고 있다. 첫째, 원폭 투하는 전쟁의 고통을 단축하고 동시에 많은 미국인의 생명을 구하는 데 도움이 되었다. 만약 전쟁이 장기화되었다면 미국의 인명피해는 더 컸을 것이다. 전후에 트루먼은 '우리 젊은이들 25만 명의 꽃다운 생명은 일본의 한두 도시와 맞바꿀 만했다'고 술회했다. 둘째, 일본인들은 비겁한 방법으로 진주만의 미군을 공격하고, 또 몇 번이나 전시국제법에 위반하는 행위를 저질렀다. 특히 미군포로들을 학대하고 처형한 행위가 그러하다. 이런 정황하에서 원폭 투하는 위법성 여부와 무관하게 불가피한 것으로 간주된다. 셋째, 미국은 군사기지만을 공격하여 무고한 일반 시민이 희생되지 않도록 조치를 취하려고 노력했다. 예컨대, 미국은 포츠담선언에서 '일본군뿐 아니라 일본 전체의 불가피하고 전면적인 붕괴'를 회피하기 위하여 일본의 무조건 항복을 요구했다. 또한 일반 시민들이 현재의 장소에서 피난하도록 경고한 선전전단이 일본의 각 도시에 뿌려졌다.

무엇보다도, 당시 미국은 일본의 항복을 쉽게 이끌어낼 수 없다고 판단했기에 인명 피해를 줄이는 것이 가장 중요했다. 실제로 일본의 저항은 상상을 초월했다. 이론적으로는, 1944년 초에 이미 일본은 어떻게 보더라도 패배할 수밖에 없는 상황에 처했다. 그러나 미군이 일본 본토에 가까이 갈수록 일본군의 저항은 더욱 격렬해졌다. 트루먼 대통령이 취임한 후 3개월 동안 발생한 미군의 희생자는 태평양전쟁 3년 동안 발생한 희생자의 절반에 육박했다.

일본군의 완강한 저항

당시 미국 정부와 군부의 누구도 일본의 조기 항복을 예상하지 않았다. 언론도 마찬가지였다. 미국과 호주의 종군기자 25명은 모두 1946년 6월까지 전쟁이 계속될 것이라고 예측했다. 심지어 펜타곤에서는 미군이 일본 본토를 점령하더라도 중국대륙과 동남아시아에 있는 일본군이 계속 저항할 것을 우려하기도 했다.

미국은 실제 전투에 있어서 일본군의 무모한 저항은 물론이고 본토결전에 대비한 군부의 완강한 태도에 대해서도 우려했다. 당시 일본 군부는 남녀노소를 가리지 않고 전 국민에게 문자 그대로 일억옥쇄의 태세를 갖추도록 독려했다. 1944년 4월 대본영 육군부가 일반인들에게 배포한 '국민항전필휴'(國民抗戰必携)는 본토에 상륙할 미군과의 전투에 대한 지침을 다음과 같이 기술하고 있다.

총, 칼은 물론이고 창, 죽창부터 낫, 손도끼, 쇠망치, 식칼, 쇠갈퀴에 이르기까지 모든 도구를 백병전투용 병기로 사용할 수 있다. 칼이나 창을 사용할 경우에는, 가슴이나 옆구리를 노리기보다는 키가 큰 적병의 배를 노려서 힘차게 찌르는 것이 효과적이다. 격투가 시작되면 적의 미간을 치거나 고환을 차도록 하라. 또는 가라테나 유도의 기술을 사용하여 교살하라. 국민 한 명이 적 한 명을 죽이면 된다. 어쨌든 수단과 방법을 가리지 말고 적을 처치하지 않으면 안 된다.

핵무기와 같은 가공할 대량살상무기에 맞서 죽창과 낫으로 전 국민이 저항하라는 군부의 지침은 무모한 자폭전쟁의 실상을 그대로 보여주는 것으로, 한편으로는 섬뜩하고 한편으로는 황당하다. 일본의 이런 완강한 항전태세와 포로에 대한 잔학행위는 미국이 별 주저 없이 원자폭탄을 사용하게 하는 명분이 되었다. 만약 일억옥쇄라는 황당한 목표가 실현된다면, 전 국민이 전투원이 될 것이므로 핵무기의 사용이 정당화될 수도 있다. 국제인도법에서 말하는 전투원과 민간인의 구분이 무의미해지기 때문이다. 스팀슨은 원폭 사용을 심의하는 임시위원회에서 다음과 같이 발언했다. 당시 미국 지휘부의 일본에 대한 적대감을 여실히 보여주는 내용이다.

중요한 것은 우리가 일본과 전쟁을 하고 있다는 사실이다. 일본군들은 경멸해야 할 적이다. 평화 협상 도중에 진주만을 기습 공격한 범죄자이다. 마닐라를 폭격하고 바탄반도에서 죽음의 행진을 저지른 범죄자이다. 그들은 미국의 전쟁포로들을 살육하고 비상식적인 가미카제 공격을 명령한 광신자들이다.

원폭 투하의 정당성

태평양전쟁의 종료 후 어느 정도의 세월이 흐르자, 일본의 일부 오피니언 리더들은 원폭 투하의 정당성을 따졌다. 특히 군국주의 일본을 미화하던 우익인사들은 원폭 투하가 정말 필요했는지, 원폭 투하 없이 일본의 항복은 불가능했는지, 그리고 본토 상륙작전에 정말 100만 명의 희생자가 났을지에 대하여 의문을 제기했다.

미국의 원자폭탄 사용에 대한 보편적인 인식을 정리하면, 첫째, 일본의 조속한 항복을 위해 원자폭탄의 사용은 부득이한 것이었고, 둘째, 원자폭탄의 파괴력을 접한 일본이 소련의 참전으로 할 수 없이 항복했다는 것이었다. 즉, 당시 히로시마에의 원폭 투하는 절대적으로 필요했다는 것인데, 이를 핵무기 사용에 대한 정통파의 인식이라 한다.

그에 반해, 원폭 사용의 당위성을 부정하는 인식이 있다. 그 논거는 첫째, 당시에는 일본의 전쟁 수행능력이 완전히 고갈되었기 때문에, 원폭 투하나 소련의 참전이 없었더라도 1945년 가을에는 어차피 일본이 항복했을 것이며, 둘째, 트루먼의 원폭 투하 결정은 소련에 대한 견제용이었다는 것이다. 이러한 주장을 수정파의 입장이라고 한다.[225]

수정파의 입장을 지지하는 일본인들은 트루먼의 결정을 부정적으로 보면서 유일한 피폭국으로서 입장을 강조했다. 상대가 독일이었다면 미국이 핵무기를 사용하지 않았을 것이라고 주장하기도 했다. 인종적 편견 때문에 일본인에 대하여 아무런 주저 없이 핵무기를 사용했다는 것이다. 얄타회담 당시 트루먼이 처칠에게 원폭 실험 성공 사실을 알리면서 스탈린에게 알리지 않은 것을 근거로 들기도 한다. 그 배경에 앵글로 색슨 중심의 인종차별적 인식이 있었다는 것이다. 그러나 구미의 학자들은 이런 주장에 대해 반박하고 있다. 예컨대, 데이비드 케네디(David Kennedy) 교수는 핵무기의 개발이 좀 더 빨랐더라면, 독일에 대해서도 미국이 이를 사용했을 것이라고 보는 것이 합리적인 추론이라고 했다.[226]

지금도 일부 일본인들은 미국인들이 원폭 사용에 대해 보편적으로 가지고 있는 상식을 거부하고, 그에 대한 역사적 재평가를 원하고 있다. 전후에 이러한 일본의 입장에 동조하여 미국의 원폭 투하를 부정적으로 평가하는 서구의 역사가나 비평가들도 있었다. 드와이트 아이젠하워, 윌리엄 리히, 허버트 후버 등 미국의 고위 인사들도 그런 입장을 취했다. 특히 에드윈 라이샤워는 나가사키에 두 번째 폭탄은 투하할 필요가 없었다고 주장했다. 미국의 원폭 사용 반대론자들의 논거는, 수정파의 주장처럼, 일본의 패배가 임박한 상황에서 원자폭탄의 사용은 그렇게 절실하지 않았다는 것이다.

핵무기 사용에 대한 평가

그러나 당시는 일본의 늦은 '패배'가 아니라 조속한 '항복'이 절대적으로 필요했다. 수많은 인명의 추가적 희생을 막고 전쟁을 끝내야 하는 것은 미국의 지상과제였다. 미국이 생각하는 원폭 투하의 정당성은 일본이 주장하는 위장된 도덕이나 규범적·인도적 명분으로 훼손될 수 없었다. 미국의 그런 입장은 8월 9일 트루먼의 포츠담회담 결과에 대한 라디오 방송에 잘 나타나 있다.

우리는 진주만에서 경고도 없이 우리를 공격한 적에 대하여 원자폭탄을 사용했다. 그들은 미군 포로들을 굶기고 구타했으며 정당한 절차 없이 처형했다. 그들은 전쟁에 관한 모든 국제법규의 준수를 거부했다. 우리는 전쟁의 고통을 단축하기 위해 그리고 수백만 젊은 미국인의 생명을 구하기 위해 원자폭탄을 사용했다.

만약 원자폭탄을 사용하지 않았다면, 미국은 일본 본토에 상륙하여

수많은 미군을 더 희생시켜야 했을 것이다. 그럴 경우, 트루먼은 전후에 엄청난 비난에 직면했을 것이다. 여름에 끝낼 수 있는 전쟁을 연장한다는 것은 트루먼과 미군 지휘부가 절대 받아들일 수 없는 선택지였다. 국가의 존망이 걸려 있는 전쟁에서 어느 지도자도 국민의 계속되는 희생을 방관할 수는 없다. 더구나 막대한 예산으로 개발한 무기를 사용하지 않았다면, 미국 국민들이 이를 용납하지 않았을 것이다.

　태평양전쟁 종전 50주년인 1995년, 클린턴 전 대통령은 트루먼의 원폭 투하 결정에 대해 중요한 발언을 남겼다. 그는 스미소니언박물관에서 열린 히로시마 원폭 투하기(投下機) '에놀라 게이'(Enola Gay)의 전시회에서 두 가지 질문을 받았다. 첫째는 미국이 일본에 히로시마 원폭 투하에 대하여 사과할 의향이 있는지에 대한 것이고, 둘째는 트루먼의 당시 결정이 옳았는지에 대한 것이었다. 클린턴은 명쾌하게 첫째 질문에 대하여 노(No)라고 답하고, 둘째 질문에 대해서는 트루먼이 직면한 사실을 고려하면 예스(Yes)라고 답했다. 이른바 미국 정부가 갖는 정통파의 입장을 다시 확인한 것이다.

결국, 가미카제의 자살공격과 일억옥쇄로 상징되는 일본군의 무모한 저항의지를 생각하면, 트루먼과 클린턴의 주장이 더 설득력이 있다고 봐야 할 것이다. 당시 일본군의 무지와 광기가 원폭 투하를 자초한 가장 큰 이유였다고 평가할 수밖에 없는 것이다. 원폭으로 상징되는 야만성과 문명파괴의 가능성도 염려스럽지만, 그에 앞서 가미카제의 비인간성과 종교적 극단성을 조장한 일본 군부는 더욱 비난받아 마땅할 것이다.

미국은 이렇게 핵무기의 사용을 정당화했다. 한국 국민들의 원폭 투하에 대한 생각도 대강 비슷하다. 일본의 항복으로 독립을 얻은 한국 국민들의 인식은 핵무기 사용이 필요했다는 정통파의 인식과 같을 수밖에 없다. 그러나 한국의 입장에서 생각할 때, 핵무기 사용의 시점은 애석하기 짝이 없다. 불과 한두 달의 차이로 한반도가 분단되었고, 그 전후 질서의 연장선에서 한국이 북핵의 위협에 노출되었기 때문이다.

그러면 한반도에서의 핵무기 사용은 필요할 것인가? 그 질문은, 바꾸어 말하면, 국가의 존립이 문제일 때 핵무기의 사용이 정당화될 수 있는가라는 것이다. 한국은 지금 핵무기가 없기 때문에 그 문제에 대해 고민할 이유도 없다. 하지만 북한은 스스로의 안보를 위한 핵무기 사용의 가능성을 부정하지 않고 있다. 즉, 미국이 위협하면 핵무기로 반격하겠다는 입장을 취하고 있다.

그러나 북한 핵무기의 잠재적인 피해국은 미국이 아니라 한국과 일본이다. 한국은 좁은 영토에 많은 인구가 밀집해 있기 때문에 핵무기의 사용으로 인한 피해는 상상을 초월한다. 더구나 핵무기를 탑재할 수 있는 북한의 미사일 수준은 아주 고도화되어 있다. 그래서 우리에게는 북한의 핵무기 사용 의지를 무력화하는 합리적인 정책이 필요하다. 어쨌든 한반도에서 핵무기 사용이 필요한 경우는 없어야 하기 때문이다.

23

핵무기 사용에 대한
법적 규제

☢

논의의 시작

가공할 파괴력을 가진 핵무기는 현재까지 일본에 대하여 처음이자 마지막으로 사용되었다. 핵실험에 성공한 미국은 미군의 희생을 줄이고 종전을 앞당기기 위해 핵무기를 사용했다. 그러나 지금의 핵무기는 태평양전쟁 당시보다 훨씬 정교해졌고 파괴력도 커졌기 때문에, 현대 핵전쟁의 결과는 완전한 파괴와 절멸의 상태가 된다. 따라서 어느 국가도 상호확증파괴(mutually assured destruction)의 균형 상태에서 핵무기 사용의 결정을 내리는 것은 쉽지 않을 것이다.

국제사회는 이런 상황 속에서 핵무기 사용에 대한 정당성의 문제와 함께 법적인 규제를 활발하게 논의해왔다. 핵무기에 대한 법적인 규제는 핵실험에 대한 규제와 핵확산의 금지 및 비핵지대와 핵무기의 철폐 등 다양한 분야에서 다루어져왔다. 즉, 핵군축의 관점에서 핵무기가 직접 규제되기도 하고, 전쟁법이나 무력충돌 시에 적용되는 국제인도법의 관점에서 핵무기 사용의 적법성이 논의되기도 한다.

핵무기 사용에 대한 국제법적 논의는 히로시마에 핵무기가 투하된 후 일본의 항의로부터 시작되었다. 일본 정부는 히로시마에 핵무기가 투하된 후에도 군부의 반발로 피폭 사실을 대내적으로 정확하게 알리지 않았다. 그러나 대외적으로는 8월 10일에 스위스 정부를 통해 미국에 항의문을 보냈다. 항의문이 전달되기 전날에 두 번째 폭탄이 나가사키에 투하되었고, 마침내 10일에 포츠담선언을 수락한다는 선언문이 발표되었다. 그래서 당시 이 항의문은 국제적으로 크게 주목받지 못했다.

일본의 항의문

일본 정부는 항의문 속에서 원자폭탄 대신 신형폭탄이라는 표현을 사용하여 그것이 문명과 인도주의에 위배된다고 주장했다. 그리고 미국이 수많은 민간인과 군인을 무차별하게 살상했을 뿐 아니라, 불필요한 고통을 수반하는 무기의 사용금지 원칙을 어겼다고 주장했다. 일본이 원자폭탄의 존재를 인정하지 않으면서, 자국의 피해를 강조하고 미국을 비난한 점이 주목된다.

승리가 지상목표인 총력전이나 전면전에 인도적인 국제법 원칙을 엄격하게 적용하기는 쉽지 않다. 특히 2차대전 당시는 국제인도법이나 국제인권법이 확립된 오늘날과는 사정이 달랐다. 더구나 선전포고도 하지 않고 전쟁법도 준수하지 않은 일본이 이런 문제를 제기한 것은 크게 설득력이 있지도 않았다. 다만 그런 주장이 전후의 국제인도법 발전에 나름대로 방향을 제시한 점은 주목할 필요가 있다.

이번 달 6일, 미국의 항공기는 히로시마 중심지에 신형폭탄을 투하함으로써 순식간에 다수의 시민을 살상하고 시 전체를 궤멸시켰다.

히로시마는 아무런 특수한 군사적 시설이나 방비가 없는 보통의 일개 지방도시로서, 그 전체가 하나의 군사목표로서의 성격을 갖지 않는다. 트루먼 대통령은 이번 폭탄에 관한 성명에서 공장이나 통신시설을 파괴한다고 주장했다. 그러나 폭탄에 부착된 낙하산 때문에 폭탄이 공중에서 폭파함으로써 그 파괴적 효과는 광대한 범위에 걸쳐서 나타났다.

공격의 효과를 위와 같이 특정 목표로 한정시킨다는 것은 기술적으로 불가능하며, 그런 사실은 미국도 분명하게 알고 있었다. 광범위한 실제 피해지역 내에 있는 사람들은, 교전자와 비교전자를 불문하고 또한 남녀노소를 불문하고, 모두 폭풍 및 복사열에 의해 무차별적으로 살상되었다. 일반적인 피해범위는 심대할 뿐 아니라, 개별적 피해상황도 참담하기 그지없는 실정이다.

교전자는 해적수단(害敵手段)의 선택에 있어서 무제한의 권리를 갖지 못한다.[227] 또한 불필요한 고통을 주는 병기, 투사물(投射物), 기타 물질을 사용할 수 없다는 것은 전시국제법의 중요한 원칙이다. 이는 각각 육전의 법규관례에 관한 조약 부속서, 육전의 법규관례에 관한 규칙 제22조 및 제23조 6호에 명시되어 있다. 미국 정부는 이번 세계대전 발발 이래 3회에 걸쳐서 독가스 및 기타 비인도적 전쟁방법의 사용은 문명사회의 여론으로 불법화시켜야 한다는 성명을 발표했다. 상대국이 이를 먼저 사용하지 않는 이상, 미국이 이를 사용할 일은 없다고도 했다.

그러나 미국이 이번에 사용한 폭탄은 그 성능의 무차별성 및 잔학성에 있어서 종래 그러한 성능 때문에 사용이 금지된 독가스 기타 무기를 훨씬 능가한다. 미국은 국제법 및 인도의 근본원칙을 무시하여, 이미 광범위하게 제국의 여러 도시에 무차별 폭격을 실시했다. 다수의 노약자와 부녀자를 살상하고, 신사(神社), 불각(佛閣), 학교, 병원, 일반민가 등을 파괴 또는 소실시켰다.

그럼에도 불구하고, 종래 어떠한 병기나 투사물과도 비교할 수 없는 무차별성과 잔학성을 갖는 이런 폭탄을 이번에 사용한 것은 인류문화에 대한 새로운 죄상이다. 제국 정부는 스스로의 이름하에 그리고 전 인류 및 문명의 이름하에 미국 정부를 규탄하고, 동시에 즉시 이러한 비인도적 무기의 사용을 포기할 것을 엄중하게 요구한다.(Protest against the Attack of a New-Type Bomb by American Airplane, Japanese Annual of International Law, Vol8, 1964, pp.251~252)

법적 당위와 현실

미국이 전시국제법 원칙을 위반했다는 일본의 주장에 대하여 살펴보자. 지금도 그렇지만, 히로시마에 원자폭탄이 투하되었을 당시 원자폭탄의 사용을 금지하는 국제법 규칙이나 원칙은 존재하지 않았다. 원자폭탄은 완전히 새로운 대량살상무기였기 때문이다. 다만, 넓은 지역에서 교전수단에 적용되는 일반적인 원칙은 있었다.

첫 번째 원칙은 불필요한 고통을 수반하는 모든 전투수단 또는 방법을 사용해서는 안 된다는 것이었다. 두 번째 원칙은 전투원과 민간인을 무차별하게 공격해서는 안 된다는 것이었다. 이런 원칙은 적대행위에 있어서도 인도주의의 관점에서 중시해야 한다는 규범적 명분이 되었다. 물론 그런 원칙이 적용되는 범위를 엄격하게 해석하여, 구체적으로 어떤 행위가 금지되고 허용되는지 명시하기는 용이하지 않았다.

불필요한 고통을 수반하는 모든 전투수단이나 방법의 사용금지는 19세기 말경에 일반적으로 확립되었다. 이는 독이나 유독성 무기, 400g 이하의 작열탄, 덤덤탄, 공중에서 투하되는 질식성·유독성 가스 등의 사용금지를 포함하는 것이었다. 구체적으로, 1899년 제1차 헤이그 평화회의에서 불필요한 고통을 수반하는 특정 무기의 사용금지 및 전투원과 민간인에 대한 무차별 공격금지가 일반 원칙으로 인정되었다. 이는 제2차 헤이그 평화회의에서 재차 확인되었다. 그러나 그런 일반 원칙은 규범적인 당위만을 고려한 진보적 환상에 불과했다. 특히 그것은 교전 당사국에 대하여 알맹이 없는 지침만 제공하는 것이어서 실효적이지 않았다.

강대국들은 해석의 여지가 넓은 일반적 규정을 수용하지 않았다. 특히 무기가 전투원뿐 아니라 일반 시민에 대하여 무차별적으로 사용되는 경우가 그러했다. 공중전이든 지상전이든 항상 군사목표를 일반 시민으로부터 완전히 분리하여 공격한다는 것은 쉬운 일이 아니다. 따라서 대부분의 국가들은 현실적으로 자국의 전쟁 수행 상 편의를 위해 국제법규범으로 확립된 이런 원칙들을 무시하게 되었다. 국가는 군대를 사용하여 무력을 행사할 경우 도덕적 요청이나 인도적 요청을 지극히 한정적으로 수용하는 속성을 갖는다.

국제법규범을 엄격하게 해석한다면, 미국의 원폭 투하는 이상과 같은 원칙들을 위반한 셈이 된다. 그러나 미국의 원폭 투하 이전에도 교전 상대국에 대한 각국의 무차별 폭격은 사실상 이루어지고 있었다. 전시국제법이라는 인도적 규범의 내용은 실제 전쟁에 있어서 교전행위를 제어할 수 없었다.

1차대전에서 비행기, 전차, 독가스, 잠수함과 같은 신형 병기가 본격적으로 사용되면서, 그런 병기를 대량 생산하는 공업력이 전쟁의 승패를 좌우하게 되었다. 따라서 전투원과 민간인의 구별 그리고 전선과 후방의 구별이 어려워지고, 공장이 집중된 도시, 석유기지, 식량이나 전쟁물자의 창고나 수송망을 공격목표로 하는 무차별 폭격이 일반화되었다. 일본도 1938년부터 중국의 중경(重慶)을 200회 이상 무차별 폭격하여 수많은 민간인을 희생시켰다. 일본의 중경 폭격은 미국의 일본에 대한 무차별 폭격과 원폭 투하의 정당성의 근거로 이용되기도 했다.

2차대전의 초기에 연합국 측은 공격 대상도시에 대하여 미리 전단을 뿌리는 등 피해를 줄이려고 노력했다. 그러나 영국과 독일이 상호 V2 로켓 공격과 도시 무차별 폭격을 감행함으로써 무차별 공격의 금지 원칙은 완전히 의미를 상실해버렸다. 독일 공군은 영국의 런던과 코벤트리를 무차별 폭격했고, 영국 공군은 독일의 베를린, 함부르크, 드레스덴 등을 무차별 폭격했다. 무차별 폭격으로 철저하게 파괴된 독일과 영국의 대도시는 2차대전의 파멸과 폐허를 상징하게 되었다.

미국도 유럽과 일본에서 처음에는 군사시설에 한정하여 주간 정밀폭격에 치중했다. 도덕적 비난을 피하기 위한 최소한의 고려를 한 것이다. 그러나 미군의 피해가 커지면서 결국 미국도 무차별 폭격에 나서게되었다. 미국은 1945년 3월 10일에 B29 폭격기 330대로 도쿄를 폭격했다. 당시 도쿄 대공습으로 27만 채의 건물이 불탔고, 8만 명 이상의 인명 피해가 났다. 이는 규모만으로 보면 원폭 투하에 못지않은 피해였다. 일본의 패전 시까지 연 2만 9천 대의 B29가 일본의 각 도시에 출격하여 합계 17만 6천 톤의 폭탄을 투하했다.

이와 같이 국제법 원칙의 위반에 대한 실질적인 제재조치가 존재하지 않는데도, 규범적 당위와 그 준수를 논하는 것은 무의미한 탁상공론이 된다. 그리고 무엇보다도, 미국의 국제법 위반을 주장한 일본 자신은 기습공격을 감행하고 포로학대를 서슴지 않았다. 일본의 심각한 전시 국제법 위반은 자기주장의 정당성을 스스로 퇴색시켰다. 일본은 또한 731부대를 통해 독가스 및 세균무기를 이미 개발하여 이를 중국전선에서 사용한 바 있었다. 연합국이 일본의 항의문에 대하여 크게 신경 쓰지 않은 것은 그런 이유 때문이었다.

어쨌든 2차대전의 특징은 1차대전에 비해 파괴력과 살상력이 압도적으로 증대된 무기와 병기가 등장한 것이라고 할 수 있다. 원자폭탄과 항공모함이 대표적인 실례가 된다. 그리고 무차별 폭격으로 전선과 후방의 구분이 완전히 소멸되었다는 것이다. 교전 당사국의 일반 시민도 속절없이 전쟁의 희생자가 되었다. 미국의 일본에 대한 핵무기의 사용은 그런 특징을 여실히 보여주는 것이다.

국제사법재판소의 판단

히로시마에서의 원폭 투하 이래 지금까지도 핵무기 사용의 적법성에 대한 문제는 국제적으로 논란이 되고 있다. 이와 관련하여, 국제사법재판소는 1996년 7월에 유엔총회의 요청에 의해 무력충돌에 있어서 핵무기 사용의 적법성에 대한 권고적 의견(advisory opinion)을 제시한 바가 있다. 당시 국제사법재판소는 유엔총회가 요청한 의견은 국제법적인 판단이 필요한 것이라고 확인했다. 즉, 그것은 유엔헌장에 규정된 무력의 행사에 관한 법(jus ad bellum)과, 무력충돌에서 적대행위를 규율하는 법(jus in bello) 내지 국제인도법(international humanitarian law)에 의한 판단이 필요하다고 했다. 그렇게 해서, 국제사법재판소는 핵무기의 위협 내지 사용이라는 고도의 정치적 판단이 필요한 문제에 대하여 다음과 같은 국제법적인 판단을 내렸다.

첫째, 핵무기의 위협이나 사용을 특별히 허가하는 국제관습법이나 조약은 존재하지 않으며, 마찬가지로 핵무기의 위협이나 사용을 포괄적으로 또는 국제적으로 금지하는 국제관습법이나 조약도 존재하지 않는다. 둘째, 유엔헌장 제2조 4항에 위배되고 제51조의 모든 요건을 충족하지 않는 핵무기를 사용한 무력에 의한 위협이나 무력의 행사는 위법이다. 셋째, 핵무기의 위협이나 사용은 무력충돌에 적용되는 국제법의 요건, 특히 국제인도법의 원칙·규칙의 요건 및 핵무기를 명시적으로 규율하는 조약과 기타 약속에 규정된 특정한 의무와 양립하지 않으면 안 된다. 넷째, 핵무기의 위협이나 사용은 무력충돌에 적용되는 국제법의 규칙, 특히 인도법의 원칙·규칙에 일반적으로 위배되는 것이라 하겠지만, 그러나 국제법의 현재의 상황 및 재판소가 이용할 수 있는 사실의 제 요소를 고려하면, 국제사법재판소는 국가의 생존 자체가 위협받는 자위의 극한적 상황에서 핵무기의 위협이나 사용이 적법

한지 위법한지에 대하여 확정적으로 결론을 내릴 수 없다.[228]

2차대전 이후에 확립된 국제인도법의 일반적 원칙은 차별성의 원칙, 비례성의 원칙, 군사적 필요성의 원칙 및 인도주의의 원칙을 말한다. 즉, 적대행위에 있어서 전투원과 민간인을 구별해야 하고, 과도한 군사적 대응을 해서는 안 되며, 군사적으로 필요한 대상을 공격해야 하며, 불필요한 고통을 주는 살상무기는 사용하지 말아야 한다는 것이다.

핵무기의 사용은 당연히 이러한 국제인도법의 원칙에 어긋난다. 그러나 핵무장국들이 강력한 상호억지에 의해 공포의 균형을 이루고 있는 국제사회의 현실을 무시할 수는 없다. 그렇게 해서, 국제사법재판소는 미국을 비롯한 5대 강대국이 핵무기를 보유하고 있고, 그런 견제와 균형에 의해 2차대전 이후의 국제질서가 형성되어왔다는 현실의 국제정치 상황을 고려하여, 일견 애매하지만 의미 있는 판단을 내린 셈이다.

$$24$$

비핵지대조약과
한반도의 비핵화

비핵지대의 등장

비핵무기지대(New-Weapon-Free Zone: NWFZ) 또는 비핵지대는 특정한 지역에서 관계국들이 국제조약에 의해 핵무기의 제조, 보유, 취득 또는 배치를 금지하기로 약속한 지대를 말한다. 비핵지대의 정의와 관련하여, 1975년 유엔총회 결의 3472(B)에는, 첫째, 해당 지대의 경계가 국제조약에 의해 명시되어, 그곳에서 핵무기의 완전한 부존재가 규정되어야 하고, 둘째, 조약 의무의 준수를 확보하기 위한 국제적 검증과 관리 체제가 확립되어야 하며, 셋째, 해당 지대가 설립되면, 핵무기국들은 그곳에서의 핵무기의 완전한 부존재를 존중하고, 또한 비핵지대조약의 당사국에 대하여 핵무기의 사용이나 위협을 하면 안 된다는 등 세 가지 내용이 명시되었다.[229] 비핵지대조약에 대한 국가실행은 이런 내용을 중심으로 축적되었다.

비핵지대 개념의 기원은 1956년 소련이 유엔군축회의에서 했던 제안이다. 당시 소련은 동독과 서독 및 그 인접국에서 핵무기 배치를 금지하자고 제안한 바 있다. 소련의 제안을 이어받아, 폴란드는 다음해에 좀 더 구체적인 안을 제출했다. 이 제안은 당사국인 폴란드와 체코슬로바키아, 동독 등을 포함하는 중앙 유럽에 비핵지대를 설치하자는 내용을 담고 있었는데, 당시 제안자였던 폴란드의 외교부장관의 이름을 따서 라파츠키 플랜(Rapacki Plan)으로 불렸다. 라파츠키 플랜은 공중과 지상에 적용되는 정교한 통제 시스템을 갖추었으며, 해당 지역에서의 핵무기 동결과 재래식 전력의 감축을 포함하고 있었다. 이 제안은 실현되지 못했지만, 해당 지대의 당사국이 적극적으로 제안한 비핵지대계획으로서, 추후의 여러 비핵지대조약의 성립에 이론적 틀을 제공한 것으로 평가되었다.

1960년대에는 중국이 미국과 소련을 비핵지대에 포함시킬 목적으로 아시아와 태평양 지역에 비핵지대를 조성할 것을 제안했다. 이러한 다양한 계획들에 이어서, 1965년에는 유엔총회에서 여러 국가로 이루어진 집단이, 그들 각각의 영토에 있어서, 핵무기의 완전한 부존재 또는 완전한 비핵화의 실현을 보장하는 지역적 조약을 체결할 수 있는 권리가 재확인되었다. 이런 권리는 나중에 핵확산방지조약에서 확인되었는데, 구체적으로 '조약은 국가 집단이 각자의 영토에 있어서 완전한 비핵화를 보장하기 위한 지역적 조약을 체결할 수 있는 권리'에 영향을 미치지 않는다고 규정되었다.[230]

이런 과정을 통하여, 현재까지 국제사회에서 비핵지대를 창설하는 다섯 개의 조약이 체결되었다. 즉, 1967년 중남미와 카리브해 지역에서의 핵무기 금지를 정한 '틀라텔롤코조약'(중남미 비핵지대조약, Treaty of

Tlatelolco), 1985년 남태평양의 비핵지대에 대한 '라로통가조약'(남태평양 비핵지대조약, Treaty of Rarotonga), 1995년 동남아시아 비핵지대에 대한 '방콕조약'(동남아 비핵지대조약, Bangkok Treaty), 1996년 아프리카 비핵지대에 대한 '펠린다바조약'(아프리카 비핵지대조약,), 2006년 중앙아시아 비핵지대에 대한 '세미팔라틴스크조약'(중앙아시아 비핵지대조약, Semipalatinsk Treaty)이 그런 조약들이다. 이 다섯 개 조약은 모두 발효되어, 국제적으로 인정되고 있다. 몽골은 1992년에 단독으로 자국을 비핵지대로 선언했다. 유엔은 1999년에 총회결의로 몽골을 비핵지대로 인정했다.

한편, 국가의 주권 행사가 제한되는 국제공역에서도 핵무기 확장 경쟁을 예방하기 위하여 비핵화조약이 체결되었다. 우선, 1959년 '남극조약'에서 당사국들은 남극의 비핵화에 합의하여 이를 규정하게 되었다. 구체적으로 남극조약은 남극의 비무장지역화와 평화적 이용을 명시하고, 또한 핵실험과 방사성폐기물의 처분을 엄격하게 금지하는 내용을 두었다.[231]

1967년의 '우주조약'과 1979년 '달조약'에서는 우주의 평화적 이용 원칙에 입각하여 우주에서의 핵무기 확장을 금지했다. 즉, '우주조약'에는 당사국이 핵무기나 대량살상무기를 지구의 궤도에 올리거나 외기권에 핵무기를 배치하면 안 된다는 내용이 규정되었다.[232] '달조약'에도 우주의 평화적 이용이 재확인되고, 특히 핵무기와 대량살상무기를 달에 배치해서는 안 된다는 내용이 규정되었다.[233]

1970년 '해저비핵화조약'에는 해저, 해상(海床) 및 그 하층토에서 핵무기 및 기타 대량살상무기의 배치나 저장, 그리고 발사나 실험을 위한 시설물이나 구조물의 설치가 엄격하게 금지되었다.[234] 이 조약은 해저의 평화적 이용과 탐사를 촉진하기 위한 목적으로 체결된 것이다. 다만, 핵잠수함의 활동은 이 조약에 의해 규제받지 않는다. 이렇게 해서 우주, 남극, 해저와 같이 개별 국가의 주권이 제한되는 곳에 대한 비핵화 체제가 확립되었다.

5대 비핵지대조약

특수한 국제공역을 대상으로 한 비핵화조약을 제외하면, 현재 전술한 다섯 개의 지역에서 비핵지대조약이 발효되어 실행되고 있다. 북핵문제의 평화적 해결을 생각하면, 비핵지대조약이 갖는 정치적·법적 함의는 주목할 수밖에 없다. 그런 맥락에서, 발효한 순서대로 지역적 비핵지대조약을 살펴보기로 하자.

첫째, '틀라텔롤코조약'은 중남미지역을 적용 대상으로 하는 비핵지대조약이다. 이 조약은 주변국들을 집단으로 포함하는 최초의 비핵지대(NWFZ)조약으로서, 1962년의 쿠바 미사일 위기를 계기로 볼리비아, 브라질, 칠레, 에콰도르, 멕시코 등 중남미 국가들의 주도로 그에 대한 협상이 시작되었다. 이 조약은 대상 지역에서의 핵무기의 실험, 사용, 제조, 생산, 취득, 수령, 저장, 설치, 배치, 소유 등을 금지하고 있다.

이 조약은 두 개의 의정서를 포함하는데, 특히 두 번째 추가의정서에는 핵무기국(NWS)이 조약당사국에 대하여 핵무기의 사용이나 위협을 해서는 안 된다는 소극적 안전보장(negative security assurances: NSA) 의무가 규정되어 있다. 핵확산방지조약에 규정된 5대 핵강대국이 모두

이 조약의 의정서를 비준했기 때문에 중남미지역은 명실상부하게 비핵지대가 되었다. 틀라텔롤코는 회의가 열린 멕시코시의 지역 명칭이다. 2019년 6월 현재 33개국이 조약의 당사국으로 되어 있다.[235] 이 조약은 냉전시대의 험난한 군축협상 과정에서 관련 국가들이 힘들게 양보하여 성공한 실례로 자주 인용된다.

둘째, '라로통가조약'은 남태평양을 대상으로 하는 비핵지대조약으로서 1985년에 체결되었다. 조약의 체결 배경은 미국, 영국, 프랑스가 북태평양과 남태평양의 도서에서 핵실험을 하고, 일본과 같은 국가들이 핵폐기물을 이곳에 투기하려고 한 데에서 비롯되었다. 뉴질랜드와 호주가 1962년경에 처음으로 남반구에서의 비핵지대 설치를 제안했다. 1975년에 남태평양포럼(SPF)에서 이 문제를 정식으로 다루고, 유엔총회에서 비핵지대의 설치를 승인하여 협상이 진행되었다.

이 조약은 대상 지역에서의 핵폭발장치의 제조, 취득, 소유, 관리 등을 금지하고 있다. 또한 체약국은 핵폭발장치의 실험을 방지해야 하며, 방사성폐기물이나 방사성물질을 투기해서는 안 된다. 다만, 외국의 핵무장 선박이나 항공기가 체약국의 영해나 영공을 통항하거나 통과할 수 있는지는 체약국 스스로 결정하도록 규정하고 있다.[236] 호주는 이 조항을 원용하여 미국의 핵무장 선박이 호주의 항구로 출입할 수 있도록 허가했다. 중국, 프랑스, 영국, 러시아는 이 조약의 소극적 안전보장에 관한 두 번째 의정서와 핵실험에 관한 세 번째 의정서를 모두 비준했지만, 미국은 서명만 하고 비준하지 않았다. 라로통가는 쿡제도의 주도이다. 2019년 6월 현재 13개국이 조약의 당사국으로 되어 있다.[237]

셋째, '방콕조약'은 동남아시아를 대상으로 하는 비핵지대조약이다. 1995년에 체결된 이 조약은 전문과 22개조의 본문 및 부속서와 의정서로 구성되며, 당사국은 10개국이다. 이 조약은 1971년에 아세안(ASEAN) 국가들이 동남아시아 평화·자유·중립지대(ZOPFAN)의 창설을 주도한 것으로부터 유래되었다. 이 조약은 포스트 냉전시대 최초의 비핵지대조약으로서, 1990년대의 군비축소 경향을 상징하는 것으로 평가된다. 이 조약은 위원회와 집행위원회를 두어, 사실확인 절차를 강화하는 감독 시스템을 확립했다.

이 조약은 '라로통가조약'이나 '틀라텔롤코조약'과 유사한 주요 비핵화 내용을 담고 있다. 다만, 이 조약은 적용 대상과 관련하여 당사국의 배타적 경제수역(EEZ)까지를 포괄하도록 영역적 범위를 확장했다. 따라서 조약상 비핵지대는 당사국의 연안으로부터 200해리(370km)까지로 확장되었다. 이는 소극적 안전보장을 제공하려고 한 핵강대국들의 의지를 복잡하게 했다. 결국 5대 핵강대국은 소극적 안전보장에 관한 의정서에 아직 서명조차 하지 않고 있다.

넷째, '펠린다바조약'은 아프리카를 대상으로 하는 비핵지대조약으로서, 1996년 4월에 서명을 위해 개방되었고, 2009년 7월에 발효했다. 모든 아프리카 국가가 이 조약의 당사국으로 되어 있지는 않다. 2019년 6월 현재, 당사국은 40개국이다. 아프리카의 비핵지대화는 1964년에 아프리카단결기구(OAU)가 유엔의 1961년 권고를 기초로 아프리카의 비핵지대화 선언을 채택함으로써 시작되었다. 이 선언은 1965년에 유엔의 승인을 받았다. 지지부진하던 협상은 남아프리카공화국의 핵무기 폐기 및 핵확산방지조약 가입이 계기가 되어 1995년에 비로소 타결되었다. 미소 양국의 아프리카에 대한 전략적 이해의 감소도 이유가 되었다. 이 조약도 방콕조약처럼 냉전의 종식 후 1990년대 군비축소 경향을 나타내고 있다.

이 조약은 전문과 22개조의 본문 및 4개의 부속서와 3개의 의정서로 구성되어 있다. 이 조약은 당사국들이 대상 지역에서 어떤 핵폭발장치에 대한 연구, 개발, 제조, 비축, 배치, 실험도 해서는 안 되며, 방사성폐기물을 투기해서도 안 된다는 것을 규정하고 있다. 각 당사국들은 외국의 핵무장 선박이나 항공기의 방문이나 통과를 결정할 수 있는 권한을 갖는다. 조약상 의무는 아프리카 원자력위원회(AFCONE)를 통해 이행되는데, 동 위원회는 조약상 의무 위반에 대해 국제원자력기구(IAEA)에 특별사찰을 요청할 수 있다. 세 개의 의정서는 대상 지역에서의 5대 핵강대국의 핵무기 사용 및 위협의 금지, 5대 핵강대국들의 핵실험 금지, 아프리카에 영토가 있는 프랑스와 스페인에 대한 조약 의무의 적용에 대한 것이다.

중국, 프랑스, 영국은 조약의 소극적 안전보장에 대한 의정서를 비준했다. 그러나 영국은 비준 시에 조약의 적용 범위가 차고스제도에 확장되는 것을 인정하지 않았다. 미국은 디에고 가르시아(Diego Garcia)의 미군기지 문제로 의정서에 서명은 했지만 비준하지는 않았다. 러시아는 이 조약의 의정서에 서명도 하지 않았다.

다섯째, '세미팔라틴스크조약'은 중앙아시아 5개국을 적용 대상으로 하는 비핵지대조약으로, 2006년에 체결되었다. 카자흐스탄, 키르기즈스탄, 타지키스탄, 투르크메니스탄과 우즈베키스탄 등 5개국이 당사국이다. 세미팔라틴스크는 과거 소련의 핵시설이 있던 카자흐스탄의 지역이다. 중앙아시아 지역은 소련이 핵과 미사일실험, 핵연료의 처리, 핵무기의 저장 등 관련 활동을 했던 곳이다. 카자흐스탄에는 1994년 핵확산방지조약의 가입시 러시아에 반환한 1,400기의 전략핵무기가 있었다.

이 조약은 당사국들이 대상 지역에서 어떤 핵무기나 핵폭발장치에 대한 연구, 개발, 제조, 비축, 획득, 보유, 실험도 해서는 안 된다고 정하고 있다. 또한 이 조약은, 다른 비핵지대조약과 달리, 당사국들이 조약의 발효 후 18개월 내에 국제원자력기구와 안전조치협정과 추가의정서를 체결하도록 정하고 있다. 당사국들은 국제원자력기구와 그런 협정을 체결하지 않은 비핵무기국에 핵물질을 제공해서도 안 된다. 미국을 제외한 영국, 프랑스, 러시아, 중국은 이 조약의 소극적 안전보장에 대한 의정서를 비준했다.

그런데 투르크메니스탄을 제외한 조약의 모든 당사국들은 1992년에 러시아와의 동맹을 정한 타슈켄트조약(Tashkent Treaty)을 체결했다. 러시아는 이 동맹조약으로 4개국에 핵우산을 제공하고 있다. 그래서 미국, 영국, 프랑스는 두 조약이 양립할 수 없는 것으로 여기고 있다. 결국 세미팔라틴스크조약은 핵강대국들이 냉전시대의 비핵지대조약에 제공했던 소극적 안전보장이 무의미해졌다는 것을 보여주는 실례가 되었다.

한반도의 비핵지대화

북한은 1970년대부터 '한반도의 비핵지대화'를 주장했다. 북한은 구체적으로 한반도에 배치된 전술핵 철수와 미군 철수를 동시에 주장했다. 당시 재래식 전력은 북한이 앞섰지만, 미군의 전술핵 때문에 핵전력은 북한이 열세였다. 이러한 핵전력의 열세를 만회하기 위해 북한은 비핵지대화라는 전략을 선택한 것이다. 그러나 미소 양국의 냉전 구도 속에서 한반도의 비핵지대화 주장은 공허한 구호에 불과했다.

그런데 냉전의 해체로 미국의 전술핵이 한반도에서 철수되자 사정은 변했다. 북한은 비핵지대화 주장을 접고, 한국의 비핵화 선언에 호응했다. 남북한은 1991년 12월 31일에 '한반도 비핵화에 관한 공동선언'에 합의했다. 이 선언은 1992년 1월 20일 정원식 총리와 연형묵 총리가 서명하고, 2월 19일 평양에서 열린 6차 남북고위급회담에서 '남북기본합의서'와 함께 발효되었다.

비핵화 공동선언의 내용은 비핵지대조약과 같은 상세한 내용을 담지는 않았다. 그러나 다음과 같이 남북한의 비핵화를 실현하기 위한 핵심적인 내용은 대부분 담고 있었다.

1. 남과 북은 핵무기의 시험, 제조, 생산, 접수, 보유, 저장, 배비, 사용을 하지 아니한다.
2. 남과 북은 핵에너지를 오직 평화적 목적에만 이용한다.
3. 남과 북은 핵재처리시설과 우라늄 농축시설을 보유하지 아니한다.
4. 남과 북은 한반도의 비핵화를 검증하기 위하여 상대측이 선정하고 쌍방이 합의하는 대상들에 대하여 남북핵통제공동위원회가 규정하는 절차와 방법으로 사찰을 실시한다.
5. 남과 북은 이 공동선언의 이행을 위하여 공동선언이 발효된 후 1개월 안에 남북핵통제공동위원회를 구성, 운영한다.
6. 이 공동선언은 남과 북이 각기 발효에 필요한 절차를 거쳐 그 본

문을 교환한 날부터 효력이 발생한다.

이 선언이 실현되었으면 한반도의 긴장은 크게 완화되었을 것이다. 그 내용은 핵무기의 금지뿐 아니라 핵물질의 금지와 사찰까지 담고 있기 때문이다. 그러나 북한은 공동선언의 내용을 준수하지 않았다. 남북 핵통제공동위원회 협상은 결렬되었다. 북한은 1992년 1월 국제원자력기구와 안전조치협정을 체결하면서도, 내부적으로 영변 핵활동을 은밀하게 추진했다. 결국 국제원자력기구의 사찰로 핵물질의 불일치가 문제가 되면서 북핵 위기가 시작되었다.

만약 북핵 협상이 순조롭게 진행되어 한반도의 비핵화가 이루어진다면, 장기적으로 '한반도의 비핵지대화'를 추진할 수도 있을 것이다. 이론적으로는, '한반도 비핵지대'를 바탕으로 일본을 포함하는 '남북한·일본 비핵지대' 내지 '동북아 비핵지대'의 창설도 생각해볼 수 있을 것이다. 핵개발을 포기한 남북한은 비핵 3원칙을 고수하는 일본과 비핵지대화를 합의함으로써, 비핵지대의 확산과 동북아시아의 안정에 기여할 수 있기 때문이다.

그러나 동북아시아 각국의 역사와 국제정치적 현실을 고려하면, '동북아 비핵지대'안은 실현 가능성이 높지 않은 방안이다. 이곳은 역내 국가 간의 갈등과 적대감이 아직 해소되지 않은 상태이고, 정치적·제도적 동질성도 많이 약하기 때문이다. 5대 비핵지대와 비교하여, 동북아의 경우는 핵강대국들의 이해가 상충되기 때문에 소극적 안전보장도 합의되지 않을 가능성이 높다.

'한반도의 비핵지대화'나 '동북아시아의 비핵지대화'는 북한의 완전한 비핵화가 달성됐을 때 의미를 갖는다. 만약 한반도의 비핵화가 미군의 철수만을 목표로 하는 '비핵지대화'라면, 그것은 과거 북한의 주장과 마찬가지로 한국이 동조할 수 없는 방안이 된다. 결국 비핵지대의 성공은 당사국들의 진정한 의지와 핵강대국들의 협조가 관건이다. 5대 비핵지대 체제가 정착했을 당시의 국제정치적 맥락을 간과해서는 안 될 것이다.

북핵 문제의 실상

하노이 북미회담의 결렬로 북핵 문제의 실상이 드러났다. 트럼프 대통령은 김정은 위원장에게 제시한 '빅딜 문서'에서, '북한 핵무기와 핵물질의 미국으로의 반출, 그리고 핵시설과 화학·생물전 프로그램 및 탄도미사일과 관련 시설의 완전한 해체'를 요구했다.[238] 또한 미국은, 영어와 한국어로 작성된 문서에서, '핵 프로그램의 포괄적 신고 및 미국과 국제사찰단의 완전한 접근, 관련 활동 및 새 시설물의 건축 중지, 모든 핵시설의 제거, 핵 프로그램 과학자와 전문가들의 상업적 활동으로의 전환' 등 네 가지 사항을 구체적으로 요구했다. 즉, 미국은 북한에 대하여 '최종적이고, 완전히 검증된 비핵화'(FFVD)를 요구한 것이다. 북한은 미국의 제안을 리비아식 해법이라고 주장하여, 절대 받아들일 수 없다고 했다. 양측이 생각하는 비핵화가 이렇게 다르기 때문에 협상은 어려울 수밖에 없다.

더구나 북한이 모든 핵개발을 포기하고 미국이 모든 제재를 해제한다는 빅딜이 성사되더라도, 그 과정은 순조롭게 진행되지 않을 것이다. 핵무기의 해체와 반출, 우라늄 농축 시설의 해체, 원자로의 해체, 핵실험장의 폐쇄, 생화학무기와 미사일의 폐기 및 관련 시설의 해체, 검증과 사찰 등 미국이 생각하는 북한 비핵화의 과정은 적어도 10년 이상은 걸릴 것이다. 북한의 핵개발 능력은 리비아, 이란, 시리아, 이라크, 남아프리카공화국과는 차원이 다를 정도로 뛰어나다.[239]

남아프리카공화국이 핵폐기를 결정한 후, 핵무기와 관련 시설을 해체하고 IAEA의 검증과 공인을 받는 데 5년이 걸렸다. 6개의 완성된 핵탄두와 1개의 미완성 핵탄두를 해체하는 과정에 그 정도의 시간이 소요된 것이다. 핵무기 개발에 성공하지 못한 리비아가 핵 프로그램을 포기하고 핵물질과 기자재를 미국으로 반출하는 데에는 1년이 걸렸다. 이런 사정을 감안하면, 북핵 문제는 단기간에 해결되기 힘들다고 보는 것이 합리적이다.

만약 북한이 핵무기와 핵시설의 목록을 미국에 우선 신고한다면, 비핵화의 진정성을 인정받을 수도 있다. 전면적 비핵화 합의가 아니더라도, 그것은 미국이 부분적으로 제재를 해제할 수 있는 명분이 된다. 그러나 북한이 그런 정보를 미국에 제공하기는 쉽지 않을 것이다. 미국이 하노이에서 영변 핵시설 외에 별도의 우라늄 농축시설의 존재를 언급하자, 북한은 아무런 해명도 하지 못했다.

북한으로서는 단계적 또는 부분적 비핵화와 제재의 완화를 교환하는 것이 가장 유리한 시나리오일 것이다. 그러나 그런 합의는 완전한 비핵화와 거리가 멀고, 북한에 시간적 여유만 주게 될 가능성이 높다. 그럴 경우, 북한은 인도나 파키스탄처럼 '사실상 핵무기국'이 될 수 있다. '사실상 핵무기국'이 된다는 것은, 국제법적으로 인정받지 못하더라도, '실질적인 핵보유국' 내지 '비공인 핵무장국'이 된다는 것을 의미한다.

핵확산과 비핵화의 갈림길

이제 한반도는 핵확산과 비핵화의 갈림길에 섰다. 우리가 북핵 문제의 진정한 해결을 원한다면, 희망적 사고를 버리고 현실을 직시할 줄 알아야 한다. 2019년 5월 4일과 9일에 북한이 이스칸데르 형 미사일을 발사했다는 사실은 북한의 비핵화가 쉽지 않을 것이라는 추론을 정당화한다. 북한은 7월 25일 이후에도 8월 16일까지 여섯 차례나 더 미사일을 발사했다. 이런 단거리 미사일은 우리에게 매우 치명적이다. 정부가 미사일 발사에 대한 의미를 계속 축소한다면, 국민의 지탄을 받을 수밖에 없다.

그런 맥락에서, 우리는 본문에 기술한 각국의 실행을 통해 핵 문제에 대한 거시적 시각을 가질 필요가 있다. 쿠바 미사일 위기나 이스라엘의 이라크와 시리아 원자로에 대한 폭격, 남아프리카공화국의 자발적 핵폐기 그리고 이란의 핵동결이 북핵 문제에 갖는 함의는 간과할 수가 없다. 한국은 카다피의 비극적 최후가 핵폐기와 무관하다는 것을 북한에 설명하고 설득할 수 있어야 한다. 또한 이스라엘, 인도, 파키스탄이 핵개발에 성공한 과정도 주목해야 한다. 초근목피로 연명하더라도 핵개발을 하겠다고 한 파키스탄의 절박함은 북핵 문제와 함께 생각해야 한다.

북한 핵개발의 일차적인 목적은 체제의 유지에 있다. 한국과 국력의 격차가 커지면서, 북한은 '격퇴'(repel)와 '억지'(deter)를 위해 핵무장을 선택했다. 북한을 침공할 수 있는 적국을 격퇴하고, 적국의 동맹의 개입을 억지한다는 것이 북한의 기본적 군사전략이다. 북한은 한반도의 적화통일이라는 대남전략도 포기하지 않고 있다. 따라서 북한이 주장하는 비핵화가 한반도의 핵군축이라면, 한국은 더 이상 '한반도의 비핵화'라는 수사(修辭)에 연연할 필요가 없다.

4·27 판문점 선언에서 언급된 한반도의 비핵화는 과거 북한이 주장하던 한반도 비핵지대화와 같은 의미로 해석되면 안 된다. 1991년 비핵화 공동선언의 실패를 되풀이해서도 안 된다. 핵군축을 핑계로 한 미군의 철수는 한반도 비핵화의 수단이나 목적이 될 수 없다. 만약 미국이 북한의 단계적 비핵화나 ICBM의 폐기를 수용하고, 평화협정의 체결과 미군의 철수를 논한다면, 그것은 한국에 최악의 상황이 된다. 6·30 판문점 회동의 의미도 마찬가지다. 만약 미국이 핵동결을 대가로 대북제재를 완화하거나 해제한다면, 그것은 북한을 '사실상 핵무기국'으로 인정하는 계기가 될 수 있다.

핵억지력의 강화

북한의 완전한 비핵화가 실현될 수 없다고 판단되면, 서두에서 논한 한국의 독자적 핵억지력 강화 방안을 진지하게 검토해야 할 것이다. 궁극적으로 동북아시아에서 '6자 상호확증파괴'의 균형은 역내의 평화와 안정을 증진시킬 것이다. 미국으로서도 우호적 핵확산은 적대적 핵확산과 달리 여러 가지로 유리하다. 동북아시아의 경우, '핵확산'이라는 우려보다는 '핵억지력의 강화'라는 이점이 더 클 것이다. 전술핵의 재배치나 핵무기의 공유도 사정은 마찬가지다. 한반도에 미군의 전술핵이 존재했던 1991년 이전 30년 동안 남북한 사이에 전쟁이나 대규모 무력 충돌의 가능성은 거의 없었다.

케네스 월츠는 정치적 긴장으로 불안한 지역에서 핵무기의 확산은 오히려 무력충돌의 가능성을 낮춘다고 했다. 또한 강대국들이 핵무기를 보유한 상황에서 비이성적으로 전쟁을 수행하지 않는다고 했다.[240] 글렌 스나이더는 핵무기를 가진 국가들은 재래식 무기에 의한 충돌은 모르지만 핵전쟁은 하기 힘들다고 주장했다.[241] 존 미어샤이머는 잠재적 분쟁지역에 있는 국가들은 핵무장을 함으로써 안정을 확보할 수 있다고 했다.[242] 반면, 베리 포전은, 핵무기를 가진 국가들의 노력에도 불구하고, 전시에는 재래식 무기에 의한 충돌이 핵무기에 의한 우발적 확전(inadvertent escalation)을 가져올 수 있다고 주장한다.[243] 특정한 상황을 전제로 했다는 한계는 있겠지만, 이런 이론들이 갖는 현실적 함의는 주목해야 한다.

'핵확산 운명론자'(proliferation fatalists)들은 완강한 비핵무기국의 핵개발은 막을 수 없다고 본다. '핵억지 낙관론자'(deterrence optimists)들은 그래도 사실상 핵무기국에 대한 억지를 통해 평화의 유지가 가능하다고 본다.[244] 이스라엘의 핵무장 이후 핵확산의 과정을 보면, 두 입장은 모두 타당하다. 인도와 파키스탄은 핵무장 이후 지금까지 전쟁을 하지 않고 있다. 그래서 북한이 사실상 핵개발을 완성한 지금은 핵억지를 위한 최선의 방안을 선택하는 것이 필요하다.

한국은 무엇보다도 미국과의 공조를 중시해야 한다. 북한에 대해 외교적 압박과 경제적 제재를 지속해야 한다는 미국의 정책에 협조해야 한다. 중국과 일본의 역할에 대한 냉정한 평가도 해야 한다. 중국이 북한의 비핵화를 진정으로 원하지 않으면, 한국은 독자적인 억지력을 확보할 수밖에 없다. 그럴 경우, 일본과도 적극적으로 협력해야 한다. 국제법적으로 일단락된 위안부나 청구권 문제로 일본과 대립하는 것은 이성적이지도 않고 타당하지도 않다. 우리가 해방된 지 70년이 더 지난 21세기에 의병과 죽창을 주장하는 것은 시대착오적이다.

정치권은 북핵 문제를 정략적으로 이용해서는 안 된다. 안보에 여야가 있어서는 안 되기 때문이다. 이스라엘의 네타냐후 총리도 야당 시절 안보에 대해 여당에 협조했다. 그는 2007년 올메르트 총리가 결정한 시리아의 원자로 폭격을 전폭적으로 지지했다. 이스라엘처럼 단호한 정책은 아니더라도, 최소한 안보에 대한 초당적인 협조는 필요하다. 구체적인 비핵화 조치가 없는데도 제재의 해제만 주장하는 것은 안보를 스스로 포기하겠다는 것이나 마찬가지다. 경제는 무너지더라도 복원이 가능하지만, 안보가 무너지면 국가의 존립이 흔들리게 된다.

자유가 공짜가 아니듯, 평화도 공짜가 아니다. 돌이켜보면, 한국은 스스로 독립하지도 못했고, 스스로 침략을 물리치지도 못했다. 미국이 일본의 지배를 종식시켰고, 미국이 북한의 침략을 막아주었다. 그리고 미국의 힘을 빌려 경제 강국이 되었다. 이제 한국은 독자적으로 자기의 안전을 보장할 수 있어야 한다. 레이건 대통령이 말했듯이, '힘이 뒷받침된 평화'(peace through strength)를 가졌을 때 비로소 위기를 극복할 수 있다.[245] '진정한 평화'(real peace)는 강력한 억지력으로 보장된다는 기본을 잊으면 안 된다.

마지막 질문을 독자들에게 던진다. "우리는 핵무장한 북한과 평화적으로 공존할 수 있는가?" 평화 공존에 대한 자신이 있으면, 지금처럼 힘든 협상을 계속해도 상관없다. 만약 그렇지 못하다면, 이제는 실천적 해법을 모색해야 할 시점이 되었다.

· 주요 인물 약력 ·

미국 ————

프랭클린 루즈벨트(Franklin Delano Roosevelt, 1882~1945) 핵무기의 개발을 결정한 32
　　대 미국 대통령, 주지사, 상원의원

해리 트루먼(Harry Shippe Truman, 1884~1972) 핵무기의 사용을 결정한 33대 미국 대
　　통령, 부통령, 상원의원

드와이트 아이젠하워(Dwight David Eisenhower, 1890~1969) '평화를 위한 원자력'을
　　제창하고 한국에 전술핵을 배치한 34대 미국 대통령, 육군참모총장, 유럽연합군 최
　　고사령관

존 피츠제럴드 케네디(John Fitzgerald Kennedy, 1917~1963) 쿠바 미사일 위기를 극복
　　한 35대 미국 대통령, 상원의원

도널드 트럼프(Donald John Trump, 1946~　) 45대 미국 대통령, 사업가, 부동산 개발업자

헨리 스팀슨(Henry Lewis Stimson, 1867~1950) 국무장관, 국방장관, 원폭개발 총책임자

존 볼턴(John Bolton, 1948~　) 국가안보 보좌관, 주유엔 대사, 국무부 군축담당 차관

이스라엘 ————

다비드 벤구리온(David Ben-Gurion, 1886~1973) 이스라엘 총리, 국방장관

시몬 페레스(Shimon Peres, 1923~2016) 이스라엘 대통령, 총리, 국방장관, 외교장관

메나헴 베긴(Menachem Begin, 1913~1992) 이스라엘 총리, 국방장관

에후드 올메르트(Ehud Olmert, 1945~　) 이스라엘 총리, 예루살렘 시장

베냐민 네타냐후(Benjamin Netanyahu, 1949~　) 이스라엘 총리, 외교장관, 재무장관

인도 ————

자와할랄 네루(Jawaharlal Nehru, 1889~1964) 인도 총리, 국방장관, 재무장관

인디라 간디(Indira Gandhi, 1917~1984) 인도 총리, 국방장관, 재무장관

라지브 간디(Rajiv Gandhi, 1944~1991) 인도 총리, 국민회의파 총재

아탈 바지파이(Atal Bihari Vajpayee, 1924~2018) 인도 총리, 인도국민당(BJP) 총재

압둘 칼람(Abdul Kalam, 1931~2015) 인도 대통령, 미사일과 핵개발 프로그램의 책임자

나렌드라 모디(Narendra Modi, 1950~) 인도 총리, 구자라트주 지사

파키스탄 ─────

줄피카르 알리 부토(Zulfikar Ali Bhutto, 1928~1979) 파키스탄 대통령, 총리, 외교장관

베나지르 부토(Benazir Bhutto, 1953~2007) 파키스탄 총리, 파키스탄인민당(PPP) 총재,
이슬람권 첫 여성 총리

무함마드 지아울하크(Muhammad Zia-ul-Haq, 1924~1988) 파키스탄 대통령, 육군 참
모총장

무니르 아흐매드 칸(Munir Ahmad Khan, 1926~1999) 핵물리학자, 파키스탄 원자력위원
회(PAEC) 위원장

압둘 카디르 칸(Abdul Qadeer Khan, 1936~) 핵공학자, 파키스탄 핵연구소(KRL) 소장,
파키스탄의 핵개발 및 북한·이란·리비아에 대한 핵확산의 주역

이란 ─────

아야톨라 알리 하메네이(Ayatollah Ali Khamenei, 1939~) 이란 최고지도자, 대통령

모함마드 하타미(Mohammad Khatami, 1943~) 이란 대통령, 문화장관

마흐무드 아흐마디네자드(Mahmoud Ahmadinejad, 1956~) 이란 대통령, 테헤란 시장

하산 로하니(Hassan Rouhani, 1948~) 이란 대통령, 핵협상 수석대표

일본 ─────

기시 노부스케(岸 信介, 1896~1987) 일본 총리, 자민당 총재, 외무대신, 상공대신

사토 에이사쿠(佐藤榮作, 1901~1975) 일본 총리, 자민당 총재, 대장대신, 통상산업대신

나카소네 야스히로(中曽根康弘, 1918~) 일본 총리, 자민당 총재, 운수대신, 통상산업대신

아베 신조(安倍晋三, 1954~) 일본 총리, 자민당 총재, 내각관방장관

니시나 요시오(仁科芳雄, 1890~1951) 물리학자, 핵개발 프로그램의 책임자

기타 ─────

가말 압델 나세르(Gamal Abdel Nasser, 1918~1970) 이집트 대통령, 혁명군사회의 의장

사담 후세인(Saddam Hussein, 1937~2006) 이라크 대통령, 혁명평의회 부의장

무아마르 카다피(Muammar al-Gaddafi, 1942~2011) 리비아 국가원수, 국가평의회 의장, 혁명지도자

바샤르 알 아사드(Bashar al-Assad, 1965~) 시리아 대통령, 안과의사

니키타 흐루시초프(Nikita Khrushchev, 1894~1971) 소련 공산당 서기장, 총리, 국가평의회 의장

피델 카스트로(Fidel Castro, 1926~2016) 국가평의회 의장, 총리, 변호사

프레데릭 데 클레르크(Frederik Willem de Klerk, 1936~) 핵폐기를 결정한 남아프리카공화국 대통령, 국민당 총재, 변호사

시릴 라마포사(Cyril Ramaphosa, 1952~) 남아프리카공화국 대통령, 아프리카 민족회의(ANC) 총재

· 핵개발 및 비핵화 관련 연표 ·

1942. 8	맨해튼 프로젝트 시작
1945. 7. 16	뉴멕시코에서 미국 사상 첫 핵실험 성공
1945. 8. 6	히로시마에 사상 첫 핵무기 투하
1945. 8. 9	나가사키에 두 번째 핵무기 투하
1946. 1. 24	핵무기의 철폐를 요청하는 유엔 결의안 발표
1949. 8. 29	카자흐스탄의 세미팔라틴스크(Semipalatinsk)에서 소련 첫 핵실험 성공
1952. 10. 3	호주의 몬테벨로(Montebello) 섬에서 영국 첫 핵실험 성공
1952. 11. 1	마셜군도에서 미국 첫 수소폭탄 실험 성공
1954. 3. 1	비키니환초에서 미국의 수소폭탄 실험으로 일본 원양어선 제5복룡호(第5福龍丸) 피폭
1955. 7. 9	핵폐기와 핵의 평화적 이용을 담은 '러셀-아인슈타인 선언' 발표
1959. 12. 1	남극의 비핵화를 규정한 남극조약 서명
1960. 2. 13	사하라사막에서 프랑스 첫 핵실험 성공
1961. 10. 30	노바야 젬랴(Novaya Zemlya)에서 소련 58메가톤급 핵무기 차르봄바(Tsar Bomba) 실험 성공
1962. 10. 16	쿠바 미사일 위기 발생
1963. 8. 5	부분적 핵실험 금지조약(PTBT) 서명
1964. 10. 16	신장(新疆)에서 중국 첫 핵실험 성공
1967. 2. 14	중남미와 카리브해의 비핵화를 규정한 틀라텔롤코조약 서명
1968. 7. 1	핵확산방지조약(NPT) 서명
1971. 2. 11	해저비핵화조약(Seabed Arms Control Treaty) 서명
1974. 5. 18	라자스탄사막의 포크란에서 인도 첫 핵실험 성공
1979. 9. 22	인도양에서 남아프리카공화국 핵실험 감행 추정
1980. 3. 3	국제원자력기구에서 핵물질방호협약(CPPNM) 서명

1981. 6. 7	이스라엘 예방적 자위권을 명분으로 이라크의 오시라크(Osirak) 원자로 공습
1985. 7. 10	프랑스의 핵실험에 항의하는 그린피스의 레인보우 워리어호 뉴질랜드에서 폭파
1985. 8. 6	쿡제도(Cook Islands)의 라로통가에서 남태평양 비핵지대조약 성립
1986. 9. 30	이스라엘의 핵무기 보유를 폭로한 기사 선데이 타임즈에 게재
1987. 12. 8	미국과 소련 중거리핵전력조약(INF) 서명
1991. 7. 10	남아프리카공화국 핵확산방지조약 가입
1995. 4	카자흐스탄 영토에 남아 있던 소련의 핵무기 러시아로 이전
1995. 12. 15	방콕에서 동남아시아 비핵지대 조약 서명
1996. 4. 11	남아프리카공화국의 펠린다바에서 아프리카 비핵지대 조약 서명
1996. 6. 1	우크라이나 영토에 남아 있던 소련의 핵무기 러시아로 이전
1996. 7. 8	국제사법재판소 핵무기 사용의 적법성에 대한 권고적 의견 제시
1996. 9. 24	포괄적 핵실험 금지조약(CTBT) 서명
1996. 11. 27	벨라루스 영토에 남아 있던 소련의 핵무기 러시아로 이전
1998. 5. 11~13	라자스탄사막의 포크란(Pokhran)에서 인도 5회의 핵실험 감행
1998. 5. 28~30	라스코(Ras Koh)와 카란(Kharan)사막에서 파키스탄 6회의 핵실험 감행
2005. 9. 14.	유엔에서 핵테러억제협약(ICSANT) 서명
2006. 9. 8	카자흐스탄의 세미팔라틴스크에서 중앙아시아 비핵지대에 대한 조약 서명
2006. 10. 9~ 2017. 9. 3	북한 제1차에서 제6차까지 여섯 차례 핵실험 감행
2007. 9. 5	이스라엘, 북한의 지원으로 건설 중이던 시리아의 알 키바르(Al Kibar) 원자로 공습
2015. 7. 14	미국 등 6개국(P5+1)과 이란, 포괄적 공동행동계획(JCPOA)에 합의
2017. 7. 7	유엔에서 핵무기의 폐기에 대한 조약(TPNW) 채택
2018. 1. 31	이스라엘의 모사드 이란의 핵개발 자료 탈취를 위해 테헤란 소재 창고 급습
2018. 5. 8	미국, 이란과의 포괄적 공동행동계획(JCPOA)에서 탈퇴

1. 핵확산방지에 관한 조약(NPT) ──

제1조 (핵무기국의 비확산 의무)

핵무기 보유 조약당사국은 여하한 핵무기 또는 기타의 핵폭발장치 또는 그러한 무기 또는 폭발장치에 대한 관리를 직접적으로 또는 간접적으로 어떠한 수령자에 대하여도 양도하지 않을 것을 약속하며, 또한 핵무기 비보유국이 핵무기 또는 기타의 핵폭발장치를 제조하거나 획득하며 또는 그러한 무기 또는 핵폭발 장치를 관리하는 것을 여하한 방법으로도 원조, 장려 또는 권유하지 않을 것을 약속한다.

제2조 (비핵무기국의 확산회피 의무)

핵무기 비보유 조약당사국은 여하한 핵무기 또는 기타의 핵폭발장치 또는 그러한 무기 또는 폭발장치의 관리를 직접적으로 또는 간접적으로 어떠한 양도자로부터도 양도받지 않을 것과, 핵무기 또는 기타의 핵폭발장치를 제조하거나 또는 다른 방법으로 획득하지 않을 것과, 또한 핵무기 또는 기타의 핵폭발장치를 제조함에 있어서 어떠한 원조를 구하거나 또는 받지 않을 것을 약속한다.

제3조 (전용방지를 위한 보장조치)

①핵무기 비보유 조약당사국은 원자력을, 평화적 이용으로부터 핵무기 또는 기타의 핵폭발장치로, 전용하는 것을 방지하기 위하여 본 조약에 따라 부담하는 의무이행의 검증을 위한 전속적 목적으로 국제원자력기구규정 및 동기구의 안전조치제도에 따라 국제원자력기구와 교섭하여 체결할 합의사항에 열거된 안전조치

를 수락하기로 약속한다. 본조에 의하여 요구되는 안전조치의 절차는, 선원물질 또는 특수분열성 물질이 주요 원자력 시설 내에서 생산처리 또는 사용되고 있는가 또는 그러한 시설 외에서 그렇게 되고 있는가를 불문하고, 동물질에 관하여 적용되어야 한다. 본조에 의하여 요구되는 안전조치는 전기당사국 영역 내에서나 그 관할권하에서나 또는 기타의 장소에서 동 국가의 통제하에 행하여지는 모든 평화적 원자력 활동에 있어서의 모든 선원물질 또는 특수분열성 물질에 적용되어야 한다.

②본 조약 당사국은, 선원물질 또는 특수분열성 물질이 본조에 의하여 요구되고 있는 안전조치에 따르지 아니하는 한, (가) 선원물질 또는 특수분열성물질 또는 (나) 특수분열성물질의 처리사용 또는 생산을 위하여 특별히 설계되거나 또는 준비되는 장비 또는 물질을 평화적 목적을 위해서 여하한 핵무기 보유국에 제공하지 아니하기로 약속한다.

③본조에 의하여 요구되는 안전조치는, 본 조약 제4조에 부응하는 방법으로, 또한 본조의 규정과 본 조약 전문에 규정된 안전조치 적용원칙에 따른 평화적 목적을 위한 핵물질의 처리사용 또는 생산을 위한 핵물질과 장비의 국제적 교환을 포함하여 평화적 원자력 활동분야에 있어서의 조약당사국의 경제적 또는 기술적 개발 또는 국제협력에 대한 방해를 회피하는 방법으로 시행되어야 한다.

④핵무기 비보유 조약당사국은 국제원자력기구 규정에 따라 본조의 요건을 충족하기 위하여 개별적으로 또는 다른 국가와 공동으로 국제원자력기구와 협정을 체결한다. 동 협정의 교섭은 본 조약의 최초 발효일로부터 180일 이내에 개시되어야 한다. 전기의 180일 후에 비준서 또는 가입서를 기탁하는 국가에 대해서는 동 협정의 교섭이 동 기탁일자 이전에 개시되어야 한다. 동 협정은 교섭개시일로부터 18개월 이내에 발효하여야 한다.

제4조 (원자력 평화이용 권리)

①본 조약의 어떠한 규정도 차별없이 또한 본 조약 제1조 및 제2조에 의거한 평화적 목적을 위한 원자력의 연구생산 및 사용을 개발시킬 수 있는 모든 조약당사

국의 불가양의 권리에 영향을 주는 것으로 해석되어서는 아니된다.

②모든 조약당사국은 원자력의 평화적 이용을 위한 장비 물질 및 과학기술적 정보의 가능한 한 최대한의 교환을 용이하게 하기로 약속하고, 또한 동 교환에 참여할 수 있는 권리를 가진다. 상기의 위치에 처해 있는 조약당사국은, 개발도상지역의 필요성을 적절히 고려하여, 특히 핵무기비보유 조약당사국의 영역내에서, 평화적 목적을 위한 원자력의 응용을 더욱 개발하는데 단독으로 또는 다른 국가 및 국제기구와 공동으로 기여하도록 협력한다.

제5조 (비핵무기국에 대한 핵폭발의 평화적 응용의 이익의 제공)

본 조약 당사국은 본 조약에 의거하여 적절한 국제감시하에 또한 적절한 국제적 절차를 통하여 핵폭발의 평화적 응용으로부터 발생하는 잠재적 이익이 무차별의 기초위에 핵무기비보유 조약당사국에 제공되어야 하며, 또한 사용된 폭발장치에 대하여 핵무기비보유 조약당사국이 부담하는 비용은 가능한 한 저렴할 것과 연구 및 개발을 위한 어떠한 비용도 제외할 것을 보장하기 위한 적절한 조치를 취하기로 약속한다. 핵무기비보유 조약당사국은 핵무기 비보유국을 적절히 대표하는 적당한 국제기관을 통하여 특별한 국제협정에 따라 그러한 이익을 획득할 수 있어야 한다. 이 문제에 관한 교섭은 본 조약이 발효한 후 가능한 한 조속히 개시되어야 한다. 핵무기 비보유 조약당사국이 원하는 경우에는 양자협정에 따라 그러한 이익을 획득할 수 있다.

제6조 (핵군축 교섭)

조약당사국은 조속한 일자내의 핵무기 경쟁중지 및 핵군비 축소를 위한 효과적 조치에 관한 교섭과 엄격하고 효과적인 국제적 통제하의 일반적 및 완전한 군축에 관한 조약 체결을 위한 교섭을 성실히 추구하기로 약속한다.

제7조 (지역적 비핵화조약)

본 조약의 어떠한 규정도 국가의 집단이 각자의 영역내에서 핵무기의 전면적 부존재를 보장하기 위하여 지역적 조약을 체결할 수 있는 권리에 영향을 주지 아니한다.

제8조 (개정·재검토)

①조약당사국은 어느 국가나 본 조약에 대한 개정안을 제의할 수 있다. 제의된 개정문안은 기탁국 정부에 제출되며 기탁국 정부는 이를 모든 조약당사국에 배부한다. 동 개정안에 대하여 조약당사국의 3분의 1 또는 그 이상의 요청이 있을 경우에, 기탁국 정부는 동 개정안을 심의하기 위하여 모든 조약당사국을 초청하는 회의를 소집하여야 한다.

②본 조약에 대한 개정안은, 모든 핵무기 보유 조약당사국과 동 개정안이 배부된 당시의 국제원자력기구 이사국인 조약당사국 전체의 찬성을 포함한 모든 조약당사국의 과반수의 찬성투표로써 승인되어야 한다. 동 개정안은 개정안에 대한 비준서를 기탁하는 당사국에 대하여, 모든 핵무기 보유 조약당사국과 동 개정안이 배부된 당시의 국제원자력기구 이사국인 조약당사국 전체의 비준서를 포함한 모든 조약당사국 과반수의 비준서가 기탁된 일자에 효력을 발생한다. 그 이후에는 동 개정안에 대한 비준서를 기탁하는 일자에 동 당사국에 대하여 효력을 발생한다.

③본 조약의 발효일로부터 5년이 경과한 후에 조약당사국 회의가 본 조약 전문의 목적과 조약규정이 실현되고 있음을 보증할 목적으로 본 조약의 실시를 검토하기 위하여 서서 제네바에서 개최된다. 그 이후에는 5년마다 조약당사국 과반수가 동일한 취지로 기탁국 정부에 제의함으로써 본 조약의 실시를 검토하기 위해 동일한 목적의 추후 회의를 소집할 수 있다.

제9조 (서명, 비준, 가입, 발효, 핵무기국 정의)

①본 조약은 서명을 위하여 모든 국가에 개방된다. 본조 3항에 의거하여 본 조약의 발효전에 본 조약에 서명하지 아니한 국가는 언제든지 본 조약에 가입할 수 있다.

②본 조약은 서명국에 의하여 비준되어야 한다. 비준서 및 가입서는 기탁국 정부

로 지정된 미합중국, 영국 및 소련 정부에 기탁된다.

③본 조약은 본 조약의 기탁국 정부로 지정된 국가 및 본 조약의 다른 40개 서명국에 의한 비준과 동 제국에 의한 비준서 기탁일자에 발효한다. 본 조약상 핵무기 보유국이라 함은 1967년 1월 1일 이전에 핵무기 또는 기타의 핵폭발장치를 제조하고 폭발한 국가를 말한다.

④본 조약의 발효후에 비준서 또는 가입서를 기탁하는 국가에 대해서는 동 국가의 비준서 또는 가입서 기탁일자에 발효한다.

⑤기탁국 정부는 본 조약에 대한 서명일자, 비준서 또는 가입서 기탁일자, 본 조약의 발효일자 및 회의소집 요청 또는 기타의 통고접수일자를 모든 서명국 및 가입국에 즉시 통보하여야 한다.

⑥본 조약은 국제연합헌장 제102조에 따라 기탁국 정부에 의하여 등록된다.

제10조 (탈퇴·유효기간)

①각 당사국은, 당사국의 주권을 행사함에 있어서, 본 조약상의 문제에 관련되는 비상사태가 자국의 지상이익을 위태롭게 하고 있음을 결정하는 경우에는 본 조약으로부터 탈퇴할 수 있는 권리를 가진다. 각 당사국은 동 탈퇴 통고를 3개월전에 모든 조약당사국과 국제연합 안전보장 이사회에 행한다. 동 통고에는 동 국가의 지상이익을 위태롭게 하고 있는 것으로 그 국가가 간주하는 비상사태에 관한 설명이 포함되어야 한다.

②본 조약의 발효일로부터 25년이 경과한 후에 본 조약이 무기한으로 효력을 지속할 것인가 또는 추후의 일정기간동안 연장될 것인가를 결정하기 위하여 회의를 소집한다. 동 결정은 조약당사국 과반수의 찬성에 의한다.

제11조 (정문)

동등히 정본인 영어, 노어, 불어, 서반아어 및 중국어로 된 본 조약은 기탁국 정부의 문서보관소에 기탁된다. 본 조약의 인증등본은 기탁국 정부에 의하여 서명국과 가입국 정부에 전달된다.

2. 유엔헌장 (발췌) ——

제2조 3항 (분쟁의 평화적 해결)

모든 회원국은 그들의 국제분쟁을 국제평화와 안전 그리고 정의를 위태롭게 하지 아니하는 방식으로 평화적 수단에 의하여 해결한다.

제2조 4항 (무력행사의 금지)

모든 회원국은 그 국제관계에 있어서 다른 국가의 영토보전이나 정치적 독립에 대하여 또는 유엔의 목적과 양립하지 아니하는 어떠한 기타 방식으로도 무력의 위협이나 무력행사를 삼간다.

제33조 1항 (평화적 해결 추구 의무)

어떠한 분쟁도 그의 계속이 국제평화와 안전의 유지를 위태롭게 할 우려가 있는 것일 경우, 그 분쟁의 당사자는 우선 교섭, 심사, 중개, 조정, 중재재판, 사법적 해결, 지역적 기관 또는 지역적 약정의 이용 또는 당사자가 선택하는 다른 평화적 수단에 의한 해결을 구한다.

제39조 (안전보장이사회의 임무)

안전보장이사회는 평화에 대한 위협, 평화의 파괴 또는 침략행위의 존재를 결정하고, 국제평화와 안전을 유지하고 회복하기 위하여 권고하거나, 또는 제41조 및 제42조에 따라 어떠한 조치를 취할 것인지를 결정한다.

제40조 (잠정조치)

사태의 악화를 방지하기 위하여 안전보장이사회는 제39조에 규정된 권고를 하거나 조치를 결정하기 전에 필요하거나 바람직하다고 인정되는 잠정조치에 따르도록 관계 당사자에게 요청할 수 있다. 이 잠정조치는 관계 당사자의 권리, 청구권 또는 지위를 해하지 아니한다. 안전보장이사회는 그러한 잠정조치의 불이행을 적절히 고려한다.

제41조 (비군사적 조치)

안전보장이사회는 그 결정을 집행하기 위하여 병력의 사용을 수반하지 아니하는 어떠한 조치를 취하여야 할 것인지를 결정할 수 있으며, 또한 유엔회원국에 대하여 그러한 조치를 적용하도록 요청할 수 있다. 이 조치는 경제관계 및 철도, 항해, 항공, 우편, 전신, 무선통신 및 다른 교통통신수단의 전부 또는 일부의 중단과 외교관계의 단절을 포함할 수 있다.

제42조 (군사적 조치)

안전보장이사회는 제41조에 규정된 조치가 불충분할 것으로 인정하거나 또는 불충분한 것으로 판명되었다고 인정하는 경우에는, 국제평화와 안전의 유지 또는 회복에 필요한 공군, 해군 또는 육군에 의한 조치를 취할 수 있다. 그러한 조치는 유엔회원국의 공군, 해군 또는 육군에 의한 시위, 봉쇄 및 다른 작전을 포함할 수 있다.

제51조 (자위권)

이 헌장의 어떠한 규정도 유엔회원국에 대하여 무력공격이 발생한 경우, 안전보장이사회가 국제평화와 안전을 유지하기 위하여 필요한 조치를 취할 때까지 개별적 또는 집단적 자위의 고유한 권리를 침해하지 아니한다. 자위권을 행사함에 있어 회원국이 취한 조치는 즉시 안전보장이사회에 보고된다. 또한 이 조치는, 안전보장이사회가 국제평화와 안전의 유지 또는 회복을 위하여 필요하다고 인정하는 조치를 언제든지 취한다는, 이 헌장에 따른 안전보장이사회의 권한과 책임에 어떠한 영향도 미치지 아니한다.

3. 한미원자력협정 (발췌) ──

제7조 (핵물질, 감속재 물질, 장비 및 구성품의 이전)

1. 핵물질, 감속재 물질, 장비 및 구성품은 이 협정에 합치되는 적용을 위하여 이 전될 수 있다. 이 조의 제3항 및 제4항에 규정된 경우를 제외하고, 이 협정에 따라 이전되는 모든 특수핵분열성물질은 저농축우라늄이어야 한다. 주로 우라늄 농축, 핵연료 재처리, 중수 생산, 또는 플루토늄을 함유하는 핵연료 제조를 위하여 설계되거나 이용되는 모든 시설, 그리고 그러한 시설의 운영을 위하여 필수적인 모든 부품 또는 부품군은, 이 협정의 개정에 의하여 규정되는 경우 이 협정에 따라 이전될 수 있거나, 당사자들 간의 별도 협정에 따라 이전될 수 있다.

2. 저농축우라늄은 원자로 및 원자로 실험의 연료로의 이용, 변환 또는 성형가공, 방사성동위원소의 생산, 또는 당사자들이 합의하는 그 밖의 목적을 위하여, 특히 판매 또는 임대 등을 통하여 이전될 수 있다.

3. 저농축우라늄 이외의 소량의 특수핵분열성물질은 견본, 표본, 검출기, 표적, 추적자로서의 이용이나 당사자들이 합의하는 그 밖의 목적을 위하여 이전될 수 있다.

4. 저농축우라늄과 제3항에서 언급된 특수핵분열성물질을 제외한 특수핵분열성 물질은 각 당사자의 적용 가능한 법령 및 인허가 정책을 조건으로, 다음 열거된 모든 목적을 포함하여, 특정한 적용을 위하여 이전될 수 있다. 그러한 목적에는 고속로 장전 또는 고속로 실험에의 이용, 신뢰할 수 있고 효율적이며 지속적인 고속로의 운전, 또는 고속로 실험의 수행이 포함된다.

제8조 (핵연료 공급)

미합중국 정부는 자국의 국내 법령 및 인허가 정책을 조건으로, 저농축우라늄을 대한민국으로 수출하기 위한 인허가와 대한민국에서 이용될 핵연료로 가공하기 위하여 미국으로부터 제3국으로 수출된 핵물질의 가공으로 발생한 저농축우라늄을 대한민국으로 재이전하기 위한 허가의 신속한 발급을 포함하여, 대한민국에 대한 저농축우라늄의 신뢰할 수 있는 공급을 보장하기 위하여 필요하고 실행가능한 조치를 취하고자 노력한다.

제9조 (사용후핵연료 관리 협력)

미합중국 정부는 이 협정에 따라 이전된 핵물질이나 장비의 이용을 통하여 생산된, 조사(照射)된 특수핵분열성물질의 안전하고 안정적인 관리에 있어서 대한민국을 지원하기 위하여 실행가능한 조치를 고려한다. 그러한 관리는 저장, 수송 및 처분을 포함하나 이에 국한되지는 아니한다.

제10조 (저장 및 재이전)

1. 이 협정에 따라 이전되었거나 그렇게 이전된 핵물질 또는 장비에 이용되었거나 이러한 핵물질 또는 장비의 이용을 통하여 생산된 플루토늄과 우라늄233(조사된 연료 요소 내에 포함된 것은 제외), 그리고 고농축우라늄은 당사자들이 합의하는 시설에만 저장된다.

2. 이 협정에 따라 이전된 핵물질, 감속재 물질, 장비 및 구성품, 그리고 그러한 모든 핵물질, 감속재 물질 또는 장비의 이용을 통하여 생산된 모든 특수핵분열성물질은 수령 당사자에 의하여 허가받은 인에게만 이전될 수 있으며, 그리고 당사자들이 합의하는 경우, 수령 당사자의 영역 관할권 밖으로 이전될 수 있다.

3. 이 협정에 따라 이전된 조사된 핵물질, 또는 이 협정에 따라 이전된 핵물질, 감속재 물질, 또는 장비의 이용을 통하여 생산된 조사된 핵물질은 당사자들이 합의하는 제3국으로 이전될 수 있으며, 또는 수령 당사자가 합의하고 저장 또는 처분 방안을 지정하는 경우에는 다른 쪽 당사자에게 이전될 수 있다. 당사자들 간 이전인 경우, 당사자들은 적절한 이행 약정을 체결한다.

제11조 (농축, 재처리 및 그 밖의 형상 또는 내용 변경)

1. 이 협정에 따라 이전된 원료물질 또는 특수핵분열성물질의 재처리 또는 그 밖

의 형상 또는 내용의 변경 또는 이 협정에 따라 이전된 모든 원료물질, 특수핵분열성물질, 감속재 물질, 또는 장비에 이용되었거나 이러한 물질 또는 장비의 이용을 통하여 생산된 원료물질 또는 특수핵분열성물질의 재처리 또는 그 밖의 형상 또는 내용의 변경은, 그러한 활동이 수행될 수 있는 시설에 관한 사항을 포함하여 당사자들이 서면으로 합의하는 경우에만 이루어질 수 있다.

2. 이 협정에 따라 이전된 우라늄, 그리고 이 협정에 따라 이전된 장비에 이용되었거나 이러한 장비의 이용을 통하여 생산된 우라늄은 가. 이 협정의 제18조 제2항에 따라 설립될 양자 고위급 위원회를 통하여 양자 간에 수행되는 협의에 따라 그리고 당사자들의 적용가능한 조약, 국내 법령 및 인허가 요건에 합치되게 농축을 하기 위한 약정에 서면으로 합의하고, 나. 그 농축이 우라늄 235 동위원소가 오직 20퍼센트 미만인 경우에 한하여 농축될 수 있다.

3. 형상 또는 내용의 변경은 원자로 연료의 조사 또는 재조사, 또는 조사되지 아니한 원료물질이나 조사되지 아니한 저농축우라늄에 대한 변환, 재변환, 또는 성형가공은 포함하지 아니한다.

제12조 (물리적 방호)

1. 이 협정에 따라 이전된 핵물질 및 장비와 이 협정에 따라 이전된 핵물질, 감속재 물질 또는 장비에 이용되었거나 이러한 핵물질, 감속재 물질 또는 장비의 이용을 통하여 생산된 특수핵분열성물질에 대하여 적절한 물리적 방호가 유지된다.

2. 제1항의 요건을 충족시키기 위하여, 각 당사자는 (1) "핵물질 및 원자력 시설의 물리적 방호에 관한 핵안보 권고" 라는 제목의 IAEA 문서 INFCIRC/225/Rev.5 및 당사자들에 의하여 합의되는 그 문서의 모든 후속 개정본에서 발표된 권고와 적어도 동등한 물리적 방호 수준에 따라, 그리고 (2) 1980년 3월 3일의 「핵물질의 물리적 방호에 관한 협약」의 규정 및 양 당사자들에 대하여 발효하는 그 협약의 모든 개정에 따라 조치를 적용한다.

3. 당사자들은 당사자들의 영역 내에 있거나 관할 또는 통제 하에 있는 핵물질의

물리적 방호 수준이 적절하게 달성되는 것을 보장할 책임이 있는 기관 또는 당국과, 이 조의 적용을 받는 핵물질의 허가받지 아니한 이용 또는 취급이 발생하는 경우 대응 및 회수 작업을 조정할 책임이 있는 기관 또는 당국을 외교 경로를 통하여 서로에게 지속적으로 통보한다. 또한 당사자들은 국외 수송 및 그 밖의 상호 관심 사안에 관하여 협력하기 위하여 당사자들의 적절한 당국 내의 지정된 연락관을 외교 경로를 통하여 서로에게 통보한다.

4. 이 조의 규정은 양국에서의 원자력 활동에 대한 부당한 간섭을 피하고 양국 원자력 프로그램의 경제적이고 안전한 수행을 위하여 요구되는 신중한 관리 관행에 합치되는 방식으로 이행된다.

제13조 (폭발 또는 군사적 적용 금지)

이 협정에 따라 이전된 핵물질, 감속재 물질, 장비 및 구성품과 이 협정에 따라 이전된 핵물질, 감속재 물질, 장비 또는 구성품에 이용되었거나 이러한 핵물질, 감속재 물질, 장비 또는 구성품의 이용을 통하여 생산된 모든 핵물질, 감속재 물질, 또는 부산 물질은 핵무기 또는 어떠한 핵폭발 장치, 어떠한 핵폭발 장치의 연구 또는 개발이나 어떠한 군사적 목적을 위해서도 이용되지 아니한다.

4. 한미상호방위조약 ──

제1조

당사국은 관련될지도 모르는 어떠한 국제적 분쟁이라도 국제적 평화와 안전과 정의를 위태롭게 하지 않는 방법으로 평화적 수단에 의하여 해결하고 또한 국제관계에 있어서 국제연합의 목적이나 당사국이 국제연합에 대하여 부담한 의무에 배치되는 방법으로 무력으로 위협하거나 무력을 행사함을 삼가할 것을 약속한다.

제2조

당사국 중 어느 1국의 정치적 독립 또는 안전이 외부로부터의 무력공격에 의하여 위협을 받고 있다고 어느 당사국이든지 인정할 때에는 언제든지 당사국은 서로 협의한다. 당사국은 단독적으로나 공동으로나 자조와 상호원조에 의하여 무력공격을 조지하기 위한 적절한 수단을 지속하며 강화시킬 것이며 본 조약을 이행하고 그 목적을 추진할 적절한 조치를 협의와 합의하에 취할 것이다.

제3조

각 당사국은 타 당사국의 행정 지배하에 있는 영토와 각 당사국이 타 당사국의 행정 지배하에 합법적으로 들어갔다고 인정하는 금후의 영토에 있어서 타 당사국에 대한 태평양 지역에 있어서의 무력공격을 자국의 평화와 안전을 위태롭게 하는 것이라고 인정하고 공통한 위험에 대처하기 위하여 각자의 헌법상의 수속에 따라 행동할 것을 선언한다.

제4조

상호적 합의에 의하여 미합중국의 육군해군과 공군을 대한민국의 영토 내와 그 부근에 배비하는 권리를 대한민국은 이를 허여하고 미합중국은 이를 수락한다.

제5조

본 조약은 대한민국과 미합중국에 의하여 각자의 헌법상의 수속에 따라 비준되어야 하며 그 비준서가 양국에 의하여 「워싱턴」에서 교환되었을 때에 효력을 발생한다.

제6조

본 조약은 무기한으로 유효하다. 어느 당사국이든지 타 당사국에 통고한 후 1년 후에 본 조약을 종료시킬 수 있다.

· 참고문헌 ·

- Alexandre Debs, Nuclear Politics: The Strategic Causes of Proliferation, Cambridge University Press, 2016
- Avner Cohen, The Worst-Kept Secret: Israel's Bargain with the Bomb, Columbia University Press, 2010
- Avner Cohen, Israel and the Bomb, Columbia University Press, 1999
- Christine Gray, International Law and the Use of Force, Oxford University Press, 2008
- Daniel H. Joyner, Interpreting the Nuclear Non-Proliferation Treaty, Oxford University Press, 2011
- Daniel H. Joyner, Iran's Nuclear Program and International law, Oxford University Press, 2016
- David Patrikarakos, Nuclear Iran: The Birth of An Atomic State, I.B.Tauris, 2012
- Donald Kagan, On the Origins of War and the Preservation of Peace, Anchor Books, 1996
- Elli Louka, Nuclear Weapons, Justice and the Law, Edward Elgar, 2011
- Etel Solingen(ed), Sanctions, Statecraft, and Nuclear Proliferation, Cambridge University Press, 2012
- Etel Solingen, Nuclear Logics: Contrasting Paths in East Asia and the Middle East, Princeton University Press, 2007
- Evan S. Medeiros, Reluctant Restraint: The Evolution of China's Nonproliferation Policies and Practices, 1980-2004, Stanford University Press, 2007
- Feroz Hassan Khan, Eating Grass: The Making of the Pakistani Bomb, Stanford Security Studies, 2012
- George Perkovich, India's Nuclear Bomb: The Impact on Global Proliferation, University of California Press, 1999
- Gro Nystuen et.al.(ed) Nuclear Weapons under International Law, Cambridge University Press, 2015

· Helen E. Purkitt & Stephen F. Burgess, South Africa's Weapons of Mass Destruction, Indiana University Press, 2005

· Itty Abraham, The Making of the Indian Atomic Bomb: Science, Secrecy and the Postcolonial State, Zed Books, 1998

· Jan Ludvik, Nuclear Asymmetry and Deterrence: Theory, Policy and History, Routledge, 2016

· James W. Feldman(ed.), Nuclear Reactions: Documenting American Encounters with Nuclear Energy, University of Washington Press, 2017

· Joseph F. Pilat & Nathan E. Busch, Routledge Handbook of Nuclear Proliferation and Policy, Routledge, 2017

· Kenneth N. Waltz, Theory of International Politics, Waveland Press, 2010

· Leonard S. Spector, Nuclear Proliferation Today: The Spread of Nuclear Weapons, 1984

· Louis René Beres, Surviving amid Chaos: Israel's Nuclear Strategy, Rowman & Littlefield Publishers, 2018

· Mahdi Obeidi and Kurt Pitzer, The Bomb in My Garden: The Secrets of Saddam's Nuclear Mastermind, Wiley, 2005

· Michael Bar-Zohar, Shimon Peres: The Biography, Random House, 2007

· Namira Negm, Transfer of Nuclear Technology under International Law: Case Study of Iraq, Iran Israel, Martinus Nijhoff Publishers, 2009

· Norman Cigar, Libya's Nuclear Disarmament: Lessons and Implications for Nuclear Proliferation, MES Monographs No.2, Middle East Studies, Marine Corps University, 2012

· Raj Chengappa, Weapons of Peace: The Secret Story of India's Quest to be a Nuclear Power, Harper Collins Publishers, India, 2000

· Ramesh Thakur, Nuclear Weapons and International Security, Routledge, 2016

· Rodger W. Claire, Raid on the Sun: Inside Israel's Secret Campaign that Denied Saddam the Bomb, Broadway Books, 2004

· Scott D. Sagan & Kenneth N. Waltz, The Spread of Nuclear Weapons: An Enduring debate, W. W. Norton & Company, 2013

- Shirley V. Scott, International Law in World Politics, Lynne Rienner Pub, 2004
- Steve Weissman, Herbert Krosney, The Islamic bomb: the nuclear threat to Israel and the Middle East, Times Books, 1981
- Thomas C. Reed and Danny B. Stillman, The Nuclear Express, Zenith Press, 2010
- Thomas Graham Jr. and Damien J. LaVera, Cornerstones of Security: Arms Control Treaties in the Nuclear Era, University of Washington Press, 2003
- William Michael Reisman and James E. Baker, Regulating Covert Action, Yale University Press, 2011
- Wyn Q. Bowen, Libya and Nuclear Proliferation: Stepping Back from the Brink, Routledge, 2006
- Yaël Ronen, The Iran Nuclear Issue(Documents in International Law), Hart Publishing, 2010
- Yoram Dinstein, War, Aggression and Self-Defence(4th Ed), Cambridge University Press, 2005

- 이창위, 『우리의 눈으로 본 일본제국흥망사』, 궁리, 2005
- 이용준, 『게임의 종말: 북핵협상 20년의 허상과 진실, 그리고 그 이후』, 한울, 2010
- 유용원 · 신범철 · 김진아, 『북한군 시크릿 리포트』, 2013
- 정영태 등 7인, 『북한의 핵전략과 한국의 대응전략』, 통일연구원, 2014
- 조민 · 김진하, 『북핵일지 1955~2014』, 통일연구원, 2014
- 제임스 G. 블라이트 · 재닛 M. 랭(박수민 역), 『아마겟돈 레터』, 시그마북스, 2014
- 제성호, 『한미동맹의 법적 이해』, 한국국방연구원, 2015
- 홍우택, 『북한 핵에 대한 억지방향 연구』, 통일연구원, 2010
- 홍우택, 『북한의 핵 · 미사일 대응책 연구』, 통일연구원, 2013

- 阿部達也, 『大量破壊兵器と國際法』, 東信堂, 2011
- 浅田政彦 · 戸崎養史編, 『核軍縮不拡散の法と政治』, 信山社, 2008
- 吉川　元 · 水本和実, 『なぜ核はなくならないのかⅡ: 核なき世界への視座と展望』, 法律文化社, 2016
- 讀賣新聞社編, 『20世紀太平洋戰爭』, 中央公論新社, 2001

· 『常識'日本の論点'』, 文春新書, 2004

· 『常識'日本の安全保障'』, 文春新書, 2003

· 波多野澄雄, 『歴史としての日米安保條約－機密外交記録が明かす'密約'の虚実』, 岩波書店, 2010

· 黒羽清隆, 『太平洋戦争の歴史』, 講談社, 2004

· 『日米同盟と原發: 隠された核の戦後史』, 中日新聞社, 2013

· 東郷和彦, 『歴史と外交』, 講談社, 2008

· 北野 充, 『核拡散防止の比較政治』, ミネルバ書房, 2016

· 荒井信一, 『戦争責任論』, 岩波書店, 2005

· 高沢市部, 『イラク原子炉攻撃』, 並木書房, 2007

· ダグラス・フランツ & キャスリン・コリンズ(早良哲夫 訳), 『核のジハード:カーン博士と核の国際闇市場』, 作品社, 2009

· 주 ·

1. Thomas C. Reed and Danny B. Stillman, The Nuclear Express, 2010, pp.260~266

2. First Strike Is Option Few Can Stomach, New York Times, July 6, 2017

3. To deter North Korea, Japan and South Korea should go nuclear, The World Post, October 10, 2017

4. Kenneth N. Waltz, "Structural Realism after the Cold War", International Security, Vol. 25, No.1 (Summer 2000), pp. 34-35; John Mearsheimer, "The emergence of China and the future of KOR-US relations", Special Lecture hosted by the Korea Foundation for Advanced Studies, March 20, 2018; Peter Toft, "John J. Mearsheimer: an offensive realist between geopolitics and power", Journal of International Relations and Development, Volume 8, Number 4, 2005, pp.381~382

5. North Korea Rouses Neighbors to Reconsider Nuclear Weapons, "If they continue to have nuclear weapons, nuclear weapons must spread in the rest of Asia. It cannot be that North Korea is the only Korean country in the world that has nuclear weapons, without the South Koreans trying to match it. Nor can it be that Japan will sit there. So therefore we're talking about nuclear proliferation." New York Times, October 28, 2017

6. http://disarmament.un.org/treaties/t/npt(2019.4 방문)

7. 특히 미국은 포괄적 핵실험 금지조약(CTBT)의 비준을 이행하지 않음으로써 비핵무기국의 비난을 집중적으로 받았다(Charles J. Moxley Jr., John Burroughs, and Jonathan Granoff, "Nuclear Weapons and Compliance with International Humanitarian Law and the Nuclear Non-Proliferation Treaty", Fortham International Law Journal, Vol.34, 2011, pp.681~683

8. Shirley V. Scott, International Law in World Politics, 2004, pp.196~198

9. 핵확산방지조약 제1조

10. 핵확산방지조약 제2조

11. 핵확산방지조약 제6조

12. 핵확산방지조약 제3조

13. 핵확산방지조약 제4조

14. 조약법에 관한 비엔나협약 제60조

15. 조약법에 관한 비엔나협약 제61조 및 62조

16. httttp://disarmament.un.org/treaties/a/npt/democraticpeoplesrepublicofkorea/acc/moscow

(2019.4) 핵확산방지를 지지하는 미국과 유엔은 북한의 NPT 복귀를 바라는 차원에서 북한의 NPT 탈퇴를 부인하고 있다(Christopher J. Le Mon, "International Law and North Korean Nuclear Testing", AJIL, Volume 10, Issue 27, October 19, 2006).

17. 조약법에 관한 비엔나협약 제4조

18. Doug Bandow, "Let Them Make Nukes: The Case for "Friendly" Proliferation", Foreign Affairs, July 26, 2016

19. Case Concerning Military and Paramilitary Activities in and against Nicaragua (Nicaragua v. USA) ICJ Reports 1986, pp.104~104, para. 195

20. 국제위법행위에 대한 국가책임 최종초안 제49조 내지 54조

21. 한미상호방위조약 제2조, 제3조; 미일안보조약 제4조, 제5조

22. 미국은 전술핵무기로 B61 계열의 핵폭탄 1,300발, 토마호크 미사일용 핵탄두(W80) 320발 등을 보유한 것으로 알려져 있다. 미국의 원자력잠수함과 이지스함에 탑재되는 토마호크 미사일은 B-1, B-2, B-52 폭격기에 탑재되는 핵폭탄과 공대지 순항미사일 등과 함께 북한의 핵공격에 대비해 핵우산으로 제공되는 대표적 수단이다(유용원, "전략핵무기와 전술핵무기, 원자폭탄 vs 수소폭탄", Premium Chosun, 2016.01.20).

23. Hans Kristensen, "United States Nuclear Forces, 2016," Bulletin of Atomic Scientists 72, no. 2, 2016, pp.63~73

24. NPG, April 7, 2016, https://www.nato.int/cps/en/natohq/topics_50069.htm

25. 波多野澄雄, 『歴史としての日米安保條約-機密外交記録が明かす'密約'の虚実』, 岩波書店, 2010

26. Hans Kristensen and Robert S. Norris, "A History of US Nuclear Weapons in South

Korea," Bulletin of the Atomic Scientists 73 No. 6, October 2017, pp.349~357

27. Rain of Fire, TIME, August 1, 2005

28. 黑羽清隆,『太平洋戰爭の歷史』, 講談社, 2004, pp.385~387

29. James W. Feldman(ed.), Nuclear Reactions: Documenting American Encounters with Nuclear Energy, University of Washington Press, 2017, pp.28~30

30. 일본의 피폭과 핵무기 개발 시도에 대한 부분은 2005년 궁리에서 발간된 필자의 저서,『우리의 눈으로 본 일본제국흥망사』의 일부분을 참조하여 작성했음.

31. 『日米同盟と原發: 隱された核の戰後史』, 中日新聞社, 2013, pp.36~37

32. 『日米同盟と原發: 隱された核の戰後史』, 中日新聞社, 2013, pp.38~39

33. 讀賣新聞社編,『20世紀太平洋戰爭』, 中央公論新社, 2001, pp.242~243

34. "North Korean Leader Kim Jong Un just stated that the 'Nuclear Button is on his desk at all times.' Will someone from his depleted and food starved regime please inform him that I too have a Nuclear Button, but it is a much bigger & more powerful one than his, and my Button works!"

35. Trump and Kim Jong-un, and the Names They've Called Each Other, New York Times, March 9, 2018

36. How the 'Libya Model' Became a Sticking Point in North Korea Nuclear Talks, New York Times, May 16, 2018

37. I was very much looking forward to being there with you. Sadly, based on the tremendous anger and open hostility displayed in your most recent statement, I feel it is inappropriate, at this time, to have this long-planned meeting. Therefore, please let this letter serve to represent that the Singapore summit, for the good of both parties, but to the detriment of the world, will not take place. You talk about your nuclear capabilities, but ours are so massive and powerful that I pray to God they will never have to be used.

38. 북한의 핵무장 경과에 대한 내용은 2017년에 발간된 필자의 논문, '북핵 문제와 NPT 체제의 재검토'(국제법학회논총 62권 3호)를 참조하여 작성했음.

39. 대한변협신문, '북한의 핵실험과 일본의 핵무장: 진정한 평화를 위한 NPT 체제의 의미에 대한 모색', 2009.6.15

40. 조민·김진하,『북핵일지 1955~2014』, 통일연구원, 2014, pp.9~10

41. 핵확산방지조약 제3조

42. 조민 · 김진하, 전게서 pp.10~11

43. 동아일보, '전쟁나면 서울 불바다, 북 단장 폭언', 1994.3.20

44. Shirley V. Scott, International Law in World Politics, 2004, pp.195~196; 이용준,『게임의 종말: 북핵협상 20년의 허상과 진실, 그리고 그 이후』, 한울, 2010, pp.62~73

45. 유용원 · 신범철 · 김진아,『북한군 시크릿 리포트』, 2013, pp.116~119

46. PSI는 공해자유의 원칙과 공해상 차단조치의 경합 및 영해에서의 무해통항권과의 정합성 등 국제법적 근거의 부족으로 일부 문제는 있었지만, 어쨌든 북한의 무기 수출은 큰 타격을 입었다(대한변협신문, '북한의 핵실험과 일본의 핵무장: 진정한 평화를 위한 NPT 체제의 의미에 대한 모색', 2009.6.15).

47. 이용준,『게임의 종말: 북핵협상 20년의 허상과 진실, 그리고 그 이후』, 한울, 2010, pp.132~148

48. 9 · 19 공동성명에서 북한의 비핵화는 다음과 같이 명시적으로 정해졌다. '6자는 6자회담의 목표가 한반도의 검증 가능한 비핵화를 평화적인 방법으로 달성하는 것임을 만장일치로 재확인하였다. 조선민주주의인민공화국은 모든 핵무기와 현존하는 핵계획을 포기할 것과, 조속한 시일 내에 핵확산방지조약(NPT)과 국제원자력기구(IAEA)의 안전조치에 복귀할 것을 공약하였다. 미합중국은 한반도에 핵무기를 갖고 있지 않으며, 핵무기 또는 재래식 무기로 조선민주주의인민공화국을 공격 또는 침공할 의사가 없다는 것을 확인하였다. 대한민국은 자국 영토 내에 핵무기가 존재하지 않는다는 것을 확인하면서, 1992년도 '한반도의 비핵화에 관한 남 · 북 공동선언'에 따라, 핵무기를 접수 또는 배비하지 않겠다는 공약을 재확인하였다.'

49. 吉川 元 · 水本和実,『なぜ核はなくならないのかⅡ: 核なき世界への視座と展望』, 法律文化社, 2016, pp.140~141

50. 조민 · 김진하, 전게서, pp.52-53; 이용준, 전게서, pp.190~191

51. 이승현,『국제사회의 대북제재: 현황과 과제』(NARS현안보고서 224호), 국회입법조사처, 2013.12.31., pp.8~10

52. 吉川 元 · 水本和実, 前揭書, pp.130~131

53. 외교부 보도자료 16-859, 2016.11.30.

54. 유엔회원국 193개국 중, 2006년 결의 1718은 75개국이, 2009년 결의 1874는 76개국이, 2013년 결의 2094는 42개국이 그리고 2016년 결의 2270은 56개국이 각각

대북제재 결의에 대한 이행보고서를 유엔에 제출했다. 절반이 안 되는 회원국이 대북제재 이행보고서를 제출한 셈인데, 지연된 제출이나 미제출에 대한 규제도 없었다(동아일보, '역대 대북제재 결의이행 보고서', 2016.10.19.).

55. 讀賣新聞社編,『20世紀太平洋戰爭』, 中央公論新社, 2001, pp.201~203

56. 讀賣新聞社編,『20世紀太平洋戰爭』, 中央公論新社, 2001, pp.205~206

57. 『日米同盟と原發: 隠された核の戰後史』, 中日新聞社, 2013, pp.20~21

58. http://www.nishina-mf.or.jp/index_j.html

59. 『日米同盟と原發: 隠された核の戰後史』, 中日新聞社, 2013, pp.22~24

60. 『常識'日本の論点'』, 文春新書, 2004, pp.66~67

61. 『常識'日本の安全保障'』, 文春新書, 2003, pp.207~209;『常識'日本の論点'』, 文春新書, 2004, pp.63~64

62. "日本は原子爆弾を所有できる？専門家'3カ月, 3億円あれば技術的に可能'", 週刊 FLASH, 2017年10月17 · 24日合併号

63. "국내엔 100kt급 핵무기 5000개 만들 수 있는 플루토늄 있어… 6개월 내 핵무장 가능", '월간조선' 2017.10

64. "점차 힘 얻는 독자 핵무장론과 그 대안", '신동아' 696호 2017.9

65. Charles D. Ferguson, How South Korea Could Acquire and Deploy Nuclear Weapons, pp.1~37

66. "No nuclear weapons in South Korea, says President Moon", CNN Interview, September 14, 2017

67. Avner Cohen, Israel and the Bomb, Columbia University Press, 1999, p.54; Michael Bar-Zohar, Shimon Peres: The Biography, Random House, 2007, pp.213~215

68. An Affair to Remember: The Suez crisis of 50 years ago marked the end of an era, and the start of another, for Europe, America and the Middle East, ECONOMIST, Jul 27th 2006

69. Carrying out the will of other people, acting according to instructions from abroad, the Government of Israel is playing with the fate of peace…; it is sowing hatred for the State of Israel among the peoples of the East which cannot but affect the future of Israel and which will place a question [mark] upon the very existence of Israel as a State(David Ben-Gurion: Exchange with Soviet Premier Bulganin Regarding

Threat to Israel, November 5, 1956 https://www.jewishvirtuallibrary.org/).

70. Avner Cohen, op.cit., 1999, pp.41~47

71. Ibid., 1988, pp.57~59; Binyamin Pinkus & Moshe Tlamim, (Spring 2002). "Atomic Power to Israel's Rescue: French-Israeli Nuclear Cooperation, 1949 - 1957". Israel Studies. Vol.7 No.1, 2002, pp. 104~117

72. Avner Cohen, op.cit, 1999, p.75

73. セイモア・ハーシュ(山岡洋一譯),『サムソン・オプション』, 文藝春秋, 1992, p.87

74. Avner Cohen, "Crossing the Threshold", Arms Control Today, Vol.37, No.5, June 2007, pp.12~13

75. "Israeli nuclear whistle blower gets offer to live with wife in Oslo", REUTERS, September 30, 2017

76. George Perkovich, India's Nuclear Bomb: The Impact on Global Proliferation, University of California Press, 1999, pp.31~34

77. Sumit Ganguly, "India's Pathway to Pokhran II: The Prospects and Sources of New Delhi's Nuclear Weapons Program", International Security Vol.23 No.4, 1999, pp.153~155

78. George Perkovich, op.cit., p.85

79. https://www.iaea.org/about/overview/history;『日米同盟と原發: 隠された核の戰後史』, 中日新聞社, 2013, pp.63~65

80. Sumit Ganguly, op.cit., pp.158~160

81. Thomas C. Reed and Danny B. Stillman, The Nuclear Express, 2010, pp.236~237

82. Steve LaMontagne, "India-Pakistan Sanctions Legislation Fact Sheet," Center for Arms Control and Non-Proliferation, 2016, https://www.nci.org/01/06f/indopakfactsheet.pdf

83. Sumit Ganguly, op.cit., pp.157~158

84. Ibid., pp.161~162

85. Raj Chengappa, Weapons of Peace: The Secret Story of India's Quest to be a Nuclear Power, Harper Collins Publishers, India, 2000, pp.331~336

86. Seymour M. Hersh, "On the Nuclear Edge", The New Yorker, March 21,1993, pp.56~73

87. Don Mackay, "The Testing of Nuclear Weapons under International Law", Nuclear Weapons under International Law(Gro Nystuen et. al), 2015, pp.316~318

88. Sumit Ganguly, op.cit., pp.170~171

89. "If India builds the bomb, we will eat grass or leaves, even go hungry, but we will get one of our own. We have no other choice!", New York Times, July 1, 1979

90. Feroz Hassan Khan, Eating Grass: The Making of the Pakistani Bomb, Stanford Security Studies, 2012, p.70

91. Leonard S. Spector, Nuclear Proliferation Today: The Spread of Nuclear Weapons, 1984 pp.75~76

92. Samina Ahmed, "Pakistan's Nuclear Weapons Program: Turning Points and Nuclear Choices", International Security Vol.23 No.4, 1999, p.184

93. FOREIGN AFFAIRS Pakistan, India and The Bomb, "We know that Israel and South Africa have full nuclear capability. That Christian, Jewish and Hindu civilizations have this capability. The Communist powers also possess It. Only the Islamic civilization was without it, but that position was about to change.", New York Times, July 1, 1979

94. "We would make a horrible example of you!"(S. Akhtar Ehtisham, A Medical Doctor Examines Life on Three Continents, A Pakistani View, 2008, p.136)

95. Samina Ahmed, op.cit., p.185

96. Ibid., pp. 186~187

97. 高沢市部, 『イラク原子炉攻撃』, 並木書房, 2007, pp.59~60; 이스라엘의 이라크와 시리아에 대한 원자로 공격 부분은 2018년에 발간된 필자의 논문, '예방적 자위권과 비공개적 공작에 대한 국제법적 평가'(서울법학 제26권 1호)의 일부분을 참조하여 작성했음.

98. New York Times, Israeli Jets Destroy Iraqi Atomic Reactor; Attack Condemned by US and Arab Nations, June 9,1981

99. Washington Post March 2, 2012, An Israeli attack against Iran would backfire-just like Israel's 1981 strike on Iraq; Rodger W. Claire, Raid on the Sun: Inside Israel's Secret Campaign that Denied Saddam the Bomb, Broadway Books, 2004, pp.191~210

100. Rodger W. Claire, op. cit., pp.65~66

101. Rodger W. Claire, op. cit., pp.38~41

102. Mahdi Obeidi and Kurt Pitzer, The Bomb in My Garden: The Secrets of Saddam's Nuclear Mastermind, Wiley, 2004, pp. 46/47

103. http://iilj.org/wp-content/uploads/2016/08/The-Osirak-Attack.pdf (2019.6)

104. Christine Gray, International Law and the Use of Force, Oxford University Press, 2008, pp.163~164

105. The security council...1.strongly condemns the military attack by Israel in clear violation of the Charter of the United Nations and the norms of international conduct; 2.calls upon Israel to refrain in the future from any such acts or threats thereof; 3.further considers that the said attack constitutes a serious threat to the entire IAEA safeguards regime which is the foundation of the non-proliferation Treaty··· 5.calls upon Israel urgently to place its nuclear facilities under IAEA safeguards(Security Council Resolution 487, 19 June 1981)

106. Kenneth Waltz, Theory of International Politics, pp.88~93; "Conversations in International Relations: Interview with John J. Mearsheimer(Part 2)", International Relations, vol.20(2), 2006. pp.231~232

107. Furthermore, the Court cannot lose sight of the fundamental right of every State to survival, and thus its right to resort to self-defence, in accordance with Article 51 of the Charter. when its survival is at stake. ··· However, in view of the current state of international law, and of the elements of fact at its disposal, the Court cannot conclude definitively whether the threat or use of nuclear weapons would be lawful or unlawful in an extreme circumstance of self-defence, in which the very survival of a State would be at stake("Legality of the Threat or Use of Nuclear Weapons, Advisory Opinion of 8 July 1996", ICJ Reports 1996, p.226, pp.266~267).

108. Yoram Dinstein, War, Aggression and Self-Defence(4th Ed), Cambridge University Press, 2005, pp.247~259

109. "It will be necessary to distinguish the most grave forms of the use of force (those constituting an armed attack) from other less grave forms"(Case Concerning

Military and Paramilitary Activities in and against Nicaragua (Nicaragua v. USA)
ICJ Reports 1986, pp.104~104, para. 195).

110. International Law Is Not a Suicide Pact(Louis René Beres, "On Assassination as Anticipatory Self Defense: Is it Permissible?", University of Detroit Mercy Law Review, Vol.13, 1992, p.22).

111. "Boys will be boys"(New York Times, Reagan's Secure Line, June 6, 2010).

112. Desert News, Israel Parties Thank Begin for Ordering Reactor Razed, March 2, 1991

113. Louis René Beres, "Israel's Preemption Lesson: 10 years later, Operation Orchard shows the value of preemptive strikes", US News & World Report, Sep 6, 2017

114. New York Times, 3,000 Casualties Reported in North Korean Rail Blast, April 23, 2004

115. David Makovsky, "The Silent Strike", The New Yorker, September 17, 2012

116. David Makovsky, "The Silent Strike", The New Yorker, September 17, 2012; George W. Bush, Decision Points, Random House, 2010, pp. 421~422

117. David Makovsky, op.cit.

118. Ibid.

119. Analysts Find Israel Struck A Syrian Nuclear Project, New York Times, October 14, 2007

120. Ibid.

121. http://www.informationclearinghouse.info/article18652.htm (2019.6)

122. David Makovsky, op.cit.

123. Ibid.

124. Rachel A. Weise, "How Nuclear Weapons Change the Doctrine of Self-Defense", NYU Journal of International Law and Politics, Vol.44, 2012, pp.1392~1394

125. "Israel Condemned for Intrusion into Syria's Territorial Air". Kcna.co.jp. 11 September 2007 (2019.6); Analysts Find Israel Struck A Syrian Nuclear Project, New York Times, October 14, 2007

126. Video Links North Koreans To Syria Reactor, US Says, New York Times, April 24, 2008

127. New York Times, First Strike Is Option Few Can Stomach, July 6, 2017

128. 유엔헌장 제33조, 국제위법행위에 대한 국가책임 최종초안 제49조 내지 54조

129. 외교관 등 국제적 보호인물에 대한 범죄의 방지 및 처벌에 관한 협약, 테러의 억제에 관한 유럽협약, 국제적 중요인물에 대한 범죄 형태의 테러행위 및 그에 수반되는 강탈행위의 처벌에 관한 협약, 육전의 법규관례에 관한 헤이그협약 부속규칙 등 많은 조약에서 암살을 포함한 비인도적 행위를 규제하고 있다. 미육군야전교범(US Army Field Manual 27-10)이나 대통령의 행정명령(Executive Order 12333, 13355)은 암살을 금지하고 있다. 그러나 교전상대국의 군지휘자는 살상의 대상이 된다는 주장도 있다. 특히 테러에 관련된 국가에는 그런 관용이 필요 없다고도 한다(Lori Fisler Damrosch, "Covert Operations", AJIL Vol.83, No.4, October 1989, pp.800~802).

130. Louis René Beres, "On Assassination as Anticipatory Self Defense: The Case of Israel", Hofstra Law Review, Vol.20, 1991, pp.321~327

131. William Michael Reisman and James E. Baker, Regulating Covert Action, Yale University Press, 2011, pp.76~77

132. US to withdraw from nuclear arms control treaty with Russia, raising fears of a new arms race, Washington Post, Feb 1, 2019

133. Putin to U.S.: I'm ready for another Cuban Missile-style crisis if you want one, Feb 21, 2019, REUTERS

134. Donald Kagan, On the Origins of War and the Preservation of Peace, Anchor Books, 1996, pp.452~471

135. Office of the Historian, "The Cuban Missile Crisis, October 1962", https://history.state.gov/milestones/1961-1968/cuban-missile-crisis

136. Donald Kagan, op.cit., pp.516~520

137. Office of the Historian, op.cit.

138. Ibid.

139. Ibid.

140. Donald Kagan, op.cit., pp.531~532

141. Thomas Graham Jr. and Damien J. LaVera, Cornerstones of Security: Arms Control Treaties in the Nuclear Era, University of Washington Press, 2003,

pp.21~23

142. James G. Blight and Janet M. Lang, How Castro Held the World Hostage, New York Times, October 26, 2012

143. Ibid.

144. "If they attack Cuba, we should wipe them off the face of the earth!", Ibid.

145. 제임스 G. 블라이트·재닛 M. 랭(박수민 역), 『아마겟돈 레터』, 시그마북스, 2014, pp.204~205

146. James G. Blight and Janet M. Lang, op.cit.

147. Ariel E. Levite, "Never Say Never Again: Nuclear Reversal Revisited", International Security, Vol.27, No.3(Winter, 2002-2003), pp.61-62

148. UN against Apartheid, http://www.un.org/en/events/mandeladay/apartheid.shtml (2019.3 방문)

149. Peter Liberman, "The Rise and Fall of the South African Bomb", International Security, Vol.26, No.2(Fall, 2001), pp.49~50

150. 佐藤千鶴子 "南アフリカにおける原子力開発", 'アフリカ研究', 日本アフリカ学会, 2012年8號, p.34

151. Peter Liberman, op.cit., pp.58~59

152. Ibid., pp.51~52

153. Helen E. Purkitt and Stephen F. Burgess, South Africa's Weapons of Mass Destruction, Indiana University Press, 2005, pp.43~45

154. Ibid., pp.67~68; Peter Liberman, op.cit., pp.54~55

155. 佐藤千鶴子 "南アフリカにおける原子力開発", 'アフリカ研究', 日本アフリカ学会, 2012年8號, p.35

156. IAEA Bulletin 1/1995, National Reports, Nuclear verification in South Africa

157. Ariel E. Levite, op.cit, pp.84~85

158. J. W. de Villiers, Roger Jardine and Mitchell Reiss, "Why South Africa Gave up the Bomb", Foreign Affairs, Vol.72, No.5, 1993, pp.98~109; Helen E. Purkitt, Stephen F. Burgess, "Correspondence: South Africa's Nuclear Decisions", Vol.27, No.1(Summer, 2002), pp. 186-194

159. Elli Louka, Nuclear Weapons, Justice and the Law, Edward Elgar, 2011,

pp.209~212

160. North Korea may have 100 atomic arms by 2020, The Telegraph, 27 May 2019

161. Steve Weissman, Herbert Krosney, The Islamic bomb: the nuclear threat to Israel and the Middle East, Times Books, 1981, pp.55~57

162. Wyn Q. Bowen, Libya and Nuclear Proliferation: Stepping Back from the Brink, Routledge, 2006, pp.30~31

163. Ibid., pp.28~29

164. Bruce W. Jentleson and Christopher A. Whytock, "Who 'Won' Libya?: The Force-Diplomacy Debate and Its Implications for Theory and Policy", International Security, Vol.30, No.3 (Winter, 2005/2006), pp.58~59

165. Wyn Q. Bowen, op.cit, p.43

166. Etel Solingen, Nuclear Logics: Contrasting Paths in East Asia and the Middle East, 2007, pp.216~218

167. Wyn Q. Bowen, op.cit, pp.41~42

168. Bruce W. Jentleson and Christopher A. Whytock, op.cit, pp.73~74

169. Christine B. Wing and Fiona Simpson, Detect, Dismantle, and Disarm: IAEA Verification, 1992-2005, United States Institute of Peace, 2013, pp.124~128

170. Etel Solingen, op.cit, 2007, pp.213~216

171. Norman Cigar, Libya's Nuclear Disarmament: Lessons and Implications for Nuclear Proliferation, MES Monographs No.2, Middle East Studies, Marine Corps University, 2012, pp.5~6

172. Why North Korea called John Bolton 'human scum and a blood sucker' in 2003, Washington Post, Mar 23, 2018

173. Ibid.

174. Ibid.

175. How the 'Libya Model' Became a Sticking Point in North Korea Nuclear Talks, New York Times, May 16, 2018

176. The 'Libya model' almost derailed North Korean nuclear talks. So what about the 'South African model'? Washington Post, Jun 11, 2018

177. New York Times, "Trump Warns Iran of Dire 'Consequences'", July 23, 2018

178. Scott D. Sagan, "How to Keep the Bomb from Iran", Foreign Affairs, Vol 85, No 5, September/October 2006, pp.45~59; 이란의 핵개발 부분은 2019년에 발간된 필자의 논문, '이란 핵개발 문제에 대한 국제법적 검토와 북한의 비핵화'(서울법학 제26권 4호)의 일부분을 참조하여 작성했음.

179. Namira Negm, Transfer of Nuclear Technology under International Law: Case Study of Iraq, Iran Israel, Martinus Nijhoff Publishers, 2009, pp.189~190

180. David Patrikarakos, Nuclear Iran: The Birth of An Atomic State, I.B.Tauris, 2012, pp.118~120

181. bid., pp.123~125

182. Evan S. Medeiros, Reluctant Restraint: The Evolution of China's Nonproliferation Policies and Practices, 1980-2004, Stanford University Press, 2007, pp.136~139

183. 이란 · 이라크전쟁 당시 이란의 부쉐르 원자로는 이라크의 공습으로 많은 피해를 입었다. 이란은 독일의 크라프트베르크(Kraftwerk Union)사에 1982년 계약에 의해 부쉐르 원자로의 건설을 독촉했으나, 원자로의 완성은 이란 · 이라크전쟁 이후로 미루어질 수밖에 없었다(Daniel H. Joyner, Iran's Nuclear Program and International law, Oxford University Press, 2016, pp.14~15).

184. David Patrikarakos, op. cit. pp.158~159; 北野 充, 『核拡散防止の比較政治』, ミネルバ書房, 2016, pp.244~245

185. 이란은 북한이나 이라크와 함께 대량살상무기를 개발하는 위험한 국가로서 부시 대통령에 의해 악의 축으로 지목받은 상태였다(Ramesh Thakur, Nuclear Weapons and International Security, 2015, pp.141~143)

186. Yaël Ronen, The Iran Nuclear Issue(Documents in International Law), Hart Publishing, 2010, pp.1~3

187. Daniel H. Joyner, op. cit., pp.27~28

188. Ibid., pp.29~30; https://www.iaea.org/resources/legal/country-factsheets(August 2018)

189. https://www.iaea.org/resources/legal/country-factsheets(August 2018)

190. Yaël Ronen, op. cit., pp.2~4

191. David Patrikarakos, op. cit. pp.191~192

192. Timeline of Nuclear Diplomacy With Iran: Fact Sheets & Briefs

https://www.armscontrol.org/factsheet/Timeline-of-Nuclear-Diplomacy-With-Iran, (August 2018)

193. David Patrikarakos, op. cit. pp.217~212

194. 北野 充, op. cit, pp.248~249

195. 北野 充, op. cit pp.249~250

196. Warren Hoge, "Text on Iran's Nuclear Work Is Under Study by the UN Council," New York Times, March 15, 2006

197. United Nations Security Council Resolution 1696, adopted July 31, 2006

198. "Cooperation between the Islamic Republic of Iran and the Agency in the light of United Nations Security Council Resolution 1737 (2006)," Report by the Director General, International Atomic Energy Agency, 9 February 2007; Timeline of Nuclear Diplomacy With Iran: Fact Sheets & Briefs
https://www.armscontrol.org/factsheet/Timeline-of-Nuclear-Diplomacy-With-Iran, (August 2018)

199. New York Times, Israeli Jets Destroy Iraqi Atomic Reactor; Attack Condemned by US and Arab Nations, June 9,1981; Washington Post March 2, 2012, An Israeli attack against Iran would backfire-just like Israel's 1981 strike on Iraq

200. Report by the Director General, IAEA Board of Governors, Implementation of the NPT Safeguards Agreement and relevant provisions of Security Council resolutions 1737 (2006), 1747 (2007), 1803 (2008) and 1835 (2008) in the Islamic Republic of Iran, GOV/2009/74, https://www.iaea.org/sites/default/files/gov2009-74.pdf (August 2018)

201. https://www.iaea.org/newscenter/focus/iran/chronology-of-key-events (August 2018)

202. Ethan Yoo, "미국의 대이란 국외적 제재법령에 대한 개요", 외국법제동향, '최신외국법제정보' 2012년 제5호, 2012, pp.40~42

203. 윤서영, '미국의 '포괄적 이란 제재법'의 주요 내용 및 시사점', KIEP 지역경제포커스, Vol.4, No.36, 2010.8.4

204. Timeline of Nuclear Diplomacy With Iran: Fact Sheets & Briefs
https://www.armscontrol.org/factsheet/Timeline-of-Nuclear-Diplomacy-With-

Iran, (August 2018)

205. Daniel H. Joyner, op. cit., pp.56~57

206. 北野 充, op. cit., pp.252~253

207. 2002년 이후, 이란 국내에서 수많은 이란의 핵 관련 과학자나 기술자들이 암살되었고, 이란의 핵시설은 외부의 사이버 공격으로 수차례 피해를 입었다. 이란은 이러한 '비공개적 공작'이 모두 미국과 이스라엘의 정보기관에 의한 것이라고 주장하고 있다(Karl Vick and Aaron J. Klein, "Who Assassinated an Iranian Nuclear Scientist? Israel Isn't Telling", TIME, Jan 13, 2012; David E. Sanger, "Obama Order Sped Up wave of Cyberattacks Against Iran", New York Times, June 1, 2012)

208. David E. Sanger and Ronen Bergman, "How Israel, in Dark or Night, Torched Its Way to Iran's Nuclear Secrets", New York Times, July 15, 2018

209. Joby Warrick, "Papers stolen in a daring Israeli raid on Tehran archive reveal the extent of Iran's past weapons research", Washington Post, July 15, 2018

210. Ibid

211. Ibid

212. 모사드, 이란 심장부서 핵 자료 '6시간 29분 탈취작전', 조선일보 2018.7.17

213. David M. Halbfinger, David E. Sanger and Ronen Bergman, "Israel Says Secret Files Detail Iran's Nuclear Subterfuge", New York Times, April 30, 2018

214. Joby Warrick, "Papers stolen in a daring Israeli raid on Tehran archive reveal the extent of Iran's past weapons research", Washington Post, July 15, 2018

215. Daniel H. Joyner, Interpreting the Nuclear Non-Proliferation Treaty, Oxford University Press, 2011, pp.37~38

216. 미소 양국뿐 아니라 프랑스와 서독도 NPT의 협상과정에서 핵무기 개발을 둘러싸고 치열하게 대립했다. 또한, 러시아는 2015년 4월 27일 NPT 재검토회의에서 다시 미국과 NATO의 핵무기 공유 조치가 NPT 제1조와 제2조에 대한 위반이라고 비난했다. 지금도 핵무기 공유 정책과 NPT의 정합성은 핵강대국들의 세력 균형과 핵무기 균형에 민감한 문제로 존재한다(William ALBERQUE, "The NPT and the Origins of NATO's Nuclear Sharing Arrangements", Proliferation Papers, No. 57, February 2017, pp.11~15).

217. Gro Nystuen and Torbjorn Graff Hugo, "The Nuclear Non-Proliferation Treaty", Nuclear Weapons under International Law(Gro Nystuen et. al), 2015, pp.388~389

218. Implementation of the NPT Safeguards Agreement and relevant provisions of Security Council resolutions in the Islamic Republic of Iran(Report by the Director General), GOV/2011/65, 8 November 2011, pp.3~9

219. Daniel H. Joyner, "Iran's Nuclear Program and International Law", Penn State Journal of Law and International Affairs Vol. II-2, November 2011, pp.286~288

220. Daniel H. Joyner, "Iran's Nuclear Program and the Legal Mandate of the IAEA", JURIST 9 November 2011

221. 조약법에 관한 비엔나협약 제31조 및 제32조

222. Daniel H. Joyner, Daniel H. Joyner, op. cit

223. David S. Jonas, "Ambiguity Defines the NPT: What Does "Manufacture" Mean?", 36 Loyola of L.A. International & Comparative Law Review, 2014, pp.279~280

224. Albawaba News, Iran's Zarif warns U.S. Determined to Destroy 2015 Nuclear Deal With Europe(https://www.albawaba.com/en/, 2018. 6. 25); 読売新聞, 核合意3年-イラン離脱辞さず, 2018.7.15

225. 東郷和彦, 『歴史と外交』, 講談社, 2008, pp.212-226

226. David Kennedy, "Crossing the Moral Threshold", TIME, August 1, 2005, p.45

227. 해적수단이란 교전당사국이 적대행위를 하는 데 있어서 사용하는 무기나 병기 (兵器)를 말한다.

228. It follows from the above-mentioned requirements that the threat or use of nuclear weapons would generally be contrary to the rules of international law applicable in armed conflict, and in particular the principles and rules of humanitarian law; However, in view of the current state of international law, and of the elements of fact at its disposal, the Court cannot conclude definitively whether the threat or use of nuclear weapons would be lawful or unlawful in an extreme circumstance of self-defence, in which the very survival of a State would be at stake("Legality of the Threat or Use of Nuclear Weapons, Advisory Opinion of 8 July 1996", ICJ Reports 1996, pp.266~267).

229. Resolutions adopted on the reports of the First Committee, UNGA 3472(XXX)

B, Comprehensive study of the question of nuclear-weapon-free zone in all its aspects

230. 핵확산방지조약 제7조

231. 남극조약 제1조, 제5조

232. 우주조약(달과 기타 천체를 포함하는 외기권의 탐사 및 이용에 있어서 국가활동을 규율하는 규칙에 관한 조약) 제4조

233. 달조약(달과 기타 천체에 있어서 국가활동을 규율하는 협정) 제3조

234. 해저비핵화조약(핵무기 및 기타 대량살상무기의 해저, 해상 및 하층토에 있어서 배치의 금지에 대한 조약) 제1조

235. http://disarmament.un.org/treaties/t/tlatelolco

236. 라로통가조약 제5조

237. http://disarmament.un.org/treaties/t/tlatelolco

238. "Exclusive: With a piece of paper, Trump called on Kim to hand over nuclear weapons", Reuters, March 30, 2019

239. "The Nine Steps Required to Really Disarm North Korea", New York Times, June 11, 2018

240. Kenneth N. Waltz, "Nuclear Myths and Political Realities", American Political Science Review Vol.84 No.3, 1990, p.740

241. Glenn H. Snyder, "The Balance of Power and the Balance of Terror", The Balance of Power(edited by Paul Seabury), 1965, pp.185~197

242. Zanvyl Krieger and Ariel Ilan Roth, "Nuclear Weapons in Neo-Realist Theory", International Studies Review, Vol. 9, No. 3, 2007, pp. 374-375

243. Barry R. Posen, "Inadvertent Nuclear War?: Escalation and NATO's Northern Flank", International Security Vol.7 No.2, 1982, pp.29~30

244. Scott D. Sagan, "How to Keep the Bomb From Iran", Foreign Affairs, Vol. 85, 2006, pp. 45~47

245. "Reagan: Peace through Strength", Washington Post, August 19, 1980

· 사진자료 목록 ·

· 찾아보기 ·